KB039199

대중은 언제나 옳은가

이 도서의 국립중앙도서관 출판시도서목록(CIP)은 e-CIP홈페이지(http://www.nl.go.kr/ecip)와 국가자료공동목록시스템(http://www.nl.go.kr/kolisnet)에서 이용하실 수 있습니다.(CIP 제어번호: CIP2013000709)

대중은 언제나 옳은가

2012 좋은 방송을 위한 시민의 비평상 수상집

방송문화진흥회 엮음

발간사

최근 방송계에는 질적·양적으로 많은 변화가 있었습니다. 1956년부터 2012년까지 56년간 계속된 아날로그 방송이 역사 속으로 사라지고 본격적인 디지털 방송이 시작되었으며 지상파 방송, 케이블 방송, 종편 채널까지 등장한 다채널 속에서 쏟아져 나오는 수많은 프로그램의 홍수 속에 살고 있습니다. 시청자들이 비판의식을 가지고 프로그램을 바라보는 분석적 사고가 더욱 필요한 시대가 되었습니다.

방송문화진흥회는 시청자들이 냉철한 시각으로 국내 방송 프로그램을 비평하여 올바른 시청자관을 가지는 데 도움이 되고자 매년 <좋은 방송을 위한 시민의 비평상>을 공모, 시상하고 있습니다.

프로그램을 바라보는 성숙한 시선과 따뜻한 애정이 담긴 비평문을 읽으면서 시청자들이 얼마나 많은 관심을 갖고 방송을 바라보는지 느낄 수 있었습니다. 또한 글에 담긴 생각과 주장을 통해 오늘날의 방송 현실을 엿볼 수 있는 소중한 기회도 얻었습니다.

올해로 15회를 맞는 <좋은 방송을 위한 시민의 비평상>에 응모한 많은 비평문 중에서, 엄정한 심사를 거쳐 선정된 총 40편의 비평문을 묶어 『대중은 언제나 옳은가』라는 비평집을 발간합니다.

현업인들이 미처 생각하지 못한 부분을 날카롭게 비평하고 참신한 시각으로 방송을 바라보는 시청자의 관점은 현업에 있는 방송인들에게 많은 도움이 될 것입니다. 이 비평집이 방송을 제작하고 시청하는 모든 분에게 도움이 되고, 우리 사회에 올바른 방송 비평의 저변을 넓히는 데 조금이나마 보탬이 되기를 바랍니다.

제15회 <좋은 방송을 위한 시민의 비평상>에 참여하시고 관심을 가져주신 모든 분께 감사드리며 수상자들에게는 진심으로 축하의 말씀을 드립니다. 끝으로 바쁜 일정에도 많은 분량의 비평문 심사를 맡아주신 심사위원 여러분과 비평집 발간에 도움을 주신 도서출판 한울 관계자분들께도 깊은 감사를 드립니다.

방송문화진흥회는 앞으로도 시청자와 프로그램 제작자 간의 소통의 자리가 될 수 있는 건전한 방송비평문화를 형성하는 데 앞장서고 좋은 프로그램 제작에 도움이 될 수 있도록 열심히 노력하겠습니다.

감사합니다.

2013년 2월

방송문화진흥회 이사장 김재우

심사평

우선 제15회 <좋은 방송을 위한 시민의 비평상>에 참여해주신 모든 분께 감사드립니다. 비평문 심사를 통해 우리 사회 문화의 현주소를 들여다 볼 좋은 기회를 가질 수 있었습니다. 많은 응모작이 지상파 및 케이블 채널을 통해 방송된 드라마, 예능, 음악, 다큐 등 모든 장르의 프로그램을 대상으로 프로그램 소개, 기획의도, 구성 연출에 대한 다양한 의견을 제시해 주었습니다. 심사과정에서는 프로그램의 기획의도, 구성, 스토리 전개에 대해 장단점을 정확하게 분석하였는지 여부와 필자의 비평시각이 얼마나 참신한지를 중점적으로 평가하였습니다. 물론 글의 완성도와 일관성, 타당성도 중요하게 평가하였습니다.

프로그램에 대한 의견을 감상문, 독후감 형식으로 쓰는 데 그친 글이 적지 않았던 반면에 다양한 프로그램을 비교하면서 그 속에 키워드를 담아 방향성을 제시한 글도 있었습니다. 기술적인 부분까지 문제점을 지적할 정도로 전문적 수준의 평가와 의견을 제시한 비평문도 있었습니다.

하지만 훌륭한 글솜씨를 가졌음에도 단순히 프로그램의 내용 열거 및 장단점만을 나열한 비평문은 아쉬웠습니다. 비평문은 남이 이루어 놓은 성과에 대하여 가치를 따지는 글입니다. 선명하게 문제를 제기하고 필자의 의견을 논리 정연하게 풀어내야 설득력이 있습니다. 방송이란 매체를 통해 보이는 현실, 그 이면에 작동하는 근본적인 문제의 핵심이 무엇인지 밝힐 수 있어야 합니다. 방송비평에서 가장 중요한 것은 방송을 시청하고 평가하는 사람이 지니고 있는 문제의식입니다. 여기에 확고한 이론적 근거와 기준을 가지고 대상의 가치를 논한다면 더욱 훌륭한 비평문이 될 것이라고 생각합니다.

시청자들의 방송비평은 현업에 바쁜 제작자들에게는 방송의 역할과 의미를 다시 생각하게 하고 시청자들에게는 흥미와 자극적인 요소에 매몰되어 놓치기 쉬운 가치들을 환기시켜줍니다. 앞으로도 매년 진행되는 <좋은 방송을 위한 시민의 비평상>을 통해 시청자들의 애정이 담긴 비평들이 많이 나와서 방송 프로그램의 발전에 도움이 되고 방송비평문화 발전에 도움이 되길 기원합니다.

2013년 2월

심사위원 일동

차례

가작

입선

우수작

이제야 현실에 발을 디딘 가족 드라마

KBS 드라마 <넝쿨째 굴러온 당신>

김태언

시월드에 대처하는 차윤희의 자세

어릴 적 동네 어귀에서 친구들과 하던 소꿉놀이에는 다정한 부부가 있고, 요리는 즐거웠고, 남편이 퇴근하고 돌아와서 아내가 만든 흙 밥에 풀 반찬을 맛있게 먹어주는 척만 해도 행복했다. 그 안에 엄한 시어머니나 얄미운 시누이가 있었다면 그것은 놀이가 아닌 벌칙이 되었을 것이다. 이 벌칙과 같은 결혼생활이 한국 드라마에서는 끊임없이 재현되어왔고 그 틀을 깨는 작품이 나오기란 쉽지 않았다. 프랑스의 소설가이자 평론가인 앙드레 모루아(André Maurois)는 "가정은 있는 그대로의 나를 표시할 수 있는 곳"이라고 했지만, 지금까지의 가족극에서 며느리가 자신을 있는 그대로 드러냈다가는 친정에서의 가정교육 운운하며 순식간에 외부인으로 내쳐지기 일쑤였다. 친정에서 출가외인이 된 며느리가 시집에서마저 이방인이 되는 광경을 목격하노라면 한국의 가족 드라마가 결혼에 대한 여성의 공포심을 부추긴다는 비약마저 하게 된다.

<넝쿨째 굴러온 당신>(이하 <넝쿨당>)이 순간 시청률 52%를 경신하는 기염을 토하며 국민 드라마로 등극한 이유는 주인공 차윤희의 개성 있고 능동적인 가족 간 관계맺음을 통해 '고부갈등' 드라마가 아닌 '가족' 드라마로서의 정체성을 확립했다는 데 있다. 가족 드라마에서 고부관계란 꽤 중요한 부분을 차지하는데, 그 관계가 긍정적으로 그려지는 경우가 거의 없다. 시어머니나 며느리는 선악의 극단에 서 있고 남자들은 그 관계의 중간에 끼어 이도 저도 못하는 바보가 되거나 방관적 입장에서 피곤하다는 말만 주절댈 뿐, 그 갈등이 남성 자신에게서 왔다는 자각을 하는 캐릭터는 드물다. 이렇듯 가족 드라마는 여성 간의 갈등을 부추겨 시청률을 구걸하는 막장 드라마가 주가 되어왔고, 현실적인 문제를 생동감 있게 다루거나 상처에 대해 처방을 하는 역할은 등한시해왔다. 그에 비해 <넝쿨당>이라는 드라마는 대한민국 며느리들에게 '시월드 담론'을 촉발시키고 결혼을 앞둔 미혼 여성들도 결혼생활에 대처하는 차윤희의 자세를 배우는 흥미로운 교과서가 되었다. <넝쿨당>은 기존의 드라마를 답습하는 듯하면서도 이전에 없던 에피소드나 캐릭터를 제시해 가족 드라마의 수준을 한 단계 높인 작품이라고 할 수 있다.

입장의 전복이 주는 깨달음

첫 회에서 차윤희는 시월드에 대한 고충을 토로하는 친구 모임에서 명절에 코타키나발루로 여행을 다녀왔다는 은근한 자랑으로 친구들의 심사를 뒤틀어 놓았다. 그러나 입양아였던 차윤희의 남편 방귀남에게 생각지도 못한 가족이 생긴 후 마지막 회에서 다시 만난 친구들에게 "나도 니들처럼 토할 때까지 전 부쳤다, 좋냐?"라고 후련하게 고백한다. 한편 윤희의 친정어머니인 한만희는 윤희의 시어머니에 대해선 여지없이 비판적이면서 정작 자신은 며느리 민지영에게 한 맺힌 고부일기를 쓰게 만드는 시어머니라는 모순된 상황을 보여준다. 만희에게 친정어머니이자 시어머니라는 입장이 공존하다 보니 그녀의 언행 불일치로 발생하는 에피소드가 웃음을 유발하는 동시에 지영에 의해 그녀의 태도가 얼마나 이율배반적인지 비꼬인다. '현관 비밀번호' 문제로 시누이 방말숙이 "며느리로서 기본이 안 되어 있다"라며 윤희의 행동을 훈계하는 장면도 있다. 그러나 곧 윤희의 동생이 말숙의 남자친구 차세광임이 밝혀지고 윤희가 말숙을 떼어놓기 위해 '시집살이 리스트'를 읊는 상황으로 입장이 뒤바뀐다. 이 세 가지 상황을 통해 <넝쿨당>은 인간관계에서 각자의 입장은 언제라도 뒤바뀔 수 있으니 함부로 인생을 장담하거나 상대적 약자 위에 군림하지 말라는 꽤 현실적이고 쓸모 있는 교훈을 남긴다.

드라마 <보고 또 보고>(1998, MBC)와 같이 결혼으로 언니와 동생의 가족 서열이 바뀐 경우를 우연한 해프닝으로 다룬 적은 있어도, 극의 처음부터 끝까지 그 반전에서 비롯되는 재미를 끊임없이 상기시키는 경우는 흔치 않다. <보고 또 보고>의 은주와 금주는 시집에서의 서열이 달라졌을 뿐 결혼 후에도 각자 삶의 입장은 크게 변하지 않았기 때문이다.

<넝쿨당>에서의 입장 전환은 자신보다 내가 사랑하는 사람이 더 중요하기 때문에 발생하는 상황이다. 윤희가 귀남을, 만희가 윤희를, 말숙이 세광을 사랑하지 않았다면 자신이 우스워지는 꼴을 감수하면서까지 항복을 선언하진 않았겠지만, 이들은 사랑하는 이들을 위해 자존심이나 일신의 안위를 기꺼이 포기할 수 있었다. <넝쿨당>은 다양한 인간군상을 통해

누구나 입장이 바뀔 수 있으니 서로 이해하고 자신의 위치를 남용하지 말라고 충고한다. 그리고 결국 어떤 위치에 있든 사랑하는 사람 앞에선 약자일 수밖에 없다는 진리를 짜임새 있는 에피소드를 통해 확인시킨다. 그렇다. 누군가의 친정어머니는 누군가의 시어머니일 수 있다. 동시에 누군가의 며느리는 누군가의 귀한 딸이다.

말이 생각을 만든다

미국의 언어학자이자 인류학자인 에드워드 사피어(Edward Sapir)는 이렇게 말했다. "현실 세계의 대부분은 우리가 소속된 사회집단의 언어습관에 의해 무의식중에 구성된다. 비교적 단순한 감각행위조차도 우리가 상상하는 것 이상으로 말이라는 사회적 기제에 의해 좌우된다." 한국사회에서는 시집보다는 시댁이 처가댁보다는 처갓집이란 명칭이 더 많이 통용된다. 남편은 처남과 처제에게 반말을 하지만 며느리는 몸종도 아닌데 남편의 형제자매를 도련님과 아가씨라 부르며 존댓말을 쓴다. 남편의 기혼 형제를 부르는 서방님이라는 호칭은 남편을 부르는 말과 혼용되어 민망하고 불편하다. 게다가 보통 남편은 아내에게 반말을 하고 아내는 남편에게 존댓말을 한다. 이렇듯 호칭과 말법에서부터 아내를 남편보다 하대해왔던 것이 한국사회의 현실이고 그것이 드라마에 반성 없이 투영되어왔다.

그러나 <넝쿨당>의 윤희는 시집 어른들에게 왜 12살 연하의 시누이에게 꼬박꼬박 존대하며 아가씨라고 해야 하는지 의문을 제기하고 개선을 제안한다. 윤희의 제안이 어른들로부터 허용되지 않자 귀남이 세광에게 직접 존대를 함으로써 지금의 관습이 얼마나 불평등하고 낯 뜨거운 것인지 시청자가 직접 느끼게 한다. 그렇게 호칭과 말법의 교정을 통해 윤희와 말숙의 관계가 비로소 합리적이고 평등해졌고 한층 더 친밀해졌다. 호칭 문제는 이미 기혼 여성들 사이에서 공공연하게 제기된 의문이지만 오래된 관습이자 질서이기에 시어른에게 개선을 요구하기에는 다소 무거운 주제이다. 그 숙제를 <넝쿨당>에서 일부 풀어준 것과 다름없다. 드라마에서 다룬 주제는 세간의 화두가 되기 쉽고, 그것이 곧 사회적 개선을 돕기 때문이다. 작가 김수현의 드라마에서 가정부나 식모 대신 '도우미'라는 호칭을 사용했을 때 처음엔 다소 어색했지만 지금은 대중적으로 사용되고 있다. '식모'의 경우 낮은 계층의 사람이라는 인상을 주지만 '도우미'는 혼자 하기 힘든 집안일을 도와주는 직업으로 인식되며, 상대를 존중하는 태도로 이어진다. 말은 마침내 행동을 만든다.

이상형이 과연 이상적인가?

박지은 작가는 인터뷰를 통해 방귀남을 연애하고 싶은 남자보다 '결혼하고 싶은 남자'로 그리고 싶었다고 한다. 귀남은 분명히 이상형에 가까운 바람직한 남편상이며, 감동적인 이벤트까지 해주는 로맨틱하고 자상한 남자임엔 틀림없다. 미국 존스홉킨스 의대 출신에 국내 최고 대학병원의 의사인 반듯하고 성실한 애처가 테리 강. 그러나 친부모를 만나 방귀남이란 이름을 되찾으면서 그의 매력이 반감된 것은 그 세련되지 못한 이름 때문만은 아니다. 윤희가 시집과 갈등을 겪을 때 귀남이 그 사이에서 그다지 영리하게 처신했다고 볼 수 없는 까닭이다.

한국의 가족문화, 특히 부계혈족의 가부장 문화는 외국의 그것과는 차이가 있다. 비록 귀남이 어릴 때 미국으로 입양되어 한국문화에 대한 이해가 부족한 상황임을 감안하더라도, 친부모와 형제들을 만난 이후 귀남의 태도는 다분히 무성의하고 무책임하다. 귀남이 가족 사이에서 방관자로 부유(浮游)하면서 '실종사건에 대한 의혹'에 천착하는 동안, 자신이 보듬어야 할 가족들의 상처가 며느리에 대한 불만으로 치환되어 윤희를 괴롭히고 있다는 것을 간과했다. 말숙이 윤희에게 대놓고 "너무 싫다"라고 악다구니를 쓴 것도 결국 오빠인 귀남에 대한 불만에서 비롯된 게 아니었던가. 귀남의 실종 후 이숙은 생일상 한 번 마음 편히 받은 적이 없고, 말숙은 학창시절 비 오는 날 우산 없이 걸어온 게 몇 번인지 모른다 했다. "오빠는 새언니의 남편일 뿐 내 오빠는 아니에요. 난 오빠가 정말 불편하고 어렵다고요. 나랑 친해지려고 노력해본 적도 없고 관심도 없는 사람이 간섭은 왜 하려고 해요?"라는 말숙의 항변에 귀남은 대꾸도 못하고 허둥댈 뿐이었다.

결과적으로 방귀남은 가족관계 속으로 직접 뛰어들어 적극적으로 해결방법을 모색하기보다 곤란한 상황이 발생하면 그제야 누군가의 편을 드는 식으로 미봉책을 제시하는 데 그쳤다. 만약 귀남이 이벤트 쿠폰으로 약속한 대로 자신과 친해지고 싶어 하는 가족들과 소박한 시간을 보내고 마음을 어루만지는 스토리가 비중 있게 다뤄졌다면 가족관계의 중심에서 귀남의 역할이 돋보였을 것이고 기존의 '목표 지향적' 남성상과 대조적인 '관계 지향적' 남성상으로 주목받았을 것이다. 귀남을 시집으로부터 철저히 객관화시킨 작가의 수(手)가 오히려 그를 이상형을 위해 만들어진 평면적 인물로 전락시킨 패착(敗着)이었다.

post 김수현을 보다

자본주의적 가부장제 사회는 가족과 성역할을 중심으로 한 심리적 문제들을 만들어내기 때문에 가족 내에서 일어나는 사건들은 그 특수성을 넘어서는 보편적인 문제로서 설득력을 가진다.[1] 김수현 작가가 <청춘의 덫>으로 대표되는 통속극에도 탁월하지만, 특히 <사랑이 뭐길래>, <목욕탕집 남자들>과 같은 가족극에서 타의 추종을 불허하는 이유는, 자본주의적 가부장 가족제도에 깃든 한국인의 보편적 정서를 독특한 말 무늬〔文彩〕와 캐릭터로 구현하는 데 비상한 내공을 지녔기 때문이다. 그런데 우연치 않게 <넝쿨당>에서 김수현식 내러티브와 플롯 그리고 캐릭터의 접점을 발견했다. 예를 들어 대가족이 모두 한 건물에 살면서 사건이 발생한다거나, 시사 문제를 극에 끌어들여 여론 형성 및 계도 기능을 담당한다거나, 주인공은 물론 주변 인물까지도 입체적이고 개성 있게 창조해 끝까지 끌고 가는 '극작의 힘'이 그러하다. 가족극은 인간 본성에 관한 깊은 이해와 통찰이 필요한 동시에 성별·연령·계층을 불문하고 공감을 이끌어내야만 성공할 수 있는 장르이다. 그간 어떤 가족 드라마에서도 김수현을 대신할 만한 가능성을 발견하지 못했는데, <넝쿨당>을 보면서 이것이 바로 진일보한 김수현식 가족 드라마가 아닐까 생각했다.

김수현 작가를 셰익스피어와 비교[2]할 정도로 특유의 문학적 대사는 김수현의 오리지널리티(originality)를 담보하는 자산이지만, 모든 등장인물이 같은 말투, 같은 교육수준을 가진 양 지나치게 말이 유려해 작위적일 때가 있다. 박지은 작가는 좀 더 현대적인 드라마트루기(Dramaturgie)를 사용해 인물 각자의 개성에 맞는 대사를 구현함으로써 김수현의 그것보다 덜 현학적이고 더 실재적(實在的)인 인물을 생산해낸다. 또한 시사적인

1) 주유신, 「장르2-멜로드라마」, 한상준 외, 『영화에 대한 13가지 테마』(소도, 1998), 84쪽.

2) 김진애, 『男女 열전』(샘터, 2004).

문제를 극에 삽입하는 과정에 김수현은 자신이 옳다고 믿는 가치를 서사적 기법으로 인물의 대사를 통해 직접 읊어주는 경우가 많다. 반면 박지은은 '올림픽 1초 오심 문제'나 '보이스 피싱 사건' 등을 극 중 인물이 몸으로 뛰어 보여줌으로써 시청자가 주입식으로 교시받는 듯한 거부감을 없애준다. 굳이 설득적인 수사(修辭)를 사용하지 않아도 구체적인 상황을 만들고 그 안에 명징한 메시지를 녹여내는 능력이 탁월한 것이다.

며느리의 자리가 있다

맏며느리인 차윤희가 지척의 시집에서 아침 식사를 준비하는 대신 부부만의 공간에서 토스트로 아침을 대신하며, 남편과 여유 있게 시사적인 대화를 나누는 신이 있다. 시누이인 윤희가 올케 민지영과 반목하고 다투는 대신 결혼의 고충을 나누며, 마치 친구처럼 서로 격려하고 위로하는 장면도 있다. 이런 모습은 실생활에서 충분히 있을 수 있지만 정작 현실을 반영한다는 드라마, 특히 가족 드라마에서는 보기 어려운 장면이다. <넝쿨당>은 전업이든 맞벌이든 며느리의 주 무대가 부엌이었던 가족 드라마의 공식을 과감히 깨는 동시에, 있는 그대로를 드러내고 편안히 쉴 만한 '며느리의 자리'를 만들어낸다. 그 자리에서의 며느리는 시집 식구를 헐뜯거나 눈물을 짜는 전형적인 모습이 아니라 일하는 여성의 지혜가 빛나고 여성끼리의 상처를 어루만지는 등 한결 성숙한 여성의 모습에 가깝다.

차윤희는 남편이 가족을 위해 안고 가려 했던 곪은 상처를 터뜨려 깊은 상흔을 막아낸 '내조의 여왕'이었고, 어느 것 하나 시원한 구석이 없던 시집을 도와 더 나은 미래를 만들어준 '역전의 여왕'이었으며, 방귀남의 넝쿨째 굴러온 당신으로서 박지은 작가의 여왕 3부작을 마무리하는 페르소나가 되었다. <넝쿨당>은 여성의 희생을 양분 삼아 가족의 평화를 유지하는 구태의연한 가족 드라마가 아니라 남녀가 서로 사랑하며 갈등을 해결하는 '로맨틱 코미디'이자 유년의 상처에 갇혀 고통받는 어른들을 치유하는 '성장 드라마'이다. 어린 시절의 소꿉놀이가 즐거웠던 건 이 놀이가 날이 저물면 접어야 하는 판타지임을 미리 알았던 때문이 아닐까. 현실의 결혼생활은 매양 행복하거나 쉬운 일은 아니지만 적어도 곧 사라질 환상이 아니라 따뜻한 체온이 느껴지는 내 편과 함께하는 실존(實存)이다.

우수작

바보상자는 그만! 이제 TV를 읽어라!

EBS <다큐프라임 — 자본주의>

김호빈

1. 똑똑한 TV: 텔레비전은 바보상자가 아니다

영국의 밴드 버글스(Buggles)가 TV매체의 등장을 개탄하며 「Video killed the radio star」를 불렀지만 TV가 죽인 것은 비단 라디오 스타들만은 아니다. 미래학자 니콜라스 카(Nicholas Carr)는 그의 저서 『생각하지 않는 사람들』에서 여러 과학적 사례를 들어 활자매체를 대체한 영상매체가 사물에 대한 우리의 집중력을 크게 감퇴시켰다고 말한다. 우리가 일상적으로 TV를 언급할 때 사용하는 '바보상자'라는 말은 꽤나 타당한 근거가 있는 셈이다. 실제로도 우리는 그런 통념에 부합해 TV를 보며 멍하니 시간을 보내거나 잘해 봐야 뉴스를 시청하는 정도의 용도로 활용하고 있지 않은가. 하지만 정말로 TV가 바보상자라면 하루에 평균 2시간 6분을 TV 시청에 할애해, 1년에 무려 4만 5,990분을 TV 앞에 앉아 있는 우리나라 사람들에게 이는 결코 가볍게 넘길 사안이 아니다. 다소 과장된 비약이지만 그렇게 몇만 시간을 TV 앞에 앉아 있다 보면 우리가 SF영화 속에 등장하는, 기계적인 전기신호에 조건반사적으로 반응하는 좀비와 같은 존재가 되지 않으리란 보장이 어디 있겠는가.

하지만 그런 단순한 통념에 반기를 드는 사람들이 있다. 그들은 TV매체가 단순한 오락의 기능을 넘어 깊이 있는 교육의 장으로 변모할 수 있다고 믿는다. EBS의 <다큐프라임>은 특히나 그런 야심에 충실한 대표적인 교육 다큐멘터리다. 2008년에 첫선을 보인 이후 <다큐프라임>은 십여 명의 PD가 앞서거니 뒤서거니 참신한 주제와 포맷으로 <인간의 두 얼굴>, <남과 여>, <문명과 수학>, <당신의 성격>, <진화의 비밀> 등 숱한 화제작을 제작해왔다. <다큐프라임>이 가진 차별점은 타 방송사의 여타 다큐들과의 비교에서 잘 드러난다. MBC의 눈물 시리즈(<아마존의 눈물>, <남극의 눈물>, <북극의 눈물>)나 KBS의 로드 시리즈(<차마고도>, <누들로드>)로 대표되는 대형 다큐들은 압도적인 시청각적 스펙터클로 이마누엘 칸트(Immanuel Kant)가 말한 자연의 '숭고미(崇高美)'를 유발한다. 그것은 논리적인 엄밀성보다 다분히 시청자의 감성적인 측면에 호소하는 방식이다. 실제로 우리는 아마존의 광활한 대자연 앞에서 말로 표현하기 힘든 먹먹한 감동에 사로잡히지 않는가. 반면에 MBC의 <시사매거진 2580>이나 KBS의 <시사기획 창>과 같이 저널리즘에 충실한 시사 다큐들은 시청각 효과를 최소화하고 빈틈없는 논리적 구성으로 시청자를 설득한다.

이에 비해 <다큐프라임>은 논리적인 구성을 뼈대로 하면서도 시청각 효과가 가진 감성적 측면을 최대한 활용한다는 점에서 형식적으로 독특하다. 이는 <다큐프라임>이 눈에 보이는 현상보다 주로 인문, 사회과학적 개념들을 직접적으로 다루는 교육 다큐라는 특성에서 기인한다. 가령 <문

명과 수학>은 미적분과 페르마의 정리 같은 수학적 개념들을 설명한다. <인간의 두 얼굴>은 '깨진 유리창의 법칙' 같은 심리학 개념을 다루고 있는 것이다. 어려운 학술 개념들을 다루다 보니 감각적인 시청각 효과가 필연적으로 그것을 보완해야만 했던 것이다. 이는 "다방면의 심층적인 지식을 쉽고 재미있게 구성해, 전 국민의 평생교육이라는 공익적 의무에 이바지하겠다"라는 제작진의 기획의도에서도 잘 드러난다. 그래서 <다큐프라임>은 깊이 있는 지식은 독서를 통해서만 습득될 수 있다는 통념에 도전한다. 형식과 내용의 양 측면에서 <다큐프라임>은 TV매체의 가능성과 관련된, 사회적으로 아주 중요한 미디어 실험의 한 실례로 해석될 수 있다.

2. 화려한 TV: 다큐멘터리 연출의 최전선

최근 방영된 5부작 <자본주의>는 <다큐프라임>의 그런 특성들이 극대화된 야심 찬 기획이다. 이는 먼저 <자본주의>라는 제목에서 단적으로 드러난다. 자본주의하에서 벌어지는 표면적인 현상들이 아닌 '자본주의' 그 자체, 그 이면의 속살을 학술적으로 규명하겠다는 방증이기 때문이다. 실제로 <자본주의>는 국내에서 처음으로 시도되는 '경제학' 다큐멘터리라는 점에서 많은 화제를 불러일으켰다. 마이클 무어(Michael Moore)의 <자본주의: 러브스토리>나 아카데미 영화제 다큐멘터리 작품상을 받은 <인사이드 잡>과 같이 자본주의를 소재로 한 작품들조차 '세계 금융위기'와 같은 시사 이슈들에 치중할 만큼 자본주의 전체를 학술적으로 다루는 것은 매우 어려운 작업이다. 설사 '자본주의'라는 소재가 가진 난해함은 젖혀두고라도 해당 주제가 우리 사회에서 가지는 매우 논쟁적인 지점을 상기해본다면, <자본주의>는 쉬이 시도되기 어려운 기획임에 틀림없다.

제작진은 이러한 난점을 해결하기 위해 1년 8개월간의 제작기간 동안 노벨 경제학상 수상자 에릭 매스킨(Eric Maskin) 프린스턴대 교수, 『금융의 지배』의 저자 니얼 퍼거슨(Niall Ferguson) 하버드대 역사학과 교수 등 수많은 세계의 석학들을 찾아가 '자본주의'가 무엇인지 질문했다. 하지만 1부 "돈은 빚이다" 편의 오프닝에서 "Oh my god! Capitalism?"이라고 반문하며 난색을 표하는 석학들의 표정은 다큐멘터리가 나아갈 험난한 여정을 예고한다. 제작진은 자본주의가 작동하는 근본 원리를 탐색하고 애덤 스미스(Adam Smith), 카를 마르크스(Karl Marx), 존 메이너드 케인스(John Maynard Keynes), 프리드리히 하이에크(Friedrich Hayek) 등 경제사상가들의 문제의식을 반추하면서 자본주의가 나아갈 미래를 조망하고자 한다. 이처럼 다분히 학술적이고 방대한 내용을 전달하기 위해 제작진이 택한 전략은 앞서 논한 바 있듯 시청각 효과를 극대화해 쉽고 재미있게 내용을 풀어내는 방식이다. <지식채널 e> 등 다수의 교양 프로그램을 통해 그 효과성이 입증된 바 있는 EBS의 연출역량은 <자본주의>에 이르러 '시청각 효과의 향연'이라고 할 만큼 다큐멘터리가 보여줄 수 있는 가장 다채롭고 화려한 볼거리들을 펼쳐놓는다.

보통의 다큐에서 시청각 효과는 그림이나 그래프를 통해 해당 내용의 이해를 보완하는 수준에 그치는 것이 일반적이다. 하지만 <자본주의>는 미장센(Mise-en-Scène)적 요소가 두드러질 만큼 화면연출에 심혈을 기울인 흔적이 보인다. 또한 연출의 방식 역시 직접적으로 설명내용을 지칭하는 것이 아니라 간접적으로 설명대상을 유추하고 연상할 수 있는 방식이 주로 사용되었다. 일종의 알레고리(allegory)적인 연출방식인 것이다. 가령 제1부 "돈은 빚이다" 편에는 화폐의 반복적인 신용창조 과정을 설명하기 위해

커다란 인형 안에 점진적으로 크기가 작아지는 인형들이 들어 있는 러시아 인형이 등장한다. 또한 이자를 갚으려면 누군가의 대출금을 가져와야 하는, 금융자본주의하의 필연적인 경쟁을 묘사하기 위해 공기인형과 꼭두각시를 등장시키고 사람 수보다 적은 의자를 차지하기 위한 의자놀이 연출이 등장한다. 통화량이 증대하고 호황이 이어지다 인플레이션이 정점에 이르러 디플레이션이 시작되고 파산이 속출하는 경기변동의 메커니즘을 설명하기 위해 수조 속에 가득 찬 물이 갑자기 빠져 헐떡거리는 물고기가 등장한다. 이러한 방식은 제2부 "소비는 감정이다" 편에서 더욱 강조된다. 소비자본주의가 가진 감각적인 측면을 효과적으로 묘사하기 위해 제작진은 하얀색, 분홍색 등의 강렬한 원색으로 치장된 쇼핑몰 세트를 직접 제작해 그곳에서 이뤄지는 갖가지 소비행태를 빠른 비트의 힙합 음악에 맞춰 제시한다. 이는 그 회차의 내용 전편에 걸쳐 일관된 연출의 리듬과 미적인 통일성을 부여한다. 특히 음침한 미로에서 방황하다 끝내 거울 속 텅 빈 자신을 발견하는, 뮤직비디오 같은 한 장면은 내면의 불안과 공허함을 무분별한 쇼핑으로 대체하는 현대인에 대한 알레고리로 제시된다.

제3부 "금융 지능은 있는가?" 편에서도 영화 <도그빌>에서 사용되었던, 건물 없이 선으로 구획된 마을세트가 은행, 펀드, 보험의 비밀을 파헤치는 내용전개의 배경으로 일관되게 제시된다. 미장센적 연출뿐만 아니라 문자 그래픽, 프레젠테이션, 애니메이션, 재현 드라마 등 다양한 시청각적 효과들의 몽타주가 보는 재미를 돋우고 어려운 개념의 이해를 효과적으로 돕는다. 이 밖에도 제5부 "국가는 무엇을 해야 하는가?" 편에서는 케인스와 하이에크의 사상을 쉽고 재밌게 전달하기 위해 두 사상가의 랩배틀을 뮤직비디오 형식으로 구성하는 실험적인 방식을 도입했다. 특히 로널드 레이건(Ronald Reagan)과 마거릿 대처(Margaret Thatcher)의 '좋아요'가 삽입된 하이

에크의 페이스북 페이지 연출은 속칭 '깨알 같다'라고 할 만큼 장면 하나하나에 제작진이 얼마나 대단한 공을 들였는지 알 수 있는 부분이다. 더구나 이 모든 기법이 내용과 긴밀하게 조응해 주제의 일관성을 시청각적으로 뒷받침한다는 점에서 <자본주의>는 제한된 제작 여건하에서 교육 다큐가 지향해야 할 연출의 한 전범을 제시해준다고 할 수 있다.

3. 위험한 TV: 코끼리는 생각하지 마

그러나 연출상의 훌륭함이 다큐멘터리의 질적 우수성을 담보하는 것은 아니다. 연출기법은 시청자에게 내용을 쉽게 전달하는 하나의 수단인 만큼 중요한 것은 얼마나 교육적으로 깊이 있고 정확한 내용이 제시되었나 하는 것이다. 만약 내용의 정확성과 깊이가 결여된 채 연출기법의 화려함만이 부각된다면 이는 자칫 시청자에게 독이 될 소지가 있다. 보는 이가 스스로 생각해 질문을 해독해내기보다는 무의식적으로 시청각 자료들이 이끌어내는 결론에 도달할 가능성이 크기 때문이다. 시청각적 자극에 예민한 시청자에게 그러한 화면효과들은 논리적인 판단에 선행해 감정적으로 커다란 선입견을 형성하기 때문이다. 따라서 시청각 기법이 가진 그런 위험성을 상쇄하기 위해서는 깊이 있고 균형 잡힌 내용이 선행되어야 함은 주지의 사실이다.

그런 면에서 <자본주의>는 야심 찬 기획의도와 연출상의 이점들이 내용상의 부실함으로 인해 빛이 바랜 프로그램이라 할 수 있다. 물론 자본주의라는 소재가 가진 방대함과 난해함을 제한된 분량 안에 담아내야 하는 제작진의 고충을 이해하지 못하는 바는 아니다. 또한 치우침 없이 균형 잡힌 시각을 유지하기 위해 여러 상반된 시각을 고르게 다룬 제작진의 노력은 최대한의 객관성을 확보하고자 함이었을 것이다. 하지만 '자본주의'라는 소재를 근본적으로 탐구한다는 제작진의 설명과는 달리 제1부 "돈은 빚이다" 편은 화폐의 역사를 통해 최근 자본주의의 주된 경향이라 할 수 있는 '금융자본주의'의 원리를 규명하고 있을 뿐이다. 자본주의는 금융적인 측면뿐만 아니라 금융을 규제하고 감독하는 국가, 실물경제를 담당하는 산업 부문의 기업, 그리고 노동자, 소비자 등으로 지칭되는 시민 등 다양한 이해관계자들에 의해 작동한다. 물론 세계금융위기에서 보듯 현대자본주의에서 금융 부문이 차지하는 영향력은 절대적이다. 하지만 금융 부문 역시 자본주의가 전개된 수백 년의 역사 속에서 형성된 것이다. 따라서 현재의 금융자본주의를 제대로 규명하기 위해서는 자본주의라는 테두리 안에서 기업과 노동자, 국가, 금융 부문이 어떻게 상호작용 했는지를 총체적으로 바라봐야 한다.

그런 역사적·구조적 맥락은 생략한 채 금융자본의 원리만 가지고 무리한 설명을 시도하다 보니 일관성 없이 앞뒤가 안 맞는 내용이 등장한다. 가령 인플레이션의 사례로 제시되는 2008년 짐바브웨의 초인플레이션은 국가의 무분별한 화폐 발행에 그 원인이 있다는 사실을 분명히 명시하고 있으나, 시장의 신용창출 과정을 인플레이션의 원인으로 제시하는 앞뒤의 설명 흐름과 동떨어져 자칫 짐바브웨 사태가 시장에 의해 유발된 듯 잘못된 이해를 유도할 수 있다. 또한 콘드라티예프 경기변동 같은 호불황 메커니즘 역시 금융자본만이 아니라 다양한 실물적인 요인에 의해 발생함에도 마치 금융자본이 이 모든 것을 좌지우지하는 듯한 오해를 불러일으킨다. 자본주의는 실제로 그렇게 단순하지 않다. 근본적인 원리의 명료함에 매달리다 보니 자본주의가 가진 복잡한 맥락들을 지나치게 단순화해 설명한 느낌이다. 그러한 방식으로 자본주의의 근본적 실체에 근접할 수 없음은 물론이다.

제2부 "소비는 감정이다" 편은 사람들의 소비행태를 심리학적으로 설명하는 데 치중해 제1부에서 조명한 '자본주의'의 거시적인 문제의식과 연결성이 없는, 지나치게 미시적인 접근이란 인상을 준다. 또한 화려한 연출기법과 실험 사례들 역시 '소비는 무의식적으로 이뤄지고 그것은 마케팅 수단이 된다'라는 일반적인 이론을 뒷받침하는 원론적 수준에 그치고 만다. 제3부 "금융 지능은 있는가?" 편은 시청자가 알기 어려운 보험과 펀드 상품에 대한 실용적인 지식을 전달하고 금융자본주의 시대에 우리가 살아남을 방법을 모색했다는 점에서 나름의 의미가 있다. 하지만 제3부 역시 "내 돈을 어떻게 지킬 수 있는지 탐구해보자"라는 내레이션처럼 미시적인 금융투자에 관한 쟁점을 소개하는 데 치중해, 제1부에서 제시한 '자본주의란 무엇인가'라는 문제의식이 전혀 확장, 연결되지 못한 채 지엽적인 내용을 다루는 데 그친다.

그나마 제4부와 제5부는 애덤 스미스와 마르크스, 케인스와 하이에크 등 당대의 사상가들이 '자본주의란 무엇인가'를 치열하게 고민하며 던졌던 문제의식들을 자본주의의 미래와 연결지어 제시한다. 제작진은 그들의 철학과 자본주의의 역사를 경유해 시장과 정부 어느 쪽도 해결책이 아니라는 결론에 이르러, 국민이 주체가 되는 '복지자본주의'를 미래의 대안으로 제시한다. 하지만 고스타 에스핑앤더슨(Gøsta Esping-Andersen)이 지적했듯 '복지자본주의'도 매우 다양한 방식으로 존재하는 만큼 우리 사회가 지향해야 할 복지자본주의의 청사진에 대한 깊이 있는 고찰이 필요하다. 하지만 제5부에서 '복지자본주의의' 개념을 추상적으로 제시한 채 그것이 만능의 대안인 양 결론짓는 부분은 아주 성급한 마무리로 느껴진다. 더구나 국민에 의한 복지자본주의라는 결론에 도달하려면 최소한 칼 폴라니(Karl Polanyi)의 사회적 경제 개념이나 협동조합, 사회적 기업 등의 실례를 제시하며,

구체적으로 시민들이 복지자본주의에 참여하기 위해 어떤 실천이 필요한지를 다뤘어야 했던 게 아닐까. 제2부와 제3부의 소비와 금융 편에서 제5부와 이어지는 그런 구체적 실천의 연결고리를 조금이라도 제시했다면 <자본주의> 시리즈는 이처럼 금융, 소비, 경제 사상사가 병렬적으로 나열되는 수준에 그치지는 않았을 것이다. 프랙털 무늬처럼 미시적 관찰과 거시적 관찰은 상호 밀접하게 연결되어야 그 전체상에 근접할 수 있다. 커다란 코끼리를 제대로 관찰하기 위해서는 작은 돋보기와 커다란 거울이 모두 동원되어야 한다. 그래야 근경과 원경의 상(像)이 모자이크처럼 종합되어 코끼리의 모습을 제대로 들여다볼 수 있기 때문이다. 돋보기는 코끼리 뒷다리만을, 큰 거울은 코끼리 등만을 비추고 있는 상황에서 우리는 당최 그것이 무슨 형상인지 알 수 없을 것이다.

4. 읽는 TV: 바보상자는 잊어라

다큐멘터리의 말미에서 마하트마 간디(Mahatma Gandhi)는 "실패할 자유가 없는 자유란 가치가 없다"고 말한다. 영국의 워릭대학교 교수인 로버트 스키델스키(Robert Skidelsky)는 "이제는 자본주의가 부의 축적 외에 누구를 위한 부인지, 무엇을 위한 부인지를 물어야 할 때"라고 말한다. 정말로 그렇다. 우리는 실패할 자유가 없는 자유를 강요받으며 스펙 쌓기에 골몰한 대학생, 빚더미에 앉은 가장, 재기하기 힘든 실업자의 모습으로 살아가고 있기 때문이다. 새로운 자본주의에 대한 윤리적 요청은 그만큼 절박한 시대적 과제다. 하지만 대부분은 회피하고 싶은 주제다. 해결책을 찾기는 어려워도 구설수와 시비에 휘말리기는 쉬운 소재인 까닭이다. 그럼에도 정면 돌파를 감행한 <자본주의> 제작진의 용기와 노고에 큰 박수를 보내주고 싶다. 다만, 쉽고 재밌게 전달하는 연출력만큼 내용의 질적 깊이와 엄밀성에도 심혈을 기울여주길 당부 드린다. 샤를 드골(Charles de Gaulle) 전 프랑스 대통령은 프랑스에 절대 없어서는 안 될 세 가지로 에펠탑, 파스퇴르 연구소, 콜레주 드 프랑스(Collège de France)를 꼽았다. 콜레주 드 프랑스는 시민들의 평생교육을 위해 국가에서 관장하는 교육기관으로, 일상적으로 철학적 토론이 벌어지는 프랑스의 기이한 풍경은 그런 사회적 배경에서 탄생한 것이라 할 수 있다. 평생교육의 장으로서 텔레비전의 가능성을 가늠하는 데, 교육 다큐가 가진 사회적 책무는 막중하다. <다큐프라임－자본주의>는 그 소중한 디딤돌 하나를 우리 앞에 내려놓았다. 바보상자는 잊고 이제는 TV를 읽으라고 말이다.

우수작

대중의 판단은 언제나 옳은가

MBC <나는 가수다 2>

이대일

2011년 대중문화를 지배했던 <나는 가수다 1>

<나는 가수다 1>(이하 <나가수 1>)은 매슈 아널드(Matthew Arnold)나 프랭크 레이먼드 리비스(Frank Raymond Leavis)의 대중문화에 대한 우려를 비웃기라도 하듯, 대중문화도 고급문화의 수준만큼 높아질 수 있다는 사실을 여실히 보여주었다. <나가수 1>은 대한민국에 새로운 신드롬과 논란을 함께 제시했다. 시청자들은 제아무리 뛰어난 가수라도 경쟁을 피할 수 없다는 사실에 공감했다. 또 시청자들은 순위가 발표되고 탈락하는 과정에서 떨고 있는 가수 앞에서 상하관계가 도치된 악의 카타르시스(catharsis)를 느끼기도 했다. 한편, 김건모 재도전 논란과 관련해서는 시청자들의 분노가 일기도 했다. <나가수 1>을 또 하나의 부조리한 사회라고 생각한 시청자들은 일제히 절차적 공정성을 원했다. 이러한 논란에도 <나가수 1> 열풍은

계속되었고, 다양한 패러디를 양산하기도 했다. MBC <웃고 또 웃고 – 나도 가수다>를 비롯해 인터넷 방송 <나는 꼼수다>, MBC <나는 트로트 가수다>, KBS <서바이벌 나는 가짜다>, MBC <무한도전 – 나름 가수다>와 같은 패러디 프로그램이 생기는 한편, KBS <불후의 명곡 2 – 전설을 노래하다>와 같이 아이돌판 경연 프로그램도 등장하기에 이르렀다. 심지어 포맷의 일본 수출이 논의될 정도로 <나가수 1>은 승승장구했다. <나가수 1>은 2011년 MBC 방송연예대상 올해의 예능 프로그램으로 선정될 자격이 충분했다.

대단히 민주적으로 제작된 프로그램 <나는 가수다 2>

자연스럽게 2012년 <나가수 2>에 대한 시청자들의 기대는 어느 때보다 높았다. 2012년 4월 29일 "오프닝 쇼"를 시작으로 드디어 모습을 드러낸 <나가수 2>가 가장 심혈을 기울인 부분은 '공정성' 그리고 '시청자들과의 소통'이었다. <나가수 1>에서 시청자들이 그토록 원했던 요소를 거의 모두 반영했다고 해도 과언이 아니었다. '공정한 게임의 룰'을 지키기 위해 경연과 관련된 규정집을 공개했다. 또한 높은 공정성을 담보하기 위해 청중평가단 수를 크게 늘리는 한편, 생방송과 ARS 문자투표 도입도 시도했다. <나가수 2>의 지휘봉을 잡은 김영희 PD는 위르겐 하버마스(Jürgen Habermas)가 말한 대화와 소통의 공론장으로서 MBC <나가수> 시청자 게시판을 적극적으로 활용했다. <나가수> 시청자 게시판에서 다수에게 지지받는 의견들은 여지없이 방송을 통해 반영했다. 심지어 익명의 가면을 쓰고 언어폭력을 일삼는 소수 의견조차도, 가능한 것은 반영했다. 매주 방송 때마다 하나씩 반영되고 있다는 사실이 방송을 통해 충분히 확인가능했다. 음향 문제 개선을 위해 생방송을 다시 녹화 방송으로 전환했고, 인기투표라는 시청자들의 지적에 즉각 반응해 문자투표를 없애는 대신, 모니터 평가단을 도입했다. 가수들에 대한 스토리가 없다는 지적을 반영해 가수들의 연습과정을 짧은 시간으로 압축해 제시했다. <나가수 2>의 시청률이 어떠한지와 상관없이, MBC <나가수 2>는 매우 민주적인 프로그램(democratic program)이었다고 평가된다.

그리고 <나가수 2>는 대중의 욕구에 부응하고자 '신선도 높은 무대'를 꾸준히 고민한 흔적도 엿보인다. <나가수 1>의 치명적인 약점으로 지적되었던 식상함을 해결하기 위한 것으로 추측된다. 그래서 좀 더 많은 가수를 보여주기 위해 7명에서 12명으로 늘리고, 극적인 상황을 연출하기 위해 2개 조로 나누어 경연했다. 아울러 계륵이라고 평가되던 중간 평가 방송을 없애고 매주 경연을 보여주는 데 성공했다. 또한 기존 가수들만으로 이루어져서 자칫 식상함을 불러올 소지가 있었던 예선 중간 지점(9월 2일)에는 '새 가수 초대전'이라는 획기적인 도입도 시도했다. 무려 12명의 새로운 가수에게 노래를 부를 기회를 제공했고, 그중 2명(더원, 소찬휘)은 순위에 따라 공정하게 <나가수>에 합류할 수 있었다.

뫼비우스 띠처럼 안과 밖이 뒤틀려버린 <나는 가수다 2>

이러한 <나가수 2>의 노력에도 시청자들은 '이상'할 정도로 외면했다. '가수왕전' 이전까지의 시청률만 놓고 보았을 때, 객관적인 성적표는 기대 이하이다. 어떻게 보면, <나가수 2> 제작진, 특히 김영희 PD로서는 대단히 억울할지도 모르겠다.

<나가수 2>는 규정집을 지켜야 한다는 원칙을 철저히 지켰다. 규정집에

제시된 '모든 가수들은 기본적으로 단 한 번 노래 부를 기회가 주어진다. 가수가 임의로 중단한 경우 다시 노래를 부를 수 없다'는 원칙을 그대로 관철시켰다. 7월 고별가수전에서 가수 정인은 「이별의 그늘」에서 가사 실수를 범하고 말았다. 이에 대해 김영희 PD는 정인을 원칙 그대로 실격 처리했다. 규정을 미리 정해둔 이상, 김영희 PD의 판단은 당연히 옳은 판단이었다. <나가수 1>에서 김건모 재도전 논란으로 공정성 시비가 있었던 것을 생각해본다면, 김영희 PD의 판단은 누가 봐도 불가피한 판정이었다. 하지만 김영희 PD 본인의 실제 생각과 일치했는지 여전히 의문이다. 외견상 PD가 결정한 것처럼 보이지만, 실제로는 미셸 푸코(Michel Foucault)가 말한 파놉티콘(Panopticon)의 개념에 따라 <나가수 2>에서의 권력은 시청자들, 대중들에게 이전되었다. 결국 <일밤> "양심 냉장고"에서 보듯이 인간미를 누구보다 중요시하는 김영희 PD조차도 묵시적으로 빼앗겨 이전된 권력관계 아래서 그러한 가혹한 결단을 해야 하는 상황 자체가 대단히 아이러니하다. 또한 다수의 시청자 의견에 따랐음에도 <나가수 2>가 시청자들로부터 외면받는 상황 자체도 모순이다.

<나가수 2>에서 청중평가단은 절대 권력을 가진다. 대중문화를 기초로 한 프로그램이므로 전문가의 판단에 따라 가수들의 순위가 좌지우지되는 것은 당연히 옳지 않다. 일반적이고 보편적인 보통 사람의 한 표 행사가 모여 절대 권력을 이루는 것이 타당하다. 하지만 그렇다고 하여, 프로그램의 운영과 관련된 모든 영역까지 대중들의 의견을 하나하나 따를 수는 없다. 몇몇 구체적인 의견 가운데 대표성을 띠고 있다면 그 의견을 따를 수도 있지만, 그러한 의견을 실제로 반영할지 말지에 대한 재량은 어디까지나 <나가수 2> 제작진에게 맡겨야 한다. 그러한 재량을 인정하는 것도 민주주의이다. 따라서 제작진은 대중의 눈치를 지나치게 볼 필요가 없었다. 모든

것을 대중들의 판단에 맡겨 결정해버릴 경우, 의외의 반작용이 생기고 만다. 자칫 소크라테스(Socrates)처럼 중우정치(Populism)에 의에 만들어진 법에 따라 독배를 마셔야 할지도 모른다.

시대적으로 대중에게 외면당한 서바이벌 프로그램의 구조적 한계

방송은 사회상을 반영한다. 시청자들도 사회 구성원으로서 전반적인 사회 현실에 공감하며 움직인다. <나가수 1>에서 시청자들은 경쟁 중심의 사회상에서 긴장하고 떨고 있는 가수들에게 자신들의 실제 모습을 투영했다. 하지만 그것도 한순간이다. 끝이 보이지 않는 경쟁은 갑갑하다. 적자생존 서바이벌 구도, 신자유주의식 경쟁체제에 대해 이제 더 이상 공감하지 않는 대중들이 늘고 있다. 코피 아난(Kofi Annan) 전 UN사무총장도 '무한경쟁의 신자유주의식 세계화도 인간의 얼굴을 해야 한다'고 지적한 바 있다. 2011년 말 반(反)월스트리스 시위를 시작으로 전 세계적 시대정신이 변하고 있다. 2012년 현재, 이 시대 시민들은 '경쟁' 안에서도 '인간'을 보고 싶어 했다.

<나가수 2>에서 '가왕전'에 진출하고 싶어 하는 가수들에게서 신영복의 작품 <나는 걷고 싶다>에 그려진 눈사람 형상이 보였다. 가수들은 신발을 바로 앞에 두고 한 걸음도 못 나간 채, 갇혀 있는 눈사람과 다를 바 없었다. 또 시시포스(Sisyphos)의 형상이기도 했다. 경연을 해야 하는 가수들은 계속 굴러떨어지는 바위를 다시 굴려 올리기 위해 매주 노력해야 한다. 이 과정을 지켜보는 시청자들은 더 이상 참지 못하고 채널을 돌린다. 매주 반복되는 일상과 놀랍도록 똑같아 지겹다고 느끼고 만다. 시청자들은 분출하고 싶고 탈출하고 싶은 욕망이 치솟는다. 그래서 시청자들은 마음껏

발산하는 국카스텐에게 열광하고, 예술적으로 수렴하는 한영애에게 인색했는지 모른다.

견고했던 <나는 가수다 2> 시스템의 덫과 딜레마

가수들의 인간미를 보여줄 시공간적인 제한이 많았다. <나가수 2> 제작진이 뒤늦게 가수들의 연습 과정을 삽입하고 가수들의 가족을 함께 출연시키는 등의 노력을 했지만, <나가수 1>에 비하면 시간적으로 현격히 부족했다. 박정현이 보여준 소박한 모습, 김범수가 보여준 의외의 끼, 조관우가 보여준 아버지상, 편견 없이 볼 수 있었던 적우의 인간미는 <나가수 1>의 숨은 성공 비결이었다. <나가수 1>에서는 제작진과의 일방통행 인터뷰 이외에도, 개그맨 매니저와의 자연스러운 쌍방향적 대화 과정이 자주 노출되었고, 이 과정들은 경쟁 톱니바퀴가 원활히 돌아가게 한 윤활유로서 작용했던 것이다. 이와 달리 <나가수 2>에서는 완벽하게 견고화된 시스템 안에서 가수들의 인간미를 부각시킬 만한 기회가 많지 않았다. 조기 탈락한 가수들은 대개 경연만 보여줬을 뿐이다. 급변하는 대중의 시대정신을 반영하기에 시스템이 지나치게 견고했다.

완벽하게 정형화된 틀을 미리 계획해두었지만, 이것이 도리어 제작진에게 덫으로 작용했다. 대중들의 의견을 대부분 수용했지만, 시스템상 결코 반영이 불가능했던 영역이 있었다. 그것은 바로 '이달의 가수'로 매달 1등 가수를 따로 뽑아 두어야 한다는 사실이다. 실상 <나가수 1>의 경우에는 비교적 탄력성 있게 제작되었다. 그래서 명예 졸업 제도 도입도 문제없이 중간에 삽입될 수 있었다. 이에 비하면 <나가수 2>는 기본적인 뼈대에 해당하는 경연 방식은 완벽하게 견고화되어 있었다. 그래서 '이달의 가수'

하차에 대해 아쉬워하는 시청자들의 지적에 대해 속수무책으로 방관해야 했다. 다른 가수들과의 형평성 때문에 기존의 룰을 도저히 바꿀 수 없었기 때문이다. 5월부터 12월까지 완벽하게 사전에 계획된 틀 속에서 공정과 형평이 있었지만, 의외의 반작용이 발생하고 말았다. 1등 가수를 좋아하던 팬도 함께 나갔다. 대중의 판단을 그대로 따를 수도, 따르지 않을 수도 없는 딜레마가 발생했다.

필연성과 획일화로 호기심이 떨어진 대중

<나가수 1>은 '명예 졸업 가수'가 나오지 않을 수도 있다는 우연성에 기초하고 있었다. 하지만 <나가수 2>는 100% '이달의 가수'와 '가왕'이 나온다는 필연성에 기초하고 있다. 그러다 보니 '이달의 가수'나 '가왕'이 과연 탄생할지에 대한 호기심이 상대적으로 떨어진다. 더구나 가수들은 모두 똑같이 '이달의 가수'나 '가왕'이 되고 싶어 하는 페르소나(persona)를 쓰고 있었다. 가수들 모두 똑같이 화려한 옷으로 외면을 꾸미고 자신을 숨긴다. 따라서 인터뷰에서 드러내는 가수들의 내면 심리는 모두 획일화되고 말았다. 그 결과 포장지로 완벽하게 장식된 가수만 있고 그 뒤에 '인간'은 철저히 은폐되었다. 이수영이 첫 출연에서 「인연」을 손을 떨며 부르고 이후 통곡하듯 울었을 때, 시청자들도 따라 울었다. 가수로서 그저 노래를 부르고 싶었다는 이수영의 외침에 시청자도 인간적으로 공감했기 때문이다. 하지만 그러한 이수영조차도 시간이 지날수록, '이달의 가수'가 되어야 하고 '가왕'이 되어야 한다는 <나가수 2>의 이데올로기에 편입되었다. 하지만 그럴수록 대중들은 이수영을 서서히 외면했다.

그래도 대중과 교감하는 장을 마련한다면

<나가수 2>에서 MC의 지위와 역할은 모호하다. 특히 이은미가 MC로서 하는 일이 구체적으로 어떤 것인지 불분명하다. 박은지가 대신한다고 해도, 정진영이 대신한다고 해도 다를 바 없다. KBS <이소라의 프로포즈>나 SBS <정재형 이효리의 유&아이>처럼 경연 후에 MC와 가수들이 대화하고 들어가는 방식이 바람직한 방향이었는지 모른다. MC가 특유의 개성을 통해 가수들의 인간성을 부각시킬 수 있기 때문이다.

가수들이 경연을 마친 뒤 대기실로 들어가 문을 닫을 것이 아니라, 모니터 평가단이 있는 아담한 세트로 와서 MC와 모니터 평가단들과 함께 자신의 경연에 대한 진지한 이야기를 주고받는 실존적 참여 공론의 장을 기대했다면 무리였을까. 한영애가 「Knockin' On Heaven's Door」와 「사랑한 후에」를 놀라울 정도로 고독하게 불렀지만, 정작 '인간' 한영애는 소외되었다. 그리고 끝내 경쟁 구도의 톱니바퀴에서 밀려 나가 쓸쓸히 퇴장할 뿐이었다. 만일 '인간' 한영애가 경연 직후, 대중들과 교감하는 실존적 참여 공론의 장에서 진지한 대화를 했다면 어떤 결과가 나왔을까.

인간은 완벽한 존재일 수 없다. 약간의 모자람을 채우려고 끊임없이 노력하는 존재가 바로 인간이다. 그런데 완벽하지 않고 빈틈 있는 사람에게서 더욱 인간미와 친숙함을 느낀다. 그래서 시청자들도 덜 완벽하지만 인간적인 일반인 오디션 프로그램인 MBC <위대한 탄생>이나 SBS <K팝스타>에 꾸준한 애정을 보인다. 조기 종영에도 MBC <정글러브>가 시청자들로부터 호평을 받은 이유도 같은 맥락에서 이해될 수 있다. SBS <짝>과 달리 MBC <정글러브>는 출연자 스펙 비공개 원칙과 일반인으로서 어설프지만 진중했던 정글 생활을 함께 제시함으로써 인간 본연의 모습을 더욱 구체적으로 제시했다. 싸이(Psy)의 「강남 스타일」이 세계적인 열풍을 가져다준 것도 사실은 음악성 이외에 외국인이 보기에 다소 우스꽝스러운 빈틈이 있었기 때문이기도 하다. <나가수 2>의 시청자들도 우연히 드러나는 가수들의 빈틈, 그 빈틈이 자연스럽게 제시된 인간 중심의 스토리텔링을 원했는지 모른다. 사실 「넬라 판타지아(Nella Fantasia)」를 불렀던 KBS <남자의 자격 합창단>에서 치열한 경연이 중심은 아니었다. 음원 가치도 미미했다. 어설펐지만 반복된 과정에서 감동이 있었고, 대중의 공감이 있었다. 공정하고 치열하게 경연한다는 사실만이 중요한 것이 아니다. 경연의 결과물인 음원만이 중요한 것도 아니다. 경연하는 과정과 경연 뒤에 자연스럽게 나타나는 '인간' 가수 본연의 모습을 대중은 원하고 있다.

미래의 <나는 가수다 3>을 위하며

역사가 중요한 이유는 과거를 돌아보고 현재를 분석해 아름다운 미래를 만들기 위해서이다. 그래서 스티브 잡스(Steve Jobs)도 현재는 미래와 어떠한 식으로든 연결되어 있다고 말했다. <나가수>는 시청률과 상관없이 대중문화 발전에 상당한 기여를 한 훌륭한 프로그램이다. 이 프로그램이 화석으로 남겨진다면 씁쓸한 아쉬움만이 남을 것이다. 그런 점에서, 과거의 <나가수 1> 그리고 현재의 <나가수 2>를 시대정신에 비추어 재판단하고, 미래의 <나가수 3>, <나가수 4>로 힘찬 도약을 하기를 진심으로 바란다. 나짐 히크메트(Nazim Hikmet)가 「진정한 여행」이라는 시에서 말했듯이, "가장 훌륭한 시는 아직 쓰여지지 않았고, 가장 아름다운 노래는 아직 불려지지 않았다".

우수작

맛집이 뜬다

<응답하라 1997>을 통해 본 드라마의 미래

정재원

맛집이 뜬다. 집 근처나 오가는 역 인근에 아무리 음식점들이 많아도, 요즘 사람들은 시간을 들이고 발품을 팔아 맛집을 찾는다. 한 끼를 먹어도 오감을 자극하는 것을 선호한다. TV 시청 역시 마찬가지다. 가족들이 둘러앉아 적당히 다 같이 만족할 만한 프로그램을 소비하는 시대는 갔다. 사람들은 자신의 욕망과 취향을 민감하게 자각하기 시작했고, 그것을 세밀하게 만족시켜주는 콘텐츠를 원한다. 시청자들은 연령과 취향에 따라 수평적으로 세분화되었다.

문제는 사람의 변화에 비해 더딘 콘텐츠의 변화다. 특히 지상파 방송의 드라마는 상당수가 관습적인 내러티브를 반복하고 있다. 신데렐라 스토리나 출생의 비밀, 키다리 아저씨 이야기와 같은 진부한 설정에 극단적인 배신과 갈등을 버무려 자극적인 이야기를 만드는 것이 일종의 공식이 되었다. 물론 이런 드라마는 어느 정도 안전하다. 시청자를 자극해 눈을 붙들어

둘 수 있기 때문이다. 하지만 그 결과 사람들은 다른 미디어의 좀 더 다양하고 창의적인 콘텐츠로 눈을 돌렸고, 지상파 TV 드라마가 사회적·문화적으로 특정 계층에 상당한 파급력을 행사하는 일은 갈수록 줄고 있다.

이런 상황에서 변화하는 시대의 새로운 드라마 콘텐츠가 어때야 하는가를 보여준 드라마가 있다. 그것이 바로 <응답하라 1997>(이하 <응답>)이다. 이 글에서는 새로운 콘텐츠의 가능성을 tvN의 드라마 <응답>에서 찾아보고, 이런 트렌드를 따라잡지 못하는 지상파 제작환경의 문제점에 대해서 짚어보려 한다.

왜 <응답하라 1997>인가

<응답>이 방송되던 늦여름에도 다양한 예능과 드라마 프로그램이 전파를 타고 있었지만, 한동안 '응답 앓이'라 칭해질 정도로 많은 젊은 층이 이 드라마에 묶여 있었다. 실제로 AGB닐슨미디어리서치의 매체 영향력 평가를 보면 9월 첫째 주부터 방송이 종영된 셋째 주에 이르기까지의 시간 동안 SNS, 블로그, 카페, 커뮤니티 사이트의 프로그램 언급량에서 <응답>이 1위를 차지하고 있다. 포털의 프로그램 직접 검색과 홈페이지 방문량에서도 <응답>은 지상파에서 높은 시청률을 기록하고 있는 MBC <무한도전>이나 KBS <세상 어디에도 없는 착한남자> 등과 1, 2위를 다투고 있으며, 프로그램 관련 기사 구독량에서도 이와 같은 경향은 확인되고 있다. 가장 높았던 최종회의 평균 시청률이 7.5% 정도였던 드라마가, 많게는 세 배가 넘는 시청률을 기록한 프로그램들과 비슷한 사회적 영향력을 나타낸 것이다.

1/3 정도밖에 안 되는 사람들이 TV 앞에 앉아 있었지만 사람들은 <응

답>에 대해서 더 많이 이야기하고 관심을 가졌다. 이는 매체 환경의 변화에 따라 이용자의 소비 행태가 지속적으로 변하고 있음을 의미하며, <응답>이 다른 어떤 드라마보다 이런 변화에 잘 적응했음을 뜻한다. <응답>은 시청자층을 특화시켜 그들의 감성이 반응할 수 있는 요소들을 드라마 속에 담았다. 먼저 내용적인 측면에서 <응답> 열풍의 이유를 알아보자.

그리움, 힐링, 정의로운 권력

대중문화는 시대와 사회와 사람들이 조응하는 과정에서 나타난다. 그리고 대중에게 결핍된 것과 대중이 욕망하는 것이 무엇인가를 정확히 보여준다. 이즈음의 한국사회에서 대중이 갖는 정서 중 두드러지는 것은 대체로 두 가지라고 할 수 있다. 생존경쟁으로 인한 불안, 그리고 옳지 못한 권력에 대한 반발감이다. 하지만 사람들은 무력하다. 벗어나고 싶은 현실과 분노를 일으키는 권력이 있지만, 사람들은 저항하지 못한 채로 순응하며 살아가야 한다. 물론 그걸로 끝은 아니다. 사람에게는 마음이 있기 때문에, 참고 견디는 과정에서 마음 안에 쌓이는 불만의 덩어리들이 있다. 바로 이것이다. 특정한 내러티브를 가진 대중문화가 대중과 감응하고 현상화되어 나타나는 연결고리가 여기에 있다. 똑똑한 문화상품들은 그 응어리진 욕구의 배설과 해소를 목적으로 기획된다. 최근 한국 대중문화의 히트작들 역시 대부분 수용자에게 이런 카타르시스를 안겨주고 있다.

근래의 대중이 느끼는 카타르시스는 대체로 다음 세 가지 코드를 담은 문화상품들에 의해 나타난다. 첫째가 그리움이다. 지금과 같은 심한 경쟁과 약육강식의 세계가 도래하기 이전의 시대, 따라서 문화가 풍요로웠고 삶 자체가 좀 더 안정적인 느낌 속에 있었던 시기에 대한 그리움의 정서를 충족시켜주는 콘텐츠에 사람들은 감응한다. 영화 <써니>로부터 <건축학개론>, 그리고 이 글에서 다루고 있는 <응답>에 이르기까지 경쟁이 고도화되기 이전의 시기를 감성적으로 복기해놓은 이야기들을 보면서 사람들은 잠시 지금의 시대로부터 도피처를 찾는다. 특히 <응답>이 꼼꼼하게 그려내놓은 1990년대의 팬덤 문화는 사람들을 일시적으로 과거로 소환시킨다. 교복을 입고 학교에 오가던 시절, H.O.T.나 핑클 같은 아이돌 그룹에 열광했던 많은 사람들은 이 드라마를 보면서 그 시절 자신으로의 감성적 도피를 꿈꾸는 것이다.

그리움에서 한 발 더 나아간 곳에 '힐링'이 있다. 많은 사람들은 날카로운 칼날 위를 걷는 듯한 불안감을 느끼며 살아간다. 그런 불안과 혼란을 망각하고자 스마트폰을 잡고 쉴 틈 없이 손을 놀리지만, 본능은 언제나 그 불안감을 생생하게 자각하고 있다. 그래서 우리는 공감을 통해 마음을 나눌 수 있는 따뜻한 사람과 마음을 적시는 온기 있는 이야기를 깊이 갈망한다. 비소설로서 최단기간에 100만 부의 판매부수를 넘긴 『아프니까 청춘이다』 열풍은 치유에 대한 사람들의 열망을 반영하며, 영상과 내러티브를 통해 치유에 알맞은 온도를 전해주는 SBS <힐링캠프> 같은 프로그램도 이런 맥락에서 읽어볼 수 있다. 이와 같은 치유에 대한 욕구에 적극적으로 부응한 것이 바로 <응답>이다. <응답>에는 나쁜 사람이 나오지 않는다. 가족과 친구의 범위에서 벌어지는 일상으로 이야기의 범위가 한정되어 있다. 그리고 그 범위 내의 사람들 역시 모두 좋은 사람들이다. 극단적인 배신이나 이익의 독점을 위한 권모술수 또한 나오지 않는다. 나쁜 놈, 배신, 권모술수가 나오지 않는 이 따뜻한 3무(無) 드라마가 전해주는 온기, 그것이 바로 <응답>의 힘이었다.

대중에게 카타르시스를 주는 세 번째 요소는 정의롭고 강력한 권력이다.

내용과 관계없이 '정의'라는 단어가 주는 자극성이 만들어낸 『정의란 무엇인가』 열풍, 약자의 절대 권력 징벌 스토리 SBS <추적자>의 인기, 그리고 작년부터 올해에 이르는 시간 동안 개봉한 영화 <도가니>, <부러진 화살> 등의 뜻밖의 흥행. 여기에 더해, 상식을 지키는 것만으로도 얼마든지 정의로운 통치가 가능함을 보여준 영화 <광해>의 관객 천만 돌파 역시 정의로운 권력에 대한 사람들의 욕구로 나타난 현상이라고 할 수 있다.

<응답>은 앞서 말했듯 그리움과 힐링에 주안점을 두고 있기 때문에 날을 세워 권력을 비판하지 않는다. 다만 <응답>은 앞서 언급한 그리움, 힐링의 코드와 어울리는 방식으로 정의로운 권력에 대한 욕구를 충족시켜 준다. <응답>에도 사회적 권력을 가진 계층이 등장한다. 주인공 그룹 중 남자 세 명(태웅, 윤제, 준희)이 우리 사회에서 권력과 자원을 과점하고 있는 정치인, 법조인, 의사의 직업을 가지고 있다. <응답>은 이들을 전면에 배치해 우리가 흔히 이런 사람들로부터 목격하는 권위적이고 이기적인 모습과는 정반대의 모습들을 보여준다. 청년 대선 후보로 높은 지지를 얻고 있는 태웅은 묵묵히 원칙을 지키는 청년 기업인이며, 하나 남은 혈육인 동생을 위해 지극한 헌신과 사랑을 보여준다. 윤제 또한 마찬가지다. 그는 선후배 관계로 촘촘하게 얽힌 법조 인맥 안에서도 '대쪽 판사'라고 불릴 정도로 언제나 원칙적인 모습을 보여주며, 옳지 못한 접근을 하는 사람에 대해서는 그것이 선배라 하더라도 정확히 선을 긋는다. 의사인 준희도 마찬가지다. 그저 우리 옆에 하나쯤 있을 법한 친구의 모습인 그는, 환자에게는 따뜻하고 주위 사람들에게는 살가운 착한 남자의 전형을 보여준다. 현실에서는 쉽게 존재하기 어려운 정치인과 판사, 의사이기에 우리는 <응답>을 보면서 우리가 소망해온 권력의 모습에 대한 대리만족을 느낄 수 있다.

<응답>의 인기는 이런 대중의 감성을 정확히 읽고, 그것을 연출과 스토리를 통해 감칠맛 있게 담아낸 결과이다. 하지만 그것이 전부는 아니다. 새로운 팬덤 문화라 할 정도로 나타났던 높은 지지를 설명하기 위해서는 한 가지 설명이 더 필요하다. 그것은 바로 콘텐츠의 개인화 전략이다.

개인들을 위한 알맞은 온도

사람들은 저마다 다양하다. 따라서 그 다양한 사람들의 마음을 보듬어주는 내용도 같을 수 없다. 모두를 만족시키려는 보편적 시도가 흥행으로 이어질 수도 있지만, 사람들이 자신의 취향과 욕구에 예민해진 요즘 같은 시대에 그런 시도는 모두에게 외면당할 가능성 또한 높다. 윤아와 장근석이라는 대형 스타를 캐스팅하고도 평균 시청률 5% 정도를 기록하고 마무리된 KBS <사랑비>가 그 예다. 이 드라마는 1970년대의 순수한 사랑과 현대의 트렌디한 사랑을 다 담고, 양 시대의 배경을 모두 그려내면서 다양한 계층을 포섭하려 했지만 결국 모든 계층에 어필하는 데 실패했다. <사랑비>는 지상파의 전형적인 실패 사례를 보여준다. 한류 열풍에 기대 드라마의 상품성을 확보하고자 한류 스타들을 캐스팅하고, 그 인물에 기대 문화 상황의 분석과 스토리의 구축을 소홀하게 한 뒤 영상 등 형식에만 치중한 것이다. 그 결과가 바로 대중의 외면이었다.

이제 콘텐츠는 개인화되어야 한다. 개인화는 콘텐츠를 특정 계층, 특정 감성에 맞춰 개성 있게 만드는 것을 의미한다. 1997년을 아름답게 기억할 수 있는 것은 누구일까. 그 시대에 회사에서 밀려났거나 취업 고통에 시달린 지금의 40~60대일 수는 없다. 그때 아직 학생이었던 사람들의 가슴에만 남겨진 정서가 있다. 따라서 1997년의 다양한 상황을 이야깃거리로 삼는

<응답>은 철저히 지금의 20~30대를 위한 기획이었다. 이런 타깃 지점의 설정은 문화상품으로서 상당히 적절한 전략이었다. 지금 가장 지쳐 있는 계층이 누구인가. 앞서 언급했던 과잉 경쟁과 불안한 처지로 누구보다 고통받는 것이 20~30대다. 상처가 깊을수록 욕구의 충족은 절실해진다. 그 시절로 자신들을 소환시켜주면서 동시에 마음의 치유를 주는 이야기에 20~30대는 열띤 반응을 보일 수밖에 없었다.

과거의 아름다운 추억을 적당한 온도로 소환해 사람들의 마음속에 풀어 놓는 것, <응답>의 이런 미덕은 차가워지고 얼어붙은 청년층의 마음을 녹였다. 작가 박완서는 생전에 "그리운 것이 있다는 것은 살아 있다는 것"이라고 적은 바 있다. 그리운 시절의 소환은 그 두근거림을 통해 인간의 생생한 감각을 흔들어 깨운다. 기계화된 일상 속에서 억눌려 온 인간적 감성의 깨어남, 그것은 그 자체로서 성장이고 치유다.

1초의 치열함

내용적 측면뿐 아니라 형식적 측면에서도 <응답>의 콘텐츠 개인화 전략은 평범하지 않았다. <응답>의 디테일에 대한 열정은 시청자의 만족도를 프레임 단위로 높였다. 나는 그것을 1초의 치열함이라 칭하고 싶다.

이 드라마를 보면 무신경하게 흘러가는 1초의 순간도 놓치지 않겠다는 치열함이 느껴진다. 시트콤처럼 매회 완성된 에피소드를 마무리 지으면서도, 시원의 사랑과 성장을 중심으로 한 핵심 스토리와 윤제-태웅의 형제 이야기를 서브플롯으로 힘 있게 이끌고 간다. 기존의 드라마들이 반복되는 배경음악의 삽입으로 중후반부에 가서 질리는 느낌을 주었던 데 비해서, 이 드라마는 당시의 정서를 상기시키는 수많은 배경음악을 인물의 감정선과 조응하는 형태로 세밀하게 배치했다. 영상미 또한 높은 수준을 보여준다. 일본 영화나 드라마에서 종종 보이는 자연광의 활용이 무엇보다 돋보인다. 형광등의 푸른 색감이 제거된 채로 오후의 햇살이 주는 따뜻함만이 공간을 가득 채우는 교실 장면은 아름답기 그지없다. 노래방 내부 장면 하나를 찍어도 과도한 조명을 배제함으로써 자연스러운 연출을 보여준다. 고급 영상장비를 이용해 찍은 채도 높은 아름다운 영상들은 스토리와 별개로 매 순간 사람들의 감성을 시각적으로 자극한다. 1997년을 재현하는 과정도 마찬가지다. 팬 문화를 복고하는 소품 하나하나와 그 배치들이 몰입도를 높인다. 1초뿐 아니라 화면의 1인치도 놓치지 않겠다는 그 치열함이 보는 이의 오감을 매 순간 만족스럽게 채운다.

시대를 예민하게 읽어내고 만들어 사람들에게 카타르시스를 안기는 이야기와 이를 뒷받침하는 세밀하고 꼼꼼한 구성, 여기에 자신들의 작품이 소구하는 계층을 명확히 설정하고 거기에 맞게 모든 내용과 형식을 구체적으로 구축해낸 것, 그 결과가 바로 케이블 사상 최고의 드라마 시청률을 기록한 <응답>이었다.

<응답>이 보여주는 콘텐츠의 미래

이제 사람들은 TV라는 고정된 플랫폼 앞에 앉아서 드라마를 보지 않는다. 플랫폼 중심에서 콘텐츠 중심의 시대가 왔다. 스마트폰, 태블릿 PC 등 사람들은 각자 자신이 선호하는 플랫폼을 가지고 자신이 원하는 콘텐츠를 편한 장소에서 소비한다. TV로만 드라마를 볼 수 있었던 시절에 비하자면, 이제 시간 장소에 구애받지 않고 더 많은 사람들이 드라마를 볼 수 있다. 이렇게 개인화된 플랫폼을 가진 수용자들의 특징은 자기 욕구와 취향에 민감하다는 것이다. 이는 필연적으로 계층화되고 개인화된 콘텐츠에 대한 수요를 불러일으킨다. 여전히 꿈을 찾아 방황하는 30대에게 맞는 콘텐츠, 반복되는 사회생활에 지친 40~50대 남성에게 알맞은 콘텐츠, 20대 여성의 상실감을 위로하는 콘텐츠들이 각자의 정서에 부합하는 형태로 다양하게 쏟아져 나와야 한다.

지상파의 경우 이런 다양하고 새로운 시도를 가로막는 대표적인 시스템 문제가 시청률 중심의 평가방식이다. 이제 시청률은 전체 시청자의 기호를 측정하지 못한다. 특히 드라마 대부분은 저녁 시간에 TV 앞에 앉아 있을 수 있는 사람들의 수가 시청률의 기준이 되는데, 젊은 사람들의 호응도를 이런 방식으로 담아내는 것은 어렵다. 20~30대의 경우 최근 가파르게 1인 가구가 증가하고 있으며, 이들은 대부분 영상을 다운받아 컴퓨터로 시청하거나 아이패드 등 태블릿 PC를 통해 콘텐츠를 접한다. 자기 공간에서 자기가 편한 플랫폼으로 영상을 접하는 많은 청년층의 수요를 반영하지 못한 채로, 시청률은 드라마의 성과를 평가하며 제작 인력들을 압박한다.

시청률 중심의 단기적 평가가 드라마의 상품화 경향과 만나면, 제작자들은 새로운 시도를 하기보다 당장 먹힐 만한 것을 찾을 수밖에 없다. 행여 국내에서 실패하더라도 국외 매출을 내기 위해 안정적인 몇몇 한류 스타들을 캐스팅하고, 그 인물에 의존해 자극적 요소들만을 적절히 배합한 이야기 구조를 반복하는 것이다. 시청률은 결국 TV 앞에 앉아 있는 상대적 고령 계층의 반응을 측정하는 것이므로 콘텐츠 역시 노후화될 우려가 있다. 다양한 계층의 감성을 자극하는 창의가 시청률 중심의 평가 시스템에서는 들어서기 어렵다는 것이다. 플랫폼 기득권에 기반을 둔 시청률 중심의 평가 방식이 만드는 위기, 이것이 앞으로 지상파의 콘텐츠 제작자들이 해결해야 할 중요할 문제가 될 것이다.

역이나 집 앞의 식당이라 해서 사람들이 알아서 찾아오던 시대는 지났다. 자신들의 취향을 섬세하게 충족시키고자 하는 사람들에게 응답하여 다양하고 맛깔나는 음식들을 준비하지 않으면 아무리 행인이 바글대는 길목의 식당이라도 도태될 수밖에 없다. 이런 점에서 <응답>은 후미진 골목에 있었지만 확실한 맛집이었고, 대표 메뉴였다. 어차피 자기 개성이 뚜렷해진 사람들을 모두 만족시킬 수 없다면, 그 해답은 계층화, 개인화에 있다. 모든 콘텐츠 제작자들이 기억해야 할 부분이다.

우수작

지금 사랑하지 않는 자, 모두 유죄

<적도의 남자>가 <짝>에게 답하다

정진아

김인영의 <적도의 남자>는 전작 <태양의 여자>와 마찬가지로 사건 자체보다 사건을 둘러싼 인간의 복잡 미묘한 심리변화에 주목한다. 많은 복수극이 '죄를 짓다', '단죄를 하다' 등의 서술형을 이야기의 중심축으로 삼는 데에 비해 김인영의 두 작품은 '죄는 어디에서 기인하는가', '죄는 어떻게 인간의 내면을 잠식하는가', '복수가 인간을 행복하게 할 수 있는가' 등의 질문을 이야기로 형상화하고 그 답을 탐방한다. 김인영이 죄지은 이들의 내면을 들여다보며 주목한 죄의 씨앗은 '외로움'이었다. <태양의 여자>가 자식이 부모에게 '내가 어떻든 나 자체를 인정해주고 사랑해주는 사람들이 있다는 만족감'을 제공받지 못했을 때 겪는 근원적 불안을 보여줬다면 <적도의 남자>(이하 <적남>)는 자신이 지닌 능력, 끊임없는 헌신과 노력에도 타인(혹은 외부)으로부터 반복된 소외를 당할 때 인간이 느끼는 좌절감을 그려냈다. 두 작품 모두 '내'가 '타인'과 올바르게 관계 맺지 못할 때 느끼는 소외감과 그로 인한 불행을 다루었다고 할 수 있다.

대체 '타인'이 '나'에게 무엇이라서 그런 영향력을 발휘한단 말인가. 실존주의 철학가 장 폴 사르트르(Jean Paul Sartre)는 "타인은 지옥"이라 했고, 종교철학가 마르틴 부버(Martin Buber)는 "'나'는 '너'로 인해 '내'가 된다"고 했다. 사르트르에게 타인은 자신들의 '불완전한 시선'을 이용해 나를 억압하는 존재다. 타인을 통해서만 '내'가 존재의미를 드러낼 수 있기에 나는 타인의 인정을 받기 위해 끊임없이 노력하고 경쟁해야만 한다. 그에 비해 부버는 '나'와 '네'가 참된 공동체 관계를 맺을 때에야 '나'라는 존재가 비로소 참 의미를 드러낼 수 있다고 생각했다. 그에게 참된 삶은 '나'를 의미 있게 만들어주는 '너'란 존재를 만나는 과정이었다. 양단 모두 '나'라는 주체는 타인과의 관계에 의해 영향을 받는다는 공통된 인식을 기반으로 하고 있지만 두 말의 온도 차는 분명하다. 어떻게 보느냐에 따라 '타인'은 '나'의 지옥이 될 수도, '나'의 구원이 될 수도 있는 것이다. '타인'과 '내'가 맺고 있는 이 모호한 관계성! 그게 정통 드라마 <적남>을 이해하는 데 — 일견 아무런 관련도 없어 보이는 — SBS의 문제작 <짝>을 소환하는 이유이다.

1. 나를 원한다면 당신이 가진 걸 보여주세요

<짝>은 짝짓기 연애 버라이어티와 유사한 형식을 차용하면서도 자기정체성을 시사·교양 프로그램으로 규정한다. 제작진의 이런 자기선언을 비꼬는 시청자들이 많다. 시사 교양 프로그램이 지나치게 자극적인 재미에 집착한단 것이다. 분명 <짝>은 10여 명의 남녀가 서로 탐색하고 저울질하는 과정을 그리기에 태생적으로 자극적이다. 하지만 "자신 안에 없는 것은

절대로 자신을 흥분시킬 수 없다"는 헤르만 헤세(Hermann Hesse)의 말처럼, 시청자들이 <짝>을 보며 불편함을 느끼는 가장 큰 원인은 현대인들의 숨겨진 욕망을 적나라하게 보여준다는 데 있다. <짝>의 출연진은 '나한테 맞는 몸매, 얼굴, 성격, 스펙을 가진 여자를 찾으러 왔다', '남자의 재력은 최소 잠실 29평 아파트 전세 정도는 되어야 한다' 등의 말을 서슴없이 내뱉는다.

대체 무엇이 <짝>의 출연진을 이렇게 적나라하게 만드는 걸까. 그건 제작진이 '애정촌'에 부여한 성격 때문이다. 애정촌의 절대목적은 6박 7일 안에 결혼하고 싶은 이성을 찾아 호감을 얻는 것이다. 짧은 시간 동안 상대방을 고르고 선택을 받아야 하는 특성상 애정촌은 필연적으로 자신에게 '적합'한 이성을 가능한 한 빨리 '선별'해 '쟁취'해야 하는 공간으로 변질될 수밖에 없다. '하는 것'이어야 할 사랑이 '가져야 하는 것'으로 탈바꿈하는 것이다. 이제 사랑은 목표가 되었고 타인은 경쟁자가 되었다. 그들은 원하는 이성을 찾기 위해 자신이 가진 패를 보여주려 애쓰고, 상대가 가진 패를 보려고 노력한다. <짝>의 연출가 남규홍 PD는 "그 사람의 외면이 아닌 자체를 들여다보라"는 의도에서 출연진을 번호로 부르게 했다고 말하지만, 안타깝게도 지워진 이름을 대체하는 건 '그 사람의 총체적 본질'이 아니라 '그 사람이 가지고 있는 부분적 요소들의 집합'일 뿐이다.

<짝>의 출연진은 '이성을 철저하게 검증할 권리와 의무가 있다'는 애정촌의 행동강령에 따라 이성의 모든 부분을 갈기갈기 찢어 하나하나 검증하려고 든다. 외모, 재력, 직업만이 아니다. <짝>의 9기 여성 출연진은 남성들의 '성실함'을 보고 싶으니 아침 6시마다 일어나 애정촌을 청소해달라고 요구하고, 한 출연자는 '당신의 진심은 알겠는데, 당신의 다정함에는 무뎌졌으니 다른 모습을 보여달라'며 아예 자기 맘에 들 만한 색다른 모습을

주문하기도 한다. 출연자들이 짝 검증에 진지하게 임하면 임할수록 상대에게 요구하는 바는 커지고 방송은 적나라해지는 것이다. 그렇기에 <짝>은 '진실한 사랑의 본질을 돌아보게 하겠다'는 제작진의 의도와는 애당초 어울리지 않는 구조로 성립되어 있다고 할 수 있다. 도리어 <짝>의 진짜 존재가치는 '사랑'이 소유해야 할 대상으로 전락할 때 인간이 타인과 어떤 방식으로 관계를 맺는지 싸늘한 진상을 보여준다는 데 있다. 제작진의 의도가 어찌 되었든 <짝>은 사랑을 탐방하는 다큐가 아니다. '어떤 걸 가졌느냐'로 나의 가치를 증명하고 타인의 가치를 판단하는 현대인들의 삶, 그 실존방식을 상징적으로 보여주는 세태풍자에 가깝다.

'가진 것'으로 대상의 가치를 파악하는 것은 현대인들의 고질이다. 근대 자본주의의 본질은 사회가 인간의 이기적 이익 추구를 정당한 사회윤리로 확정한 것이라고 할 수 있다. 그로부터 탐욕은 더 이상 부덕이 아니게 되었고, 경제적 가치는 합법적으로 다른 모든 가치들을 잠식해 들어갔다. 인간은 이제 사랑, 우정 등과 같은 계산 불가능한 가치들조차 계산 가능한 것으로 환원시켜 소유하려 한다. 독일의 정신의학자 에리히 프롬(Erich Fromm)이 던진 '소유냐 존재냐'라는 질문에서 엿볼 수 있듯, 소유는 이제 현대인들의 지배적 실존양식이 되어 '어떤 존재인가' 대신 '뭘 가지고 있는가'로 인간의 존재가치를 판단하게 만들었다. <짝>은 그런 현대인들의 모습을 적나라하게 그린 초상과 같다. 그래서 의미가 있다. 하지만 '소유의 정도 = 인간의 가치'라는 작금의 현상만을 다룰 뿐, 자기식의 해석이나 문제화가 없다는 점에서 시사 교양 프로그램으로서의 분명한 한계를 지닌다. 그런데 재미있는 건 <짝>이 드러낸 현상을 문제화하고 담론화한 작품이 따로 있다는 것이다. 그게 바로 KBS 드라마 <적남>이다.

2. 가진 건 늘어나는데 인간은 왜 외로워질까요

<적남> 안에는 두 가지의 세계관이 충돌한다. '사랑하는 사람이 가장 중요하다'는 김선우(엄태웅 아역 이현우 분)의 세계관과 '좋은 걸 가진 삶이 곧 좋은 삶이다'는 이장일(이준혁 아역 임시완 분)의 세계관이다. 두 세계관의 차이가 노골적으로 드러나는 건 최수미(임정은 아역 박세영 분)를 대하는 두 사람의 태도다. 수미는 무당의 딸이라는 이유만으로 어렸을 때부터 왕따를 당했지만 선우만은 그녀를 무당의 딸이 아니라 수미 자체로 받아들이고 편견 없이 대해줬다. 그에 비해 장일은 수미를 알지도 못하면서 그녀의 아버지가 회장인가 무당인가로 그녀의 가치를 판단한다. '소유냐 존재냐'라는 에리히 프롬의 말을 다시 빌리자면, 타인과 관계를 맺을 때 선우는 대상의 현재적 실존 자체를 중시하고 장일은 대상이 소유하고 있는 것들의 이용가치를 중시하는 것이다.

이 두 세계관의 차이는 소년들이 아직 순결한 낙원, 이해관계가 얽히지 않은 우정의 장 안에 머물고 있을 때는 아무런 문제가 되지 않았다. 그러나 그들의 낙원이 '나의 기회는 너의 불행을 먹고 만개한다'는 자본주의의 제로섬 논리 안으로 포섭되는 순간 비극으로 변모한다. 가진 게 그 사람의 가치를 결정한다고 믿기에 "가지고 싶은 게 너무 많은" 장일은 제로섬게임의 법칙을 받아들여 '너를 죽여 내가 가지고 싶은 걸 가지기'로 결정한다. 장일은 계산 없는 우정을 그에게 베풀었던 유일한 친구를 죽이고, 선우는 제 목숨보다 아꼈던 가장 친한 친구에게 죽임을 당한다. 그렇게나 눈부셨던 낙원이 소유의 문제가 얽히자 순식간에 타락해버린 것이다. 이들이 겪는 비극은 단순히 두 소년들 개인의 잔혹한 운명을 표상하는 것이 아니다. 소유가 지배하는 세상의 추악한 실체를 꿰뚫는다.

김인영은 <적남>을 통해 소유로 넘쳐나는 이 풍요로운 세상이 실은 앙상하고 삭막한 골조로 이루어져 있음을 증명한다. 소유가 삶의 유일무이한 목적이 되는 순간 인간이 왜 고립되며, 왜 외로워지는지 근본적 원리를 재현해 보인다. 소유가 지배하는 세계 속에서 타인이란 존재는 내 소유물을 빼앗아 갈 잠재적 '적'이거나 소유하고 싶은 걸 두고 경쟁을 벌이는 '경쟁자', 그도 아니면 내가 이용하고 싶거나 가지고 싶은 '소비품'에 불과해지기 때문이다. 그 세계 안에는 참 의미의 친구도, '나'라는 진정한 자아도 있을 수 없다. 언제 잃어버릴지 모를 소유물과 모든 인간에게서 소외된 외로운 자기 자신만이 있을 뿐이다.

<적남>의 등장인물들은 그래서 대부분 외롭다. 장일이 살면서 겪은 세상은 서로가 가진 힘의 크기를 저울질해 힘이 있으면 짓밟고 "힘이 없으면 짓밟히"는 전쟁터였다. 선우를 만나기 전까진 세상 모든 인간은 장일에게 "경쟁자"일 뿐이었다. 선우는 차디찬 세상 속에서 그가 만난 유일한 온기였다. 그렇기에 선우를 죽인 뒤, 참을 수 없는 한기에 시달리는 것이다. 수미가 자신을 경멸하고 무시하는 장일에게 애정을 갖게 된 것도 그에게서 자신과 똑같은 외로움을 보았기 때문이다. 수미는 무당의 딸이라는 이유만으로 따돌림을 당해야 하는 세상 안에서 살았다. 사람들은 그녀가 어떤 사람인지에는 관심이 없었고, '무당의 딸'이란 것에만 관심을 가졌다. 그래서 수미는 성공은 꿈꿔도 좋은 사람이 될 필요성은 못 느낀다. 장일이 그러하듯 그녀 역시 자신을 수식해줄 멋들어진 타이틀을 가지는 것이 곧 자신의 가치를 높이는 일이라고 믿는다. 그렇기에 그녀는 "갖고 싶은 게 있으면 돌아버"리는 괴물로 성장한다.

'타인'과 '내'가 서로를 '어떤 사람인지' 대신 '뭘 가지고 있는지'로 판단할 때 '타인'은 영원히 '나'의 경쟁자일 뿐이고, '나'는 타인의 인정을 받고자

영원히 소유에 목매게 될 뿐이다. 그런 인생에 진실한 행복은 없다. 가시지 않는 실존적 외로움만이 있을 뿐! 그게 <적남>이 나날이 소유중심적 가치관으로 옮아가는 현대인을 진단하며 내린 결론이자 시청자에게 던지는 충고다. 권력 다툼이든 재산 싸움이든 모든 인간사는 결국 행복해지고자 하는 인간의 발버둥이다. 하지만 물질적 풍요로움을 누린다 할지라도 인간이 지닌 실존적 외로움을 돌보지 못한다면 그 삶이 어떻게 행복할 수 있겠는가. 김인영의 <적남>은 외로운 현대인들의 삶을 진단하는 데 그치지 않고, 그것을 치유할 수 있는 처방전까지 제시한다.

3. 지금 사랑하지 않는 자, 모두 유죄

<적남>에는 한지원(이보영 아역 경수진 분)과 장일이 극장에서 고전영화를 보는 장면이 나온다. 그때 그들이 본 영화는 '탐욕과 살인'을 다룬 <태양은 가득히>와 '인간의 원죄와 용서, 구원'을 다룬 <에덴의 동쪽>이다. 의미심장한 인용이다. 두 영화를 나열한 장면은 <적남>의 지향점을 완벽히 압축해 보여주는 몽타주다. <적남>은 탐욕에 미쳐 죄를 범한 이들을 단죄하는 게 목적이 아니다. 탐욕에 빠진 현대를 진단하고 그 상황에서 구원받을 방법이 무엇인지 찾는 것이 목적이다. 그렇다면 <적남>의 김인영 작가가 찾아내어 시청자들에게 제시하는 탐욕의 해방구는 무엇인가! 그 답은 심리·복수극에 가까운 <적남>이 의아하게도 정통 멜로를 표방하고 있다는 데서 찾을 수 있다. 바로 진실한 사랑의 본질을 깨닫는 것이다. 그게 어떻게 탐욕의 해방구가 될 수 있단 말인가. 잘 알려졌다시피 <에덴의 동쪽>의 모티브는 인류 최초의 살인사건이라고 불리는 성서 속 카인과 아벨의 이야기다. 카인이 동생 아벨을 죽인 이유는 간단하다. 아벨이 아버지

의 사랑을 독차지했기 때문이다. 즉, 인류 최초의 살인은 사랑받지 못한 자의 좌절감에서 기인한 것이다. 인간의 죄와 외로움 사이에 존재하는 불가분의 관계는 이렇듯 특수할 것 없는, 전형이자 원형이라고 할 수 있다. 드라마 <적남> 속 인물들은 그걸 잘 보여준다. 탐욕에 빠졌든 복수심에 허덕이든 그들이 겪는 모든 불안증은 사랑(우정)에 배신당했거나 사랑받지 못한 좌절감에서 발생했다. 진노식 회장이 인간을 불신하는 것, 장일과 수미가 성공과 소유에 목매는 것, 선우가 복수심에 불타 스스로를 상처 입히는 것 모두 '사랑받고 싶으나 받지 못한' 소외감에서 비롯된 반작용이라고 할 수 있다. 김인영은 그들을 망가뜨리고 있는 소외에서 벗어나려면 진실한 사랑의 본질을 깨달아 이제라도 제대로 된 사랑을 나눠야 한다고 말한다.

진실한 사랑의 본질 깨닫기. 진부하지만 그게 김인영이 외로운 현대인들에게 조제한 처방전이다. 시사·교양 프로그램 <짝>과 드라마 <적남>의 교차점이 여기에서 다시 발생한다. <짝>이 돌아보고자 했던 진실한 사랑의 본질이 <적남> 안에서 형체를 드러낸 것이다. 그렇다면 김인영이 말하는 진실한 사랑이란 무엇인가. 드라마 속 수미와 지원의 대화에서 답을 엿볼 수 있다. 수미는 지원에게 묻는다. "선우가 계속 눈이 멀어 있었어도 사랑했을까?" 그러자 지원은 답한다. "눈을 떴건 감았건 상관없었어요. 그냥 김선우라서 좋았지." 김인영이 말하는 진실한 사랑은 간단히 말해 재고 따지지 않는 것이다. 상대의 뒷모습, 뒤통수에 깃든 고통까지도 그의 일부로 담담히 받아들이고 이해하는 것이다. 그건 서로를 검증하는 것을 출연자의 권리이자 의무로 지정한 <짝>의 세계관에 완전히 반(反)하는 태도다. 즉, 사랑해야 할 대상이 갖춰야 할 조건(그게 물질적이든 정신적이든)이 뭔가를 따지는 것이 <짝>의 세계라면, 진실한 사랑이 뭔지나 알고 조건을 따지는 거냐고 되묻는 것이 <적남>의 세계다. <적남>의 이 지적은 예리하다. 그렇기에 드라마 중간 지원이 읽는 에밀 아자르(Emile Ajar)의 책 『자기 앞의 생』의 한 구절은 적나라하고 뼈아프다.

> 사람은 사랑 없이도 살 수 있나요? 넌 아직 어려. 어릴 때는 차라리 모르고 지내는 게 더 나은 일들이 많이 있는 거란다. 할아버지, 사람은 사랑 없이도 살 수 있어요? 그렇단다. 할아버지는 부끄러운 듯 고개를 숙였다. 나는 갑자기 울음이 터져 나왔다.

사랑 없이는 살아도 조건 없이는 못 산다고 말하는 것이 현대인들이다. 적당히 재고 따지는 것이 현명한 거라고 말하지만, 그 말은 뒤집어 말해 조건 없이 사람을 사랑하는 방법을 잊어가고 있다는 뜻이기도 하다. 이렇게 인간이 '무엇을 가지고 있는지'로 서로를 판단할 때 '나'와 '타인'은 서로의 인정을 받고자 영원히 소유에 목매게 될 뿐이다. 그럴 경우 '타인'과 '나'는 영원히 경쟁자인 채로 머물 수밖에 없다. 그러면 인간은 외로워지고, 외로워질수록 더 많은 탐욕과 죄악으로 내몰리는 악순환이 반복된다. 그렇기에 '자신이 사랑해야 할 사람을 유기하고 있기에 지금 사랑하지 않는 자 모두 유죄'라던 노희경 작가의 말은 옳다! 사랑하는 법을 잊어가고 있는 우리는 타인을 탐욕으로 내몰고 있는 죄인인 동시에 죄인에 의해 방치된 피해자이다. '타인'이 '나'에게, '내'가 '타인'에게 지옥일지, 구원일지 결정하는 것은 결국 인간이다. 그렇다면 우리는 지금 서로를 억압하는 지옥인가 아니면 위안하는 구원인가. 분명한 건 진실한 사랑의 의미를 깨닫지 못한 채 소유에 집착하는 한 우리에게 참 의미의 휴식은 존재하지 않는다는 것이다.

진부하게도 결국 사랑이다

드라마 <추적자>가 온몸으로 부르짖은 것

곽영신

인간의 역사는 '선악을 알게 하는 열매'를 따 먹은 일, 즉 인간이 신에게 도전하고 직접 신이 되려 했던 최초의 반역 행위로부터 시작되었다. 비극은 바로 여기서 출발한다. 인간과 신 사이의 그 가늠할 수 없는 간극. 인간은 모든 것을 할 수 있게 되기를 꿈꾸지만, 결국 모든 것을 할 수는 없는 어떤 '불가항력'의 사슬에서 벗어날 수 없는 존재다. 그 비극에서 조금이라도 벗어나기 위해, 아니면 벗어나는 것처럼 보이기 위해 우리는 정치·철학·과학·예술·종교 등의 이름으로 불리는 일련의 문명 활동, 즉 인간 역사의 드라마를 써나가는 것인지도 모른다. 오이디푸스식 막장 드라마가 자고이래 전 세대에 걸쳐 사랑받고 있는 것도 같은 이유다. 자신의 비극적인 실체를 직시하고 공감하고 비웃고 체념하고 절망하며, 또는 다시 한 번 또 다른 반역을 꿈꿔 보며, 스스로 묘한 쾌감(카타르시스)을 느끼는 것이다. 오랜만에 나온 묵직한 드라마 <추적자>가 추적하고 있는 것 또한 그러한 인간의 비극적 실체다.

<추적자>의 그 극렬한 사건들은 모두 단 하나의 교통사고에서 비롯되었다. 바로 이 '교통사고'야말로 오늘날 주변에서 가장 흔히 볼 수 있는 대표적인 불가항력의 사건 중 하나가 아닐까. 추적추적 내리는 비, 미끄러운 아스팔트 바닥, 시야를 가리는 짙은 어둠, 쏟아지는 졸음, 갑자기 도로 한가운데로 뛰어드는 사람……. 육중한 차체가 연약한 인체를 깔아뭉개는 바로 그 찰나, 모든 미묘한 조건이 얽히고설켜 비극의 빅뱅이 터지는 그 순간을 돌이키고 통제할 수 있는 인간은 이 땅에 존재하지 않는다. 두 눈을 부릅뜨고 조심하고 또 조심한다고 해도 불가항력의 덫은 불행이 점찍은 누군가를 결국 덮치고야 만다. 그렇기에 우리는 이미 벌어진 상황을 받아들일 수밖에 없고, 그저 땅바닥에 주저앉아 오열하거나 허탈한 웃음을 지을 뿐이다.

그러나 여기 조금 다른 선택을 한 사람들이 있다.

불가항력의 스펙트럼

17세 소녀 백수정(이혜인 분)을 차로 받아버린 어느 늦은 밤, 대한민국 최고 기업 한오그룹의 딸 서지수(김성령 분)와 그녀의 연인인 인기가수 PK준(이용우 분)은 병원이나 경찰서에 가는 대신 소녀의 몸 위를 두 번 왕복해 숨통을 끊어놓고 도망치는 것을 택한다. 이미 벌어진 불가항력적인 상황은 막을 수 없었지만 이후의 상황은 그들이 가진 돈과 권력으로 충분히 대처할 수 있다고 판단한 것이다. 재벌의 딸이라는 고귀한 신분과 호스트바에서부터 올라온 톱스타라는 자리에서 결코 내려올 수 없다는, 또 하나의 불가항력적인 상황이 그들의 파멸적인 행동을 이끌었다.

이 사고에 두 남자의 파란만장한 인생이 엮여든다. 서지수의 남편이자 한오그룹 사위인 국회의원 강동윤(김상중 분)은 아내의 실수를 이용, 장인을 압박해 대통령 선거에 출마하고자 수술로 회복 중인 소녀의 살인을 교사한다. 이 사실을 알았지만 막강한 힘 앞에서 법마저 무력해지는 모습을 본 백수정의 아버지, 나이 마흔둘에 월급 220만 원을 받는 형사 백홍석(손현주 분)은 결국 권총을 들고 법정에 난입한다. <추적자>는 이 둘의 피 말리는 대결을 이야기의 골격으로 하고 있다. 모든 것을 얻고자 질주하는 짐승과 모든 것을 잃고 질주하는 짐승, 둘이 각기 나름대로 불가항력적인 힘에 이끌려 질주하다 끝내 충돌하고 마는 서사의 에너지는 가히 폭발적이다.

'어쩔 수 없음'은 이 드라마의 큰 화두 중 하나다. 강동윤이 백홍석과 처음 대면하는 장면에서, 자신이 사람을 매수해 저지른 일을 하나하나 열거하며 "어쩔 수 없는 상황에서도 어쩔 수 없는 선택을 하는 사람, 본 적 있습니까?"라고 묻는 말은 의미심장하다. 이들의 주변 인물들을 살펴보자. 백홍석의 삼십 년 지기 친구인 의사는 거액의 빚 때문에 어쩔 수 없이 돈 삼십억 원을 받고 친구의 딸에게 독극물을 주사했다. 백홍석이 목숨처럼 믿고 따랐던 황 반장 역시 가난한 살림에 어쩔 수 없이 십억 원을 받고 적에게 동료를 넘겼다. 강동윤의 심복 신혜라(장신영 역)는 권력을 잡아 공평한 세상을 만들고 싶다는 꿈을 버리지 못해 어쩔 수 없이 살인교사를 비롯한 온갖 죄악에 몸을 담갔다. 이 밖에도 총리가 되고 싶어 "전쟁의 북소리가 들리면 법은 침묵한다"고 말하며 재판을 조작한 대법관 출신 변호사, 지방사립대 출신이란 핸디캡을 극복하고자 윗선에 줄서기 바쁜 검사 등도 각기 '어쩔 수 없었다'는 이유로 제 죄를 정당화한다.

<추적자>의 인물들은 모두 이처럼 '어쩔 수 없음', 즉 불가항력의 스펙트럼 속에 놓여 있다. 물론 스펙트럼의 높낮이는 다르다. 한밤중의 갑작스러

운 자동차 사고가 마치 천재지변처럼 인간의 손이 결코 닿을 수 없는 불가항력의 꼭대기 영역에 놓였다면, 그 외 나머지는 인간의 의지와 성향, 판단력이 개입할 여지가 있는 스펙트럼 중간 어디쯤 놓여 있다. 그러나 그들 모두는 끝내 '정말로 어쩔 수 없었음'을 강조하며 불가항력의 정당성을 주장한다. 과연 그들의 행동은 정말로 어쩔 수 없었을까? 진정으로 그 길밖에 없었던 것일까? 시청자들로 하여금 질문을 던지게 하고 인간 본성에 대해 돌아보게 하는 것이 바로 이 지점이다. 질문의 대상을 바꿔보자. 당신은 파산했고 아내는 이혼을 요구하며 자녀는 소아암으로 병상에 누워 있다. 누군가 당신에게 삼십억 원을 건네며 친구를 배신하라고 말한다. 당신은 어떻게 행동할 것인가? 이는 불가항력적인 상황인가, 그렇지 않은가?

자유와 욕망의 셈법

행동의 선택범위는 가진 것, 즉 동원할 수 있는 자원의 양에 의해 좌우된다. <추적자>에서 가장 운신의 폭이 넓은 인물은 단연 한오그룹 서 회장(박근형 분)이다. 대한민국 최고 재벌의 총수이자 권력 위의 권력으로 군림하는 그가 "대통령이 뭐라꼬. 로마로 치자면 평민들이 뽑는 호민관 아이가. 이 나라는 고 위에 원로원이 있고 집정관이 있고 황제가 있데이"라고 일갈하는 모습을 보면 등골이 서늘해진다. 실제로 그는 자신과 반목하는 사위가 대통령이 되는 것을 막기 위해 고군분투하지만, 강동윤이 막상 유리한 고지에 오르거나 심지어 기업 비리가 담긴 일급비밀이 공개되는 최악의 상황이 발생해도 금세 상황을 통제하고 다른 선택지를 꺼내는 기염을 토한다. 전쟁을 위한 '총알'은 넘치도록 공급 가능하고 혹시 제동을 걸지 모르는 검찰, 관료, 언론은 그의 앞에서 풀보다 먼저 눕기 때문이다. 그는 생태계의

1인자로서 무한한 선택지를 가졌다는 점에서, 마치 플라톤(Platon)의 『국가』에 등장하는 '기게스의 반지'를 끼고 있는 듯하다. 반지를 끼면 사람들 눈에 보이지 않아 무엇이든 할 수 있는 자유(exousia)를 갖게 된다는 인신(人神)의 경지. 그야말로 법의 지배를 벗어난 법 밖의 사람인 것이다.

백홍석은 정확히 그 대척점에 있다. 그 역시 권총을 들고 법정에 찾아가 조작된 재판을 작파하고 "지금부터 내가 검사고 이 총이 판사야!"라고 외친다는 점에서는 마찬가지로 법 밖의 인간이다. 하지만 그것은 그가 법을 초월할 수 있는 능력과 자원을 가졌기 때문이 아니라, 오히려 가장 기본적인 법의 보호조차 받지 못한 사람이기 때문이다. 죄지은 이가 처벌을 받기는커녕 희생자인 딸이 온갖 모략으로 원조교제를 하고 마약을 복용한다는 오명을 뒤집어쓰게 되었을 때, 그는 "이제 법 같은 거 안 믿습니다. 나만 믿습니다"라며 절규한다. 사회를 운영하는 최소한의 규칙인 법조차 그를 외면했으므로 그는 아무 곳에도 기댈 데가 없었다. 이처럼 법의 테두리 안에서는 어떤 선택지도 마련할 수 없었기 때문에, 그는 그토록 원하던 진실을 찾기 위해 권총을 들고 법 밖으로 뛰쳐나갈 수밖에 없었던 것이다. 백홍석의 이러한 모습은 마치 프란츠 카프카(Franz Kafka)의 우화 「법 앞에서」에서 평생을 기다려도 문지기가 지키고 있는 법 안으로 한 발자국도 들여놓지 못하는 불행한 시골 남자를 떠올리게 한다. 법의 문은 누구에게나 활짝 열려 있다는데 왜 그곳에는 문지기가 있는 것일까? 차라리 법의 문을 닫아걸든지 막아서는 문지기를 없애든지 둘 중 하나만 해야 하는 것 아닐까? 지금 우리 사회의 사법체계는 과연 모든 사람에게 평등하게 열려 있다고 말할 수 있을까?

이처럼 모든 것을 할 수 있는 서 회장과 아무것도 할 수 없는 백홍석, 그 사이에는 자유와 욕망의 셈법이 기묘하게 뒤틀린 강동윤이 있다. 다시 정리해보자. 서 회장과 백홍석은 절대 지배자와 절대 피지배자, 궁극의 가해자와 궁극의 피해자, 따라서 법적으로 무한한 자유자와 무한한 구속자로 도식화된다. 그러나 강동윤은 그렇게 간단치 않다. 그것은 그가 스스로 선택의 자유의 폭을 좁히는 '욕망의 화신'이기 때문이다. 욕망의 관점에서 다시 세 사람을 살펴보면, 서 회장은 이미 모든 욕망을 이루고 이를 아들에게 계승하려는 의지만을 가진 '욕망 성취(유지)자'이고 백홍석은 개인적인 욕망보다는 딸의 누명을 벗기고 가해자들에게 죗값을 치르게 하려는 '욕망 부재(진실 추구)자'다. 반면 강동윤의 말을 들어보자.

> 퇴임하고 나면 언론이고 검찰이고 승냥이 떼처럼 몰려들어서 물어뜯는 그런 자리…… 청와댄 정거장이야. 내 꿈은 고작 5년이 아니라 50년, 아니 평생 동안 어느 누구에게도 고개를 숙이지 않는 자리, 그게 내 꿈이야.

강동윤은 분명히 이미 많은 것을 가졌다. 재벌의 사위이고 국회의원이며 일국의 대통령 후보로서, 자기 마음대로 할 수 있는 자유를 일정 부분 지니고 있다. 그러나 그가 바라는 것은 이 정도 수준이 아니다. '호민관' 대통령은 거쳐 가는 자리일 뿐, '황제'인 한오그룹 회장 자리에 앉는 것이 그의 최종 목표다. 그러나 이같이 만족할 줄 모르는 궁극의 탐욕(pleonexia)은 필연적으로 현 황제의 견제를 부르기 때문에 오히려 그의 운신의 폭은 좁아진다. 이미 장인의 전화를 받은 검찰총장은 대선 후보 강동윤의 말은 전혀 들으려 하지 않고, 자기 사람이 되었다고 생각한 대법관 출신 변호사는 어느새 장인의 사람이 되어 있는 식이다. 백홍석에게 냉소를 날리며 "큰 마차가 먼 길을 가다 보면 깔려 죽는 벌레도 있기 마련입니다"는 명대사를 날렸을 때 강동윤은 분명 '큰 마차'였지만, 장인과 정면으로 부딪쳤을 땐 그 역시도 순식간에 깔려 죽는 '벌레'로 전락하고 마는 것이다. 결국 거대한 욕망을 이루기 위해 제 자유를 포기하고 극한의 구석까지 스스로를 내몰던 강동윤은 어느 순간에 이르러 선택지를 찾지 못하고 파멸하고 만다. 허기를 채울 수 없도록 저주받아 끝내 제 몸을 뜯어 먹으며 죽은 그리스 신화의 비극적 인물 에리직톤(Erysichton)처럼.

여기서 다시 한 번 질문하자. 자유와 욕망의 기묘한 셈법. 현재는 법적으로 꽁꽁 묶여 모든 자유를 빼앗겨버린 백홍석의 다음 대사를 보자. 과연 끝내 누가 궁극적으로 자유로운 사람이 될 수 있을 것인가. 우리는 곰곰이 생각해 볼 수 있다.

> 우리 미연이 꿈은 가을이 되기 전 거실에 커튼을 바꾸는 거였어. 우리 수정이는 전교 석차 50등이 꿈이었다. 내 꿈은 내년에 적금 타면 우리 수정이 방 도배해주고 침대 바꿔주는 거였어.

사람은 무엇으로 사는가

'푸들'은 강동윤의 위험한 욕망을 설명해줄 수 있는 중요한 키워드다. 휠체어를 탄 건물 주인 눈에 맞추기 위해 늘 무릎을 꿇어야 했던 이발소집 아들로 태어나 아버지가 손님에게서 훔친 돈으로 끼니를 때우고 사고로 죽은 누나의 보상금으로 대학등록금을 냈던 경험, 이 같은 가난의 역사는 그의 성공을 향한 열정을 설명해줄 수 있을지언정 황제가 되고자 하는 집착까지 설명해주지 못한다. 서 회장이 자신을 '지주'로 강동윤을 '마름'으로 비유한 데 대해서도 자존심이 상할지언정 장인이 50년 동안 키워온 기업을 통째로 차지하겠다는 집념을 불러일으키기엔 역부족이다. 그러나

서지수의 오빠 서영욱이 말했듯 한오그룹 일가가 강동윤을 서지수에게 사준 푸들로 여기는 것, 즉 충성스러운 개나 알록달록한 장난감 정도로 취급하는 대목에서 우리는 강동윤의 내면에 일어날 폭발성을 짐작할 수 있다. 가난한 '잡종' 태생이란 이유로 그들과 동등한 사람으로서 대우받지 못한 경험, 뛰어난 능력에도 결코 그들처럼 될 수 없다는 깊은 절망, 인정은 커녕 평생을 두고 쏟아지는 적대와 모멸감……. 이 모두가 강동윤의 존재성을 심각하게 훼손하고 그 틈 속으로 뒤틀린 욕망이 똬리를 틀게 하는 비극의 메커니즘으로 작용한 것이다.

사실 드라마 속에서 이러한 존재의 결핍과 욕망의 사슬은 서로서로 얽히고설켜 하나의 거대한 그물을 이룬다. 서지수는 강동윤에게 버림받았다는 느낌에 자기 몸이라도 행복하게 해줄 사람을 찾아 이 남자 저 남자를 전전하는 사랑에 목마른 존재고, 서동욱은 강동윤의 뛰어난 능력에 가려 가족 내에서조차 인정받지 못하는 존재다. 신혜라 역시 한오그룹에 충성을 다했지만 결국 토사구팽을 당한 아버지의 상처를 그대로 물려받은 존재다. 이같이 드라마 속 인물들은 누군가로 인해 존재의 결여와 인간성 훼손을 느끼고 그 때문에 또 다른 사람의 존재와 인간성을 훼손하는 악순환의 쳇바퀴 속에 빠져 있다. 이러한 비극적인 공기 속에서 그들 모두는 그릇된 욕망의 노예, 즉 괴물로 변모해갈 수밖에 없었던 것이다.

그런 점에서 드라마 말미에 강동윤이 파멸을 겪으며 역설적이게도 조금씩 자신의 자리를 찾아가는 모습은 처연하면서도 사뭇 감동적이다. 세간에 모든 진실이 드러나 대통령 당선에 실패하고 감옥에 갇히고 말지만, 그 과정에서 진정으로 아내 서지수를 사랑하는 마음을 드러내 그녀의 마음을 얻고 아울러 장인에게도 비로소 한 가족으로 인정받게 되기 때문이다. 파국의 방식도 절묘하다. 어렸을 적 컬러 TV가 있다고 거짓말한 이후 그 누구에게도 보여주고 싶지 않았던 아버지의 이발소, 그러나 결국 이곳에서 일어난 백홍식과의 대화가 전 국민에게 공개되면서 그의 끝없는 욕망을 향한 질주가 멈추게 되기 때문이다. 마음속 깊은 곳 욕망의 근원에 직면하고 이를 빛 밝은 곳에 솔직히 드러내고 난 후에야 진정한 자유를 얻을 수 있다는 가르침일까. 강동윤의 파멸이 진정한 파멸이 아닌 새로운 시작으로 느껴지는 것은 바로 이런 이유다.

반면 끝까지 모든 것을 이룬 서 회장의 마지막 모습은 의미심장하다. 사위와 딸이 모두 감옥에 가고, 아들은 검찰소환을 피해 해외로 달아나고, 아끼던 막내딸마저 해외 유학을 떠나버리자 그는 그 드넓은 집에 홀로 남겨진다. 자신이 이루고자 했던 것을 모두 이루었지만, 주위에 모든 사람을 잃어버린 그의 표정은 쓸쓸하기만 하다. 최후의 승자처럼 보이는 그가 결국은 그저 최후까지 남은 괴물에 불과함을 느낄 수 있는 부분이다.

처음부터 끝까지 아무것도 욕망하지 않고 진실만을 추구했던 백홍석. 그의 곁에는 견고한 신뢰와 우정으로 엮인 황 반장, 조 형사, 박용식, 최 검사, 서 기자와 같은 사람들이 남았다. 법과 양심의 힘이 다 사라지고 돈과 권력이 모든 것을 지배하고 있는 것처럼 보이는 이 견고한 사회에 그들은 작은 진리의 구멍을 뚫었다. 부조리가 판치는 주위를 볼 때마다 절망할 수밖에 없는 우리가 그나마 희망을 갖게 되는 것이 바로 이런 지점이다. 몇 명인지는 모르겠지만, 어쨌든 이 땅에는 좋은 사람들이 남아 있다는 것. 그리고 그런 사람들과 손잡고 살아갈 때 세상은 그래도 살아갈 만하다는 것. <추적자>가 매회 정신을 아찔하게 할 만큼 긴장감 있는 서사를 휘몰아치며 결국 하고 싶었던 이야기는 바로 이것이 아닐까. '인간에게 얼마나 많은 땅이 필요한가'라는 파홈의 질문은 그 자체가 잘못된 것이라고. 우리는 이제 다른 물음을 던져야 한다고. '사람은 무엇으로 사는가'라는. 아무리

발버둥을 쳐도, 모든 것이 가능한 신의 자리에는 결코 오를 수 없는 우리가, 어쩔 수 없는 불가항력의 세계에서 어떻게든 버텨내야 하는 우리가, 믿을 것은 진부하게도 '사랑', 결국 그것뿐이라고

가작

코미디 대표선수, 잘 가고 있습니까?

KBS <개그콘서트>

김우성

<개그콘서트>가 위험하다?!

홀로 남아 자리를 지킨다는 것은 외롭고 위태로운 일이다. 그 때문에 얼마 전 막을 내린 <개그콘서트>의 "감수성"에서 감수왕과 장군들이 보여주었던 비장함은 이 프로그램의 위치와 닮았다. 모두가 떠나간 코미디의 마당에서 지켜보는 이들의 기대에 부응하면서 자부심을 지키는 것은 쉽지 않다. 하지만 점점 설 자리를 잃어가는 한국 코미디 프로그램들 속에서 10년 넘게 시청자들의 사랑을 받으며 일요일 예능 프로그램 중 가장 높은 시청률을 보여주는 KBS의 <개그콘서트>는 남은 자의 역할을 충실하게 해왔다.

만약 <개그콘서트>가 단지 다른 방송사의 코미디 프로그램이 사라져가는 상황에서 이 장르에 대한 시청자들의 수요를 독식함으로써 높은 시청률을 유지하는 것이라면 이는 씁쓸한 홀로서기가 되었을 것이다. 하지만 이 프로그램은 오히려 계속 새로운 코너를 선보이고, 수많은 유행어를 만들어내며 끊임없는 변화 속에서 보는 이들에게 웃음을 주었다. 출연자들은 스스로를 '희극인'이라고 부를 만큼 자신들의 역할에 대한 자부심이 가득하다. <개그콘서트>는 그동안 코미디계의 화려한 싱글로서 자리매김 했다.

하지만 프로그램의 탄탄한 구성과 출연진의 빛나는 노력만큼이나 이 프로그램의 높은 시청률을 뒷받침하는 요인이 있다. 바로 점점 각박해지는 사람들의 삶이다. 2000년대 초반부터 지금까지 크고 작은 경제위기는 우리의 마음마저 움츠러들게 하였다. 전문가들이 자판기처럼 찍어내는 비관적인 예측이 얄밉게 맞아떨어지는 모습을 사람들은 온몸으로 겪어내고 있다. 게다가 우리 사회의 고질적인 부조리들 – 정치권의 부정부패, 지역갈등, 소수자에 대한 차별, 세대갈등 등 – 도 해결될 조짐을 보이지 않고 반복해서 나타나고 있다. 사회학자 한병철이 지적했듯이 한국 사회 구성원들은 모두 정말 '피로한 상태'이다. 이런 피로함을 달래주기 위해서 문화계의 곳곳에서 이른바 '힐링 열풍'이 거셌다. 상처받은 영혼을 달래고, 다시 일상으로 돌아갈 수 있도록 어루만져 주겠다는 수많은 스승(멘토)들이 발 벗고 나섰다. 그리고 다른 한편으로 우리나라 사람들이 이런 각박한 세태가 할퀸 마음을 치료하는 민간요법을 찾기 시작했다. 그것은 바로 '풍자와 해학의 미학'이다. 각종 시사풍자 인터넷 방송, '병맛 웹툰' 그리고 시원하게 가려운 곳을 긁어주는 <개그콘서트>와 같은 코미디 프로그램이 바로 풍자와 해학의 민간요법이 21세기에 실현되는 형태일 것이다.

이렇듯 많은 사람의 아픔을 시원한 웃음으로 달래주는 희극인과 관객들의 축제로서 <개그콘서트>는 2000년대 초반 '코미디의 황금기' 이후

명실상부한 제2의 전성기를 누리고 있다. 그런데 애청자로서 필자가 보기에는 <개그콘서트>의 전성기 속에 이미 이 프로그램의 앞날에 걸림돌이 될 요소들도 숨겨져 있는 것 같아 걱정스럽다. 왜 위태로운 세상의 빛이 되었던 프로그램이, 게다가 지금 최고의 인기를 누리는 프로그램이 걱정된다는 것일까? 필자는 <개그콘서트>가 걱정되는 이유를 프로그램 내부와 외부에서 한 가지씩 찾아보았다.

이유 1: 이것은 <홍보콘서트>인가요?

<개그콘서트> 내부에 존재하는 문제점이 한두 가지는 아닐 것이다. 하지만 이 세상에 완전무결한 것은 없거니와, 크고 작은 문제들을 스스로 극복하면서 프로그램이 발전하는 것은 당연한 이치이기에 이를 모두 걱정하는 것은 기우이다. 하지만 최근에 걱정되는 하나의 두드러진 경향성이 있다. 바로 홍보와 간접광고로 인한 지나친 상업성이다.

먼저 프로그램에서 점점 더 큰 비중을 차지하는 사적 홍보를 지적하자면, 홍보의 장으로 변해가는 개그콘서트의 몇몇 코너를 살펴볼 수 있다. 현재 방영되는 코너 중 시청률이 비교적 높은 편인 "생활의 발견"을 예로 들어보자. 이 코너는 2011년 4월 27일 처음 방송한 이후로 꾸준한 사랑을 받아왔다. "생활의 발견"은 그동안 크게 한 번의 구성 변화를 겪었다. 초기에는 이별이라는 진지한 상황 속에서 일상의 사소한 부분에 집착하는 연인의 모습을 재치 있는 콩트로 풀어내어 신선한 코너라는 호평을 받았다. 그런데 시작한 후 몇 개월이 지나자 반복되는 구성 패턴에 그 인기가 주춤하기 시작했다. 이를 극복하기 위해서 좀 더 세심한 소재 포착과 감각적인 콩트도 동원되었지만 연예인 특별출연자가 인기 반등에 역할을 하기 시작했다. 그리고

2011년 말부터는 매회 특별출연자가 등장하는 방식이 자리 잡았다. 특별출연자의 등장 자체가 문제가 되는 것은 아니다. 많은 특별출연자들은 자신의 개성에 맞게 콩트 속에서 재미를 선사했고, 이 덕분에 해당 코너의 인기는 다시 상승세를 그리는 데 성공했다. 그런데 매주 출연자를 섭외하는 것은 쉬운 일이 아니었을 것이다. 이 때문에 (시청자 입장에서 보기에) "생활의 발견" 코너 담당자들과 연예계 사이에 하나의 보이지 않은 합의가 생긴 것 같다. 바로 연예인들의 특별출연을 권장하기 위해서 콩트 속에 자기홍보의 기회를 공개적으로 마련하는 것이다. "생활의 발견"에서만 이런 '합의'가 이루어진 것은 아닌 것 같다. 지난 9월 16일 마지막 방송을 하면서 1년 6개월간 장수했던 코너 "감수성"도 코너 후반부에 연예인 특별출연자를 불러와 홍보를 하는 방식을 도입함으로써 인기를 끌었다. 하지만 이 코너 역시 반복적인 상황 설정으로 긴장감이 떨어지는 한계를 극복하고자 도입한 특별출연이 지나친 연예인 홍보로 이어지면서 오히려 코너가 식상해졌다. 최근 큰 인기를 끄는 "정 여사"에서도 특별출연자가 점점 자주 등장하고 있지만, 아직 뚜렷한 경향으로 자리 잡은 것 같지는 않다.

물론 '합의'가 실제로 이루어졌는지 필자가 알 길은 없다. 단지 경향성이 보일 뿐이다. 하지만 결과적으로 볼 때, 2012년 초 이후로 대부분의 출연자들은 자신의 콘서트, 앨범, 출연 드라마 및 영화를 홍보하는 데 여념이 없었다. 물론 홍보도 콩트의 일부였기에 나름대로 재미가 있었으며, 특별출연자들에만 의존해 기존 출연자들이 노력을 소홀히 한 것은 아니다. 하지만 점점 '어색한 홍보'가 도마 위에 오르기 시작했다. 홍보를 위해 무리하게 대본을 만들다 보니 극의 흐름에 방해가 될 정도로 어색한 홍보장면도 등장하게 된 것이다. <개그콘서트> 시청자 게시판이나 관련 기사 댓글에서도 홍보를 줄이는 게 진행에 오히려 도움이 될 것이라는 조언이 올라오기 시작했다. 코너의 인기를 보장하던 연예인 특별출연이 오히려 독이 될 조짐이 보이기 시작한 것이다.

유명인이 등장하는 방식의 홍보만 문제가 되는 것은 아니다. 개그콘서트 여러 코너에서 찾아볼 수 있는 다양한 간접광고(PPL)도 문제가 될 수 있다. 2010년 1월 이후 방송법 개정에 따라 지상파 방송에서 간접광고가 합법화되었다. <개그콘서트>도 높은 시청률 때문에 광고주들의 황금 사과로 떠올랐고, 그동안 간접광고를 꾸준하게 코너 속에 포함시켜왔다. 소품을 이용한 광고는 기본이고, "꺾기도"의 경우 시청자 참여를 특정 메신저를 통해 진행한 예도 있었다. 앞으로는 배경 및 무대를 협찬하는 업체의 브랜드를 노출하는 식으로 매주 한 코너씩 간접광고를 진행한다고 한다. 이런 방식은 코미디 프로그램 최초로 도입된 것이다. 구체적인 간접광고의 규모를 파악하기 위해 자료를 찾아보니 그 규모는 2012년 8월 기준으로 총 43회에 7억 6,500만 원 정도로 상당했다. 간접광고 자체가 나쁜 것은 아니다. 하지만 프로그램이 광고주들의 협찬에 지나치게 의존해 그 독립성이 훼손되거나 시청자들이 '보기 불편할 정도'로 광고가 만연하는 상황은 문제가 있다.

이유 2: '어떻게' 말을 해? 풍자와 해학의 위축 효과

지나친 상업성의 위험이 개그콘서트가 내부적으로 직면한 위험이라면, 마음대로 코미디를 진행하기 어려운 사회 분위기는 <개그콘서트>와 같은 코미디 프로그램을 위태롭게 만드는 외부적 위험이다. 이 외부적 위험은 한국사회에서 표현의 자유가 제대로 보장되지 않는 현실의 반영이다.

표현의 자유는 헌법에 보장된 국민의 기본적인 권리이다. 하지만 표현의 자유 중 특히 중요한 '정치적 표현의 자유'가 과연 한국에서 제대로 보장받고 있을까? 정치적 표현의 자유는 정치인을 비롯한 공인에 대한 자유로운 비판의 표현을 보장해줄 때 지켜진다. 앞서 지적한 대로 각박하고 부조리한 삶 속에서 풍자와 해학으로 사람들에게 통쾌함을 선물하는 코미디의 경우 현실 문제를 비판하는 데 '눈치를 보지' 말아야 한다. 아리스토텔레스(Aristoteles)가 『시학』에서 "희극은 실제 이하의 악인(경거망동한 사람)을 모방하려 한다"고 지적한 것처럼 희극(코미디)은 '어딘가 좀 모자란' 사람들을 등장시킴으로써 웃음을 주기 마련이다. 모자람에 대한 풍자는 겉으로 보기에는 전혀 부족하지 않은 사람들이 자기 본분을 벗어나 추함을 드러내는 모순적인 상황에서 그 효과가 배가된다. 이 때문에 자신의 비도덕적인 행동을 권위와 권력으로 포장하려는 기득권은 어느 사회에서나 신선한 코미디의 소재가 되어왔다.

그런데 한국의 상황은 이러한 이상과 다르게 흘러간다. 2011년 11월 강용석 당시 18대 국회의원이 개그맨 최효종을 고소한 사례가 이를 단적으로 보여준다. 잦은 법정공방으로 화제가 되는 강 전 의원을 풍자한 최효종의 코너 "사마귀 유치원" 때문에 그를 영업방해죄로 고소한 사실은 동료 코미디언들이 '입조심'을 하도록 하는 효과를 가져왔다. 다행히도 고소가 취하되기는 했으나, 정치인이 자신을 비판한다는 이유로 코미디언을 고소할 수 있다는 사실 자체는 큰 위축 효과(chilling effect)를 불러왔다. 그리고 코미디언들이 눈치를 보며 코너를 짜다 보니 지금까지도 <개그콘서트>에서 정치·시사 풍자 코미디 코너는 단명하거나 기획조차 잘 안 되는 실정이다. 대선 후보나 대통령에 대한 노골적인 조롱도 크게 문제 삼지 않는 미국이나 프랑스의 경우와 대조된다.

권력과 사회 부조리에 대한 풍자가 위축되다 보니 코미디언들의 소재는 다른 쪽으로 기울 수밖에 없다. '공인들'에 대한 비판이 위축되니 코미디언들은 일상의 모자람을 발굴해 무대 위로 올려놓을 수밖에 없다. 물론 이러한 경향이 일상 속에서도 훌륭한 소재를 발견하는 긍정적 측면도 있다. 그러나 대부분의 코너에서 이것이 심심치 않게 사회적 기준에 미달한 사람들의 결핍의 한풀이나 결핍에 대한 희화화로 흘러가는 모습은 마치 중요한 재료가 빠진 김밥이나 비빔밥을 보는 것 같이 아쉽다.

다시 건강한 웃음을 공유하는 장으로

아직은 앞에서 지적한 내부적·외부적 위기가 프로그램의 존립을 위협할 정도로 심각하지는 않다. 하지만 지금 프로그램의 모습은 과거 SBS의 <웃음을 찾는 사람들>이 전성기를 지나 쇠락의 길로 들어갔던 시기 – 매주 연예인이 등장하고 유행어 중심으로 웃음 코드가 구성되었던 – 와 많이 닮았다. 그 당시를 어렴풋이 기억하는 필자는 현재 <개그콘서트>의 몇몇 단면이 걱정스럽다. 그리고 애청자의 한 사람으로서, 필자는 이 프로그램이 오래도록 시청자들에게 웃음을 주기를 진심으로 바란다. 따라서 늦기 전에 프로그램에 잠재된 위험을 인식하고 이를 개선할 방안을 조심스럽게 제안한다.

개선방안의 핵심은 프로그램의 지속가능성을 높이기 위한 '자유로운' 코너 기획이다. 먼저 지나친 상업화의 경향에 대처하는 법을 생각해볼 수 있다. 현실적으로, 특별출연자의 홍보나 간접광고 자체가 프로그램에서 사라질 수는 없다. 프로그램의 인기도가 상승하면 홍보나 광고는 따라오기 마련이다. 중요한 점은 홍보가 코너에 부정적 영향을 줄 만큼 큰 비중을 차지하거나, 간접광고가 광고주의 요구에 의해 지나치게 노출되는 상황의 방지다. 이는 좀 더 철저한 모니터링과 적극적인 시청자 의견 수용으로 프로그램 전반과 각 코너를 기획하는 단계에서 관련자들의 의지를 발휘해 개선할 수 있는 부분이다. 즉, 적절한 균형을 찾아갈 수 있다면 그것으로 충분하다.

더불어 진정으로 자유로운 기획을 하려면 코미디언들의 풍자에 더 너그러운 사회 분위기도 따라주어야 한다. 코미디언들의 정치 풍자나 사회 풍자를 '어설픈 정치 참여'나 '코미디의 순수성을 떨어뜨리는 행위'로 깎아내리는 것은 시청자로서 바람직하지 않은 태도이다. 세상에 대한 풍자와 해학은 예로부터 동서고금을 막론하고 코미디의 핵심 요소 중 하나였다. 충분히 날카롭게 파고들 수 있는 시사 코미디가 '어설픈 코미디'가 되는 것은 후환이 두려운 나머지 누구나 박수 치며 공감할 수 있는 정도의 원론적인 이야기만 되풀이하게 만드는, 그래서 코미디 코너 안에 '밝은 사회 만들기 캠페인'과 같은 구호가 등장하는 – "용감한 형제들"의 코미디언 정태호가 맡은 역할이 이런 평을 들을 수 있다 – 현실의 제약 때문이다. 좀 더 적나라하고 좀 더 통쾌한 코미디도 허용된다면 코미디언들이 굳이 본인들도 재미없다는 것을 아는 이런 식의 기획을 하지는 않을 것이다. 시청자들의 인식만 문제가 있는 것은 아니다. 이들의 목소리는 좀 더 제도적인 차원에서도 보장되어야 한다. 이는 방송사의 소관을 넘어서는 문제이지만, 최소한 문제가 될 때 적극적으로 출연자를 보호하려는 태도를 보여야 출연자들이 안심하고 자유롭게 기획할 것이다. 방송사는 물론이고 사회 분위기가 정치인이 자신을 풍자했다고 법적 분쟁을 걸어오는 행위 자체를 비상식적인 '코미디'로 취급한다면, 이를 굳이 시도하는 사람은 아마 없을 것이다.

그래도 우리는 희극 <개그콘서트>를 본다

얼마 전 KBS <드라마스페셜>에서는 <국회의원 정치성 실종사건>이라는 제목으로 국회의원과 정당 정치인에 대한 노골적인 풍자를 선보였다. 짧은 분량 속에서 이 단막극은 저축은행 사건 같은 굵직한 비리행위부터 가식적인 국회의원의 일상까지 많은 것을 녹여냈었다. 이 단막극을 보니 문득 대학 교양 강의 시간에 들은 그리스 희극의 역사가 떠올랐다. 고대 그리스가 전성기를 맞이할 무렵 그리스의 극 장르로 자리매김한 희극은 시대와 내용에 따라 크게 구희극과 신희극으로 나뉜다고 한다. 구희극은 그리스 사회의 여러 부조리를 노골적인 언어로 풍자하며 배우들의 거침없는 대사와 행동이 관객들에게 기쁨을 주는 방식이었다. 그런데 그리스가 위기를 맞고 참주정치와 알렉산더 대왕의 정복 시대가 시작되면서 정치권의 압력으로 그리스 희극은 순화되어, 일상의 재미를 추구하거나 우스꽝스러운 인물들의 행동을 그리는 신희극으로 변모해갔다고 한다. 구희극의 날선 비판정신은 이후 르네상스 이후 풍자극이 유행할 때까지 권력과 종교의 억압 속에 1,500년이 넘는 시간 동안 숨을 죽여야만 했다. 물론 구희극과 신희극은 나름대로 장점이 있고 상호보완적으로 모두 희극 발전에 기여했기에 어느 하나가 우월하다고 할 수는 없다. 그러나 구희극의 공백기는 희극 역사에서 분명한 손실이었다. 필자가 <국회의원 정치성 실종사건>을 보면서 구희극을 떠올린 이유는, 일요일 심야 시간대에 편성되어 시청률이 그다지 높지 않은 단막극에서 구희극의 신랄한 풍자 정신을 볼 수 있었던 반면 오히려 풍자와 해학의 마당도 마련되어야 할 황금 시간대의 코미디 프로그램이 현실적 제약으로 제 모습을 마음껏 보여주지 못하는 것은 아닌지 하는 안타까움 때문이었다.

앞으로도 많은 사람들이 희극 <개그콘서트>를 보며 건강한 웃음으로 한 주를 마무리할 것이다. 코미디는 전달자와 수용자가 모두 즐거운 방식으로 몰입하는 가운데에서 메시지를 전달한다는 의미에서 훌륭한 소통과정이다. 이 소통과정이 앞으로도 잘 이루어지고 더 많은 시청자들의 공감을 사기 위해서는 소통이 잘 전달되는 채널(channel)이 전제되어야 한다. 지금 <개그콘서트>가 직면한 도전은 바로 더 건강한 채널의 확보 그 자체이다. 이 프로그램의 탄탄한 발전은 스스로에 머무는 것이 아니라 다시 '코미디 붐'을 방송계와 시청자들에게 가져오는 큰 흐름의 주춧돌이 된다. 그런 의미에서 시청자로서 좀 더 '잘 웃고' '잘 웃기는' <개그콘서트>를 기대해 본다.

가작

드라마보다 드라마틱한 다큐멘터리 <슈퍼피쉬>

KBS1 다큐멘터리 <슈퍼피쉬> 비평문

박승희

KBS의 역습, <슈퍼피쉬>

<슈퍼피쉬>의 방송 소식을 처음 접하고 필자가 떠올린 단어는 '분노'다. 하긴, 분노할 만도 하지. 과거 KBS는 다큐 왕국이라는 호칭이 붙을 정도로 다큐 프로그램에 관한 만큼은 타 방송국에 비해 압도적인 우위를 점했었다. 하지만 2007년 <차마고도>, 2009년 <누들로드> 이후 KBS는 이렇다 할 대작 다큐를 내놓지 못했고, 춘추전국 시대로 접어든 다큐계의 왕좌에 MBC가 도전장을 내밀었다. 2008년 <북극의 눈물>을 시작으로 MBC는 매해 <지구의 눈물> 시리즈를 방영하기 시작했다. 섬뜩하리만치 생동감 넘치는 화면과 간결하면서도 명확한 메시지, 거기에 흥미로운 스토리텔링을 더해 <지구의 눈물> 시리즈는 단박에 '명품 다큐'라는 브랜드를 획득하는 데 성공했다. 특히 <아마존의 눈물>은 한국 방송사상 다큐 장르로서는

최초로 20%가 넘는 시청률을 기록하면서, 한국 방송 다큐의 판도를 뿌리째 뒤흔들었다. 이후에도 MBC는 <아프리카의 눈물>, <남극의 눈물>을 통해 승승장구하며 다큐계의 신흥강자로서 그 입지를 굳혔다.

그러나 2012년, KBS의 역습이 시작되었다. 한류의 바람을 다큐로도 이어가겠다는 원대한 포부로 <K-DOC 2012>라는 야심 찬 프로젝트를 준비했고, 그 중심에 <슈퍼피쉬>를 배치했다. KBS 다큐 사상 최대의 제작비인 20억 원가량이 투입되었고, 제작 기간만 2년에 달했다. 제작진의 노력 또한 경이로웠다. 제작진은 5대륙 24개국을 종횡무진으로 누비며 다채로운 화면들을 하나하나 꼼꼼하게 담아내는 데 성공했다. 그리고 이러한 화면들은 헬리 캠(Heli-Cam) 촬영, HD 수중 초고속 촬영, 타임 슬라이스(Time-Slice) 촬영, 케이블 캠(Cable-Cam) 촬영 등 갖가지 첨단 촬영기법으로 그 역동성과 생생함이 배가되었다. 발터 베냐민(Walter Benjamin)은 예술에서의 혁명은 내용이나 형식이 아니라 기술에서 먼저 일어난다고 했다. 베냐민의 말처럼 기술의 세례를 받은 <슈퍼피쉬>의 비주얼은 적어도 다큐 장르 내에서만큼은 '혁명'의 단계로까지 발전한 결과물이었다.

이러한 KBS의 지극 정성에 하늘도 감동한 것일까. 결과는 성공적이었다. '명품 다큐'라는 찬사와 갈채를 받은 것은 물론 동시간대 방영된 타 방송국의 드라마 시청률까지 앞지르면서 대중적 인기 또한 성취했다. 기존의 다큐와는 다른 특별한 무언가가 <슈퍼피쉬>에는 존재했고, 이것이 시청자들의 호응과 지지를 이끌어낸 것이다. 그렇다면 시청자들의 공감을 이끌어낸 <슈퍼피쉬>만의 특별함과 새로움 그리고 그 한계는 무엇일까.

다큐라는 장르의 새로운 가능태들

방송 프로그램에서 그 참신함은 소재에서부터 시작한다. 일단 소재가 신선해야 사람들의 이목을 집중시킬 수 있고, 이야기를 풀어나가기도 수월하기 때문이다. 사실 다큐 소재로서 나올 만한 것은 이미 다 나왔다. 지구 구석구석을 들쑤셔 봐도 카메라가 닿지 않은 곳을 찾아보기란 불가능에 가까운 일이 되었고, 다양한 층위의 수많은 사람들의 이야기 또한 이미 전파를 타고 대부분 방송되었다. 상황이 이러하니, 예전처럼 단순히 특정 장소나 특정인을 향해 카메라를 들이밀기만 해서는 새로움을 만들어낼 수가 없다. 소재 발굴에 대한 패러다임의 근본적인 변화가 필요한 시점인 것이다.

<슈퍼피쉬> 제작진은 이러한 어려움을 타개하기 위해 기존의 소재를 변형하고 합성했다. 해양 생태계에 대한 다큐도 이미 존재하고 인류의 문명사를 탐구하는 다큐 또한 이미 존재하는 상황에서, 제작진은 전혀 연관성이 없어 보이는 이 둘을 결합해 우리가 상상하지 못했던 이채로운 담론을 이끌어내는 데 성공했다.

이러한 그들의 시도는 현대 사회에서 변화하고 있는 '창조'의 의미와 그 맥을 같이한다. '하늘 아래 새로울 것 없는' 오늘날, 창조란 더 이상 '요소'의 문제가 아니다. 이미 수많은 '요소'가 등장했고 철저히 해부된 상태다. 이러한 상황에서 어떠한 '요소'가 새롭게 등장하는지에만 집착한다면 창조의 의미는 매우 제한적인 범위에 머무른다. 따라서 이제 창조는 요소의 '배치'와 '맥락'의 문제로 넘어간다. 기존의 요소들을 어떻게 조합해 새로운 것을 이끌어내는지가 창조 행위의 관건으로 떠오른 것이다.

<슈퍼피쉬>는 이러한 창조의 새로운 개념을 정확히 포착해냈다. 인류

의 문명사와 물고기 간의 연결고리를 찾아내 그 기원을 집요하게 추적했고, 결국 시청자들에게 새로운 담론거리를 제공했다. <슈퍼피쉬> 이전까지 사람들은 문명의 발달 조건으로 강 유역을 끼고 발달하는 농경문화에 대해서만 집중했었다. 하지만 <슈퍼피쉬>를 계기로 많은 시청자들이 물고기가 인류 문명의 형성과 발전에 끼친 영향을 새롭게 조망할 기회를 얻었고, 이는 제작진의 창조에 대한 열정과 치열한 탐구정신이 빚어낸 쾌거라 할 수 있다. 제작진은 현실을 왜곡하지 않으면서도 기존의 소재를 비틀고 뒤섞어 사실을 재창조했고, 다른 장르에 비해 비교적 현실의 관망자로 머물러 있던 다큐를 창조행위의 적극적인 주체로 올라서게 했다.

한편 <슈퍼피쉬>는 기획의 힘으로 흥미로운 거대담론을 새롭게 이끌어낸 후에도, 이를 제작진만 이해하는 추상적인 이야기에 머물게 하지 않았다. 제작진에게는 '복잡한 이야기를 어렵게 하지 말자'는 큰 원칙이 있었다고 한다. 그래서인지 '인간이 물고기를 만난 것은 행운이었다'라는 단박에 이해할 수 있는 단순한 메시지가 시리즈 내내 반복되었다. 또한 제작진은 이러한 단순한 메시지를 능수능란하게 변용하며 전체 이야기의 일관성을 유지하면서도 다채로운 예시를 제시해, 보는 이로 하여금 지루함을 느끼지 않게 했다. 프롤로그에서는 문명의 발흥과 물고기의 관계를 거시적으로 탐구하고, 제2편에서는 물고기의 저장법에 관해 구체적으로 파고든다. 또한 제3편에서는 벼농사 문화와 어로 활동의 결합으로 탄생한 초밥에 주목하면서 동양의 물고기 문화에 대해 조망하는 한편, 제4편에서는 기독교 문화와 물고기의 관계를 추적하며 이번에는 서양으로 그 관심을 돌린다. 마지막으로 에필로그에서는 지구환경 변화로 사라져가는 슈퍼피쉬의 모습을 관찰해 메시지를 구체화시키며 끝맺는다. 시청자들은 이러한 단순한 메시지의 다양한 변주를 통해 기존의 다큐에 대해 가졌던 일종의 장벽을 허물 수 있었다. 다큐는 어렵고 복잡하며 지루한 것이라고 막연하게 생각했던 시청자들에게 <슈퍼피쉬>는 하나의 '재미있는 이야기보따리'로 다가온 것이다.

스토리텔링이 있는 다큐

<슈퍼피쉬>가 시청자들에게 하나의 '이야기'로 인식된 것은 매우 중요한 사실이다. <슈퍼피쉬>는 제작 단계에서부터 스토리텔링이 담긴 다큐를 표방했다. 제작진은 어떠한 메시지를 전달할 것인가에 대한 고민뿐만 아니라 이 메시지를 어떻게 전달할 것인가에 대한 고민도 잊지 않았고, 이는 <슈퍼피쉬>의 또 다른 새로움을 만들어내기에 이른다. 제작진이 제시하는 다양한 예시들은 그저 단순히 나열되지 않았다. 이 예시들은 제작진이 구성한 치밀한 스토리텔링에 자연스럽게 녹아들었다. 특히 초밥의 기원, 대항해 시대의 기원, 기독교와 물고기의 역사 등을 추적하는 과정 속에서 제작진이 담아낸 다양한 촬영분들은 유기적으로 촘촘하게 배치되어 일련의 스토리를 구축해나갔다. 또한 제작진은 3D 애니메이션과 다양한 첨단 촬영기법으로 이야기의 강약관계를 적절히 조절해 긴장감과 극적 효과를 한층 더 높이기도 했다. 여기에 배우 출신인 김석훈의 내레이션이 첨가되면서, 자칫 딱딱한 분위기의 거대담론으로 흐를 수 있는 이야기가 즐겁고 역동적인 리듬을 갖추게 되었다.

사실 다큐와 스토리텔링의 결합은 선택사항이 아니라 필수사항이 되어야 한다. 단순한 사실들의 나열은 시청자들을 피곤하게 할 뿐이다. 소설을 즐겨 읽는 사람은 많지만, 취미로 사전을 읽는 사람은 없는 것과 같은 이치다. 따라서 대중매체로서의 TV는 항상 대중들과 스토리를 가지고 대화하려는 자세를 취해야 하며, 이에 대해 항상 고민해야 한다. KBS의

<인간극장>이 이것의 모범적 사례다. 한 인물에 대한 사연에 집중해 이를 미니시리즈처럼 엮어내는 <인간극장>에 시청자들은 20%를 넘나드는 시청률로 화답했다. 이뿐만 아니라 <인간극장>은 드라마 장르에서 주로 사용되는 '클리프 행어(Cliff Hanger)' 기법까지 그대로 차용했다. 그 결과 <인간극장>의 강렬한 엔딩 음악과 말줄임표로 끝을 맺는 독특한 클로징 내레이션은 지금도 수많은 사람들의 뇌리 속에 깊게 각인되어 있다. 이렇듯 내러티브는 드라마만의 전유물이 아니다. 그 외의 장르에서도 스토리텔링은 충분히 가능하며, 바로 그것이 모든 제작진이 방송을 제작할 때 항상 염두에 두어야 할 과제이자 의무인 것이다. <슈퍼피쉬>의 제작진은 이러한 사실을 놓치지 않았고, 이는 다큐라는 장르가 자칫 빠지기 쉬운 따분함과 고루함에서 <슈퍼피쉬>를 해방시켜주었다.

반쪽의 스토리텔링

하지만 <슈퍼피쉬>의 스토리텔링을 완벽하다고 평가할 수만은 없다. <슈퍼피쉬>는 스토리텔링을 외적으로 차용하는 데는 성공했지만 내적으로 구현하는 단계로까지는 나아가지 못했기 때문이다. 소설이론가 슬로미스 리몬 케넌(Shlomith Rimmon Kenan)은 『소설의 현대 시학(Narrative fiction)』에서 스토리의 요소를 '인물'과 '사건'으로 꼽았다. 하지만 굳이 이러한 전문가의 이론을 빌리지 않더라도, 우리는 스토리의 기본 요소를 사건과 배경, 그리고 인물로 자연스럽게 상정할 수 있다. 배경 안에서 인물이 행동을 수행하면 하나의 캐릭터가 형성되고, 그 과정에서 인물이 하는 일은 일련의 사건이 되면서 비로소 온전한 스토리가 형성된다는 사실을 우리는 이미 익히 알고 있다.

<슈퍼피쉬>는 배경과 사건 구축에는 능했다. '문명과 물고기'라는 큰 틀 아래 말리, 지중해, 메콩 강 등 다양한 공간적 배경을 구축했고, 고기잡이 축제, 마탄자, 급류에서의 낚시 등 극적인 사건들을 배치함으로써 보는 이의 감동과 흥분을 자아냈다. 하지만 <슈퍼피쉬>에서는 그러한 다양한 에피소드 속의 '인물'들이 보이지 않았다. 마탄자의 라이스와 다이버, 참치 카우보이, 도곤족, 메콩 강 어부들은 모두 하나의 캐릭터로 발전하지 못하고 그저 '물고기를 잡는 사람들' 중의 한 사람에 머물렀다. 그 결과 <슈퍼피쉬>에서는 '인류의 문명 발전에 물고기가 큰 기여를 했다'는 육중한 사실만이 발견될 뿐, 정작 인물이 주도하는 스토리는 잘 보이지 않았다.

이에 반해 앞서 언급한 <지구의 눈물> 시리즈는 인물을 중심으로 한 스토리텔링을 매우 효과적으로 해낸 다큐다. 이 다큐의 매력이 그저 장엄한 배경과 색다른 화면에만 의존하는 것은 아니다. 이 다큐에도 또한 스토리텔링이 존재했고, 그 중심에는 인물이 있었다. 제작진은 다큐 내에 등장하는 수많은 인물들 중에서도 캐릭터로 발전할 만한 독특한 인물을 집중적으로 관찰했고, 결국 이들을 하나의 캐릭터로 승화시키는 데 성공했다. 일단 인물이 갖춰지자 그들이 하는 모든 일들이 호기심을 자극하는 스토리가 되었다. 제작진이 굳이 개입해 스토리를 투사하지 않더라도 인물이 이미 구축된 상태이기 때문에 자연스럽게 사건이 발생하고 스토리가 형성된 것이다. 그 결과 방영 후 많은 시간이 흐른 지금 이 순간에도 사람들은 뽀뚜루를 한 조에족, 허들링을 하는 황제펭귄에 대한 스토리만은 기억하게 된 것이다.

<슈퍼피쉬>에도 캐릭터로 발전할 인물들은 얼마든지 있었다. 여기에 등장하는 거의 모든 인물이 현대 도시문명의 우리와 이질적인 속성을 지니면서도 저마다의 사연을 가지고 있었기 때문이다. 그중에서도 메콩 강의

어부 쌈냥의 경우는 매우 아쉽다. 보기만 해도 위압감이 느껴지는 메콩강 급류에서 위태롭게 물고기를 잡는 그의 모습은 단번에 사람들의 눈길을 잡아끌고, 그에게 관심을 쏟게 했다. 하지만 제작진은 시청자에게 더 이상의 관심을 용납하지 않았다. 쌈냥은 제1편에서 2분가량 등장할 뿐이고, 에피소드 편에서도 타임 슬라이스 기법과 초고속 카메라 촬영에 관한 설명에 가려 그의 이야기는 뒷전이었다. 또한 내레이션은 그를 '쌈냥'이 아니라 그냥 '어부'로 호명했다. 제작진은 그를 거대한 문명의 톱니바퀴의 하나로서 단정한 것이었겠지만, 이로써 그는 다큐 안에서 그만이 가지는 독특한 '아우라'를 잃어버렸고 수많은 어부 중의 한 사람으로 전락해버리고 말았다. 결국 다큐를 본 후에도 그의 이름을 기억하는 것조차 쉽지 않았고, 그는 우리에게 그저 스쳐 지나갈 뿐인 일반적인 등장인물이 되어버렸다.

물론 제작진 입장에서는 '다양한 에피소드를 엮어 하나의 굵직한 스토리를 구성하려 했기 때문에 등장인물들의 미약한 비중은 어쩔 수 없었다'고 말할 수도 있다. 하지만 그렇다손 치더라도 전체의 스토리를 관통하는 캐릭터 역시 존재하지 않았다는 점에서 그러한 해명 또한 유효하지 않다. 제작진은 전체 스토리를 구성하기 위해 다양한 에피소드를 세심하게 배치하는 데는 성공했지만, 그것을 하나로 엮을 만한 중량감 있는 인물을 이끌어내지 못했다. <슈퍼피쉬>의 이러한 점은 문명사를 추적한다는 측면에서 비슷한 유형의 다큐였던 <누들로드>가 요리사 켄 홈(Ken Hom)을 등장시켜 전체 스토리를 관통하는 인물을 창출하려 한 점과 사뭇 대조적인 모습을 보인다. 결과적으로 스토리는 존재하지만 그 안의 인물은 희미하게만 보이는 기이한 스토리텔링이 <슈퍼피쉬> 내에 존재하게 된 것이다.

대중매체의 가장 큰 역할은 담론을 생산하고 그것을 대중들 사이에서 재생산시키는 데 있다. 우리는 TV 프로그램에 관해 다른 사람과 말할 때 자연스럽게 '어제 ○○○이 ○○하는 거 봤어?' 혹은 '어제 그 프로그램 봤어? ○○○이 ○○했어' 식으로 말한다. 결국 대중매체의 담론 재생산은 '인물'과 '사건'이 결합되면서 이루어지는 것이다. 그렇기에 대중매체는 부단히도 연예인과 같은 '인물'을 창출하기 위해 노력하고, 그들에게 '사건'을 부여하면서 하나의 스토리를 이루려고 애쓰는 것이다. 만약 <슈퍼피쉬>가 다양한 에피소드를 좀 더 깊이 관찰해 인물들을 부각시켰더라면 어땠을까? 각각의 에피소드가 더욱 힘을 얻는 것은 물론, 전체적으로 보아도 반쪽이 아닌 좀 더 완전한 스토리텔링을 할 수 있었을 것이다. 또한 이를 바탕으로 대중들의 스토리 재생산도 한층 더 활발하게 이루어졌을 것이다.

<슈퍼피쉬>는 진화 중이다

스토리텔링의 내면화 과정에서 몇 가지 아쉬움이 남긴 하지만 <슈퍼피쉬>가 이룩한 업적들까지 부정할 수는 없다. <슈퍼피쉬>는 시청자의 지적 호기심을 충족시키는 동시에 폭넓은 대중성까지 확보하는 성과를 거뒀다. 'TV는 바보상자다!'라고 말하는 이들에게 TV 애호가들은 이제 자신 있게 <슈퍼피쉬>와 같은 작품을 제시할 수 있다.

이러한 흐름 속에서 이제 방송국이 공익성을 위해 '재미없는' 다큐를 의무적으로 제작하고 방송해야 한다는 사실은 옛말이 되었다. <슈퍼피쉬>는 나름의 독특한 시각으로 자신만의 서사를 풀어냈고, 이는 대중들에게 이전에 볼 수 없었던 새로운 종류의 '재미'를 제공했다. 또한 <슈퍼피쉬>가 20억의 예산으로 드라마에 버금가는 대중적 호응을 이끌어냈다는 사실은 다큐라는 장르가 '가격 대 성능비' 측면에서도 매우 효율적이라는 것을 입증했다. 결과적으로 <슈퍼피쉬>의 이러한 성공은 앞으로 대중들과 함께 호흡하는 대작 다큐들이 지속적으로 등장할 발판이 되었다.

앞서 살펴봤듯이 <슈퍼피쉬>가 흠잡을 데 없는 완벽한 작품은 아니었다. 하지만 해를 거듭할수록 각 방송국은 대작 다큐를 경쟁적으로 제작하고 있고, 그 과정에서 기술과 노하우가 축적되어 참신하고 질 높은 다큐들을 양산하고 있다. 그렇기 때문에 우리는 앞으로도 <슈퍼피쉬>를 뛰어넘는 다양한 작품을 볼 수 있겠다는 기대를 해볼 수 있다. 끝은 곧 시작이라 했다. <슈퍼피쉬>가 끝난 지금 이 순간에도 <슈퍼피쉬>의 진화는 끊임없이 계속되고 있지 않을까?

가작

진정한 힐링이 필요해

KBS <개그콘서트> "멘붕스쿨"과 SBS <힐링캠프> 그리고 우리사회

박윤희

'멘붕'과 '힐링'의 시대

상담이 종결될 때 내담자는 자신의 문제 해결을 돕고 자신을 지지해주던 상담자와의 '관계 상실'에 대한 두려움을 느낀다. 지크문트 프로이트(Sigmund Freud)의 저서 『애도와 우울(Mourning and Melancholia)』(1917)에서는 이 '상실'에 대한 인간의 감정을 '애도'와 '우울'로 구별해 설명한다. '애도'는 잃어버린 대상에 대한 감정의 고리를 끊어내고 욕망의 에너지 리비도(libido)를 새로운 대상에 정착시킴으로써 고통과 충격에서 벗어날 수 있도록 하는 반면, '우울'은 리비도를 투영할 새로운 타자를 찾지 못해 나타나는 퇴행적 감정이다. 우리가 '상실'이 두려운 이유는 '우울'이 발생할지도 모른다는 가능성 때문이다. 자신의 이야기를 누구보다 귀 기울여 들어주던 상담자와의 이별은 내담자에게 '애도'보다는 '우울'의 감정을

유발할 확률이 높다. 나를 위로해줄 새로운 대상을 찾지 못할 것이라는 우려, '우울'에 대한 공포는 자신에게 더 이상 문제가 존재하지 않음에도 상담의 종결을 미루도록 만든다. 기만(欺瞞)을 통해 대상을 처음부터 '상실' 하지 않는다면 우리는 '우울'에 빠질 염려를 하지 않아도 된다. 위안의 존재인 상담자를 잃지 않는 것, 바로 '치유의 중독'이다.

우리 사회도 '치유의 중독'에 빠졌다. 누군가가 끊임없이 자신의 상처를 어루만져 주길 바란다. 대중 욕구의 소산인 문화도 기꺼이 이들을 위한 상담자 역할에 발 벗고 나섰다. 힐링 도서가 서점에 즐비하고 힐링 콘서트가 열린다. 치유를 의미하는 '힐링'은 이제 일상적 수식어가 되어버렸다. 이미 한 번 '우울'을 경험한 대중은 이 절대적 지지자를 곁에 두고 마음의 안정을 이어가고 싶어 한다. 하지만 문제는 치유를 중단하지 않기 위해 선택한 기만행위에 있다. 멘탈 붕괴(이하, 멘붕)의 과잉이다. 멘붕은 폭삭 무너져 내린 건물처럼 회복 불가능한 정신 상태를 일컫는 신조어이지만, 우리는 입버릇처럼 사소한 일에 '멘붕'이라 말하며 이 시대의 상담자를 잃지 않기 위해 스스로를 무너뜨리는 것을 즐긴다. 진정 '멘붕'과 '힐링'의 시대이다. 방송도 예외는 아니다. 이러한 대중의 욕구를 담아낸 프로그램에 KBS <개그콘서트>의 코너 "멘붕스쿨"과 SBS <힐링캠프, 기쁘지 아니한가>가 있다.

반전이라는 서사의 힘

억양법(抑揚法)은 치켜세운 후 누르기와 누른 후 치켜세우기를 통해 자신이 말하고자 하는 바를 강조하는 수사법이다. 억양법을 사용하면 청자에게 내용의 반전을 선사함으로써, 자신의 의도를 한층 날카롭게 전달할 수 있다. '성실하지만 융통성이 없어', '융통성은 없지만 성실해'. 전자는 융통성이 없음을 강조하기 위해 칭찬을, 후자는 성실함을 강조하기 위해 비난을 앞세운다. 발화는 순차적으로 이루어지기 때문에 각 문장에 나타난 급작스러운 반전은 청자의 강한 불쾌(전자)와 쾌(후자)의 감정을 불러일으키는 데 충분하다. 이런 반전의 서사를 "멘붕스쿨"과 <힐링캠프>는 십분 활용한다.

"멘붕스쿨"은 치켜세웠다가 다시 누름으로써 시청자에게 '멘붕'을 선사한다. 등장인물들은 처음에는 지극히 정상적인, 아니 오히려 일반보다 뛰어난 모습을 보인다. IQ 170의 7세 소녀, 홍나영은 전자파의 폐해에 대한 고민을 교사에게 털어놓지만, 천재 소녀다운 과학적 설명을 늘어놓는 것도 잠시뿐이다. 전자파 때문에 어머니가 스마트폰을 사주지 않는다며 대신 사달라고 떼를 쓰기 시작한다. 준수한 외모로 연기에 진지한 태도를 보이던 서태훈도 마찬가지로 돌변한다. 일단 연기만 시작하면 얼굴을 일그러뜨리고 뻐드렁니를 드러내며 우스운 말투를 써서 보는 이를 당황스럽게 한다. 이런 반전의 서사는 교사와 학생의 대화에서도 끊임없이 나타난다. 대표적으로 갸루상과 교사의 대화를 살펴보자. 지각한 이유를 묻는 교사에게 갸루상은 솔직히 자느라 늦었다는 평범한 답변을 한다. 일종의 인물 치켜세우기이다. 하지만 곧 몇 시에 일어났느냐는 질문에 갸루상은 아직 일어나지 않았다는 황당무계한 이야기를 하며 누르기를 시도한다. 아직 안 일어났으면 지금까지 나눈 얘기는 뭐냐는 질문에는 '잠꼬대', 선생님한테 무슨 버릇이냐는 질문에는 '잠버릇'이라 대답하며 자신의 캐릭터를 확실히 눌러버린다. 상대에게 기대감을 심어줬다가 빼앗는 행위로 화를 돋운다. 그야말로 점입가경이다. '아니, 요즘 애들은 왜 저래. 도대체 왜 저래.' 바로 '멘붕'의 발생이다.

지친 마음을 달래줄 신개념 토크쇼를 표방하는 <힐링캠프>는 "멘붕스쿨"과 정반대의 서사로 시청자들에게 '힐링'을 선사한다. 누른 후 치켜세우기, 즉 '힘든 시기가 있었지만 지금은 극복하고 성공했다'는 게스트의 인생역전 스토리를 활용한다. 매회 게스트는 연예계 스타, 올림픽 영웅에서 대선 후보까지 유명 인사들로 채워지는데, 이들은 힘들었던 과거의 삶을 털어놓고 이를 치유하기 위해 캠프에 참여한다. 하지만 이는 게스트의 이야기를 이끌기 위한 하나의 장치에 불과하다. 현시점에서 그들은 이미 치유된 상태이거나 누구보다 자신의 분야에서 성공한 삶을 살고 있다. 이런 모순을 알고 있음에도 시청자가 그들의 이야기에 빠져드는 이유는 성공적인 반전의 서사가 주는 달콤함 때문이다. 우리는 삶이 힘들수록 인생의 반전을 꿈꾼다. 그들의 힘든 과거는 우리의 현재이며, 그들의 행복한 현재는 우리가 꿈꾸는 미래가 될 수 있다. 경기불황 탓에 인생역전의 꿈이라는 로또 판매량이 늘어나는 것처럼 삶이 힘든 우리는 반전을 꿈꾸며 TV 앞에 모여든다. 그리고 그들의 성공한 반전의 서사를 우리 삶에 투영하는 순간 마음의 위안을 얻는 듯한 착각을 한다. 결국 <힐링캠프>의 목적은 게스트가 아닌 시청자의 치유를 도모하는 데 있다.

맞닥뜨림과 마주함의 구조

반전의 서사의 논리대로 "멘붕스쿨"을 통해 '멘붕'을 경험한 시청자는 교사 송중근이 느끼는 불쾌감을 함께 가질 수 있을까? 그렇지 않다. 우리는 웃고 떠들며 '멘붕'의 한 방을 시원하게 즐긴다. "멘붕스쿨"은 사회풍자 개그가 아니기 때문에 이 코너의 목적도 오롯이 웃음에 있다. 문제학생들이 선사한 충격은 우리에겐 하나의 유희에 불과하다. 이들의 행위가 '멘붕'을 유발할 만한 것이라는 걸 인정하고 교사의 답답한 심정도 이해되지만 우리에게 진정한 '멘붕'의 경험은 발생하지 않는다. 바로 이 코너가 가지고 있는 '맞닥뜨림'의 구조 때문이다. "멘붕스쿨"은 교무실에 홀로 덩그러니 앉아 있는 교사의 '반장, 문제학생 오라고 해'라는 선언과 함께 시작한다. 교무실에 불려 온 문제학생들은 한 명씩 차례로 등장했다가 자신의 변명을 늘어놓고 사라진다. 교사와 문제학생은 나란히 앉아 탁구를 치듯 빠른 언쟁에 가까운 대화를 주고받는다. 그리고 곧이어 교사에게 '멘붕'을 안겨준 문제학생의 승리로 끝난다. 서로 마주 앉은 둘을 맞은편에서 바라보고 있는 시청자는 이 서사에 끼어들 수 없다. 길을 지나다가 우연히 타자의 싸움을 맞닥뜨린 구경꾼처럼 한 편의 재미있는 활극을 즐기는 관조자일 뿐이다. 인물들에게 감정이입은 불가능하다.

반면 '마주함'의 구조를 지닌 <힐링캠프>의 게스트가 보여주는 인생역전의 쾌감은 위안의 형태로 시청자에게 고스란히 전달된다. 야외 캠핑장에 게스트와 3명의 MC는 반원의 형태로 둘러앉아 있다. 일반적인 토크쇼와는 달리 MC들은 점퍼나 아웃도어 의류와 같은 편한 옷을 입고 때론 정돈되지 않는 헤어스타일과 메이크업으로 게스트를 맞이한다. 이들의 한가운데 모닥불이 지펴지면 게스트는 자연스럽게 자신의 이야기를 시작하고 세 MC는 경청하며 공감해준다. 그리고 비어 있는 나머지 반원에 게스트와 MC를 마주한 브라운관 너머의 시청자가 있다. 원형은 구성원의 참여를 독려한다. 둘러앉아 서로를 마주할 수 있는 구조는 다수가 서로의 마음을 터놓고 이야기를 공유하기에 적합하다. 마치 우리가 여러 사람과 음식을 나눠 먹기 위해 둥근 접시와 둥근 테이블을 사용하는 것과 같은 이치다. 이러한 마주함의 공간은 시청자가 스스로를 <힐링캠프>에 참여한 또 다른 손님으로 착각하게 만든다. 이 착각은 자연스럽게 게스트의 삶의 이야기에 자신을 개입시킬 수 있게 만든다. 제3자의 문제가 나의 문제가 되는 순간이다. 우리는 그들의 역경에 함께 슬퍼하며 그 극복과정에 박수갈채를 보낸다. 그리고 때론 그들의 삶에 자신의 삶을 투영해보고 희망을 꿈꾼다.

가벼운 '멘붕'과 무거운 '힐링'의 반복

"멘붕스쿨"과 <힐링캠프>의 반전의 서사와 맞닥뜨림과 마주함의 구조는 '멘붕'의 유희와 '힐링'의 위안을 만들어내기에 충분하다. 이 두 프로그램의 인기는 시청자가 TV 프로그램이 제공하는 유희와 위안을 습관적으로 즐기게 되었음을 증명해준다. 우리는 일요일에 '멘붕스쿨'에 다녀오고 월요일엔 <힐링캠프>를 간다. 그리고 다시 돌아오는 일요일에 '멘붕스쿨'에 가기를 기다린다. '멘붕'과 '힐링'의 반복은 일상이다. 하지만 일상이 되어버린 행위는 점차 중요한 의미를 잃어간다.

5분 남짓한 짧은 시간에 "멘붕스쿨"에 등장하는 인물들이 보여주는 행태는 사실 멘붕이라 할 만한 것이 없다. 지식이 부족한 여학생, 떼를 쓰는 7세 천재 소녀, 영어를 과장해서 쓰는 유학생, 괴상한 표정을 짓고 어눌한 말투를 쓰는 연기자 지망생, 과장된 화장과 옷차림의 갸루상 등. 사실 이들 모두는 놀랍고 흥미로운 캐릭터라 할 수 있지만, 누구 하나 정신이 무너질 정도로 충격을 줄 만한 인물은 아니다. 주말 저녁 시청자들의 웃음을 책임지고 있는 <개그콘서트>에서 심각한 '우울'의 상태인 '멘붕'을 개그의 소재로 삼았고 시청자들의 이 유희를 탈 없이 받아들였다. 그리고 자연스럽게 '멘붕'이라는 용어는 현실에서 가벼운 소재가 되어버렸다.

유행어가 되어버린 '멘붕'은 사용의 과잉을 낳았고, 반복적인 사용은 사고에 영향을 미쳤다. 우리는 지극히 사소한 사건의 충격에 습관적으로 '멘붕'이라 말하며 실제로 '우울'의 착각을 경험한다. 이러한 사실이야말로 참으로 멘붕할 노릇이다. '우울'의 착각은 다시 우리에게 치유가 필요한 시간이 되었음을 상기시킨다. <힐링캠프>는 예능의 범주에 속하지만 타인의 인생 이야기를 듣고 시청자가 자신의 문제를 돌이켜 볼 시간을 갖도록 하는 공익적 성격의 프로그램으로 성공했다. 그러나 <힐링캠프>가 이런 형식의 유일무이한 프로그램은 아니다. 이미 이전에 스타의 고민을 들어주고 문제의 해결책을 제시해주는 형태의 MBC <무릎팍도사>가 있었고, 명사의 강연을 듣고 이야기를 나누는 KBS <이야기 쇼 두드림>과 같은 유사한 목적을 지닌 프로그램들이 <힐링캠프>와 비슷한 시기에 생겨났다. 시대의 요구이다. 하지만 <힐링캠프>는 이 프로그램들과 달리 우리의 감성의 영역을 건드리는 치유의 의미를 가지고 있다. 삶의 어려움에 더해 이제 '우울'의 착각까지 경험한 대중은 일상을 견뎌낼 수 없다고 말하며 <힐링캠프>가 자신을 위로해줄 수 있다고 믿는다. 그리고 우리는 이러한 달콤한 감성적 휴식을 제공받기 위해 '우울'의 상태를 유지하는 악순환을 계속한다. 멘붕 후 힐링이라는 이들의 선형적 관계는 다시 멘붕으로 이어지는 순환적 관계로 바뀌어버린 지 오래다.

진정한 힐링이 필요해

시대적 요구에 따라 "멘붕스쿨"과 <힐링캠프>가 만들어졌고, 이 두 프로그램은 시청자의 욕구를 정확히 읽어내어 시청자의 관심을 끌어내는 데 성공했다. <힐링캠프>는 예능의 재미와 더불어 공익예능으로 사회적 역할까지 해낸 것처럼 보인다. 하지만 이 두 프로그램 상호작용 속에서 시청자가 원하는 진정한 힐링이 이루어졌는지에 대해서는 의문이 든다. 방송은 사회를 반영하기도 하지만 역으로 사회의 문화를 형성하는 역할도 한다. "멘붕스쿨"은 '멘붕'을 타이틀로 사용함으로써, 시청자에게 바로 이런 것이 '멘붕'이라 할 만한 것이라고 지속적으로 각인시킨다. 웃음의 소재로 쓰이는 정신적 충격은 일종의 놀이로 전락해버려 진지함을 잃어버렸다. 개인의 일상은 심각성을 잃어 멘붕의 연속이며 이들의 사회는 작은 위기에도 쉽사리 무너져내릴 수 있다. 또한 <힐링캠프>는 유명 인사의 성공 스토리만을 반복적으로 나열함으로써 시청자에게 일시적으로 치유의 순간을 경험하는 착각에 빠뜨릴 가능성이 높다. 그리고 일상이 되어버린 치유는 면역력을 잃어버렸다. 우리의 근본적인 삶의 문제는 달콤한 성공 스토리의 간접경험만으로 해결되지 않는다. 만일 가능하다고 말한다면 이는 속임수에 불과하다. 그리고 대중은 속고도 즐기는 마술처럼 습관적으로 <힐링캠프>를 볼 뿐이다.

Mnet <슈퍼스타K4>에서 로이킴이 불러 음원 차트 1위를 석권하며 인기를 끌고 있는 곡이 있다. 바로 「힐링이 필요해」이다.

> October rain, 젖은 바람 냄새/ October pain, 아파했던 우리/ 힐링이 필요해, 난 네가 필요해/ But it's too late, 늦어버렸어/ 되돌리기엔/ 이미 엎질러진 물인걸/ 그대를 빼앗긴 맘, 시간의 길을 드라이브해/ 기억의 끝을 달려가 나를 고치고 싶어/ October wind, 흐린 하늘 기억/ October scene, 널 담았던 공간/ 힐링이 필요해, 난 네가 필요해/ 그대를 빼앗긴 맘, 시간의 길을 드라이브해/ 기억의 끝을 달려가 나를 고치고 싶어/ Take back in time/ 시간의 길을 드라이브해/ 기억의 끝을 달려가 나를 고치고 싶어/ And I miss you, and I miss you/ And I miss you, and I miss you/ And I miss you

이 노래의 주인공은 정확히 "멘붕스쿨"과 <힐링캠프>가 만들어낸 치유의 착각의 체계에 놓여 있다. 그는 시간을 되돌려 상실한 대상을 되찾는 길만이 자신의 아픔을 치유할 수 있다고 말한다. 하지만 사실 대상에 대한 집착은 '우울'의 증세를 유발할 뿐이다. 우리는 이 리비도를 옮길 새로운 대상을 기억이 아닌 현실에서 찾아내야 한다. "멘붕스쿨"과 <힐링캠프>는 가사의 주인공이 하는 착각을 무의식적으로 대중에게 심어줄 수 있는 위험에 처해 있다. 시청자들은 자신을 언제라도 지지해줄 거라 믿는 소중한 대상, <힐링캠프>를 지속적으로 찾는 행위만으로 치유되었다는 착각을 하게 될지 모른다. 하지만 치유는 상상 속에서 이뤄지는 것이 아니다. 멘붕과 힐링 과잉의 시대에 "멘붕스쿨"과 <힐링캠프>는 방송의 사회적 역할을 다시 생각해볼 필요가 있다. 우리에겐 진정한 힐링이 필요하다.

가작

사람을 향한 시선 집중

<손석희의 시선집중>

성훈제

1. 프롤로그

<나는 꼼수다>(이하 <나꼼수>)의 인기는 가히 선풍적이었다. 2012년 2월 리얼미터에서 실시한 통계조사에 따르면 당시 <나꼼수>의 청취자는 천만 명에 육박했다고 한다. 이런 인기의 이유는 여러 가지가 있겠지만 가장 큰 배경에는 <나꼼수> 진행자 스스로 말하는 심층취재에 있다고 할 수 있다. <나꼼수>가 방송한 '내곡동 사저 특검', '선거관리위원회 디도스 공격' 등은 주류 언론에서 그들을 쫓아 후발 보도하는 행태를 보였다. 그리고 이런 언론활동을 인정받아 <나꼼수>는 언론노동조합이 수여하는 제21회 민주언론상 본상을, 또 다른 시사 팟캐스트 <뉴스타파>는 2012년 4월 한국PD연합회가 선정한 '이달의 PD상'을 수상했다. 바햐흐로 대안언론 전성시대가 도래한 듯하다. 대안은 알다시피 기존의 생각이나 계획을

대신하는 것을 말한다. 그렇다면 대안언론의 이 같은 인기는 기존 언론에서 찾을 수 없는 무언가가 대안언론에 있거나 혹은 주류 언론 저널리즘에 심각한 오류가 있어 대안언론이 필요하다는 뜻을 방증한다. 실제로 '언론노동조합'과 '이달의 PD상' 모두 <나꼼수>와 <뉴스타파>가 주류 언론이 권력감시를 못하는 상태에서 대안언론의 역할이 컸다는 점을 수상 이유로 들었다. 반면 주류 언론인 KBS 라디오의 <안녕하십니까 홍지명입니다>에서는 10.26 서울시장 보궐 선거 내내 가장 이슈가 되었던 '이명박 대통령 사저 문제', 'SNS 개입 문제' 등을 한 번도 다루지 않았다. MBC <뉴스데스크>는 자사의 편파보도를 스스로 폭로하고 이에 대항하는 기자들의 파업 여파로 15분 방송의 전대미문 사건이 일어났다. 언론 기능을 못하는 언론에 시청자의 평가는 칼과 같다. MBC <뉴스데스크>는 시청률이 큰 폭으로 하락했고 현재는 쫓겨나듯 8시로 방송 시간대를 변경했다. 이렇듯 일반의 주류 언론 불신이 팽배하고 문화방송의 언론 신뢰도가 날개 없이 추락하는 가운데 지상파 정통 시사 프로그램으로서 그 명맥을 유지하는 프로그램이 있다. MBC 표준 FM <손석희의 시선집중>(이하 <시선집중>)은 언론 영향력뿐만 아니라 청취율, 그리고 팟캐스트 다운로드 랭킹에서도 줄곧 상위권을 차지하고 있다. 이 때문에 <시선집중>에 대한 분석은 곧 사회 구성원들이 신뢰하는 시사 언론프로그램의 모습을 짐작할 기회가 될 수 있다. <시선집중>이 뉴미디어의 급류와 언론불신이라는 탁류 속에서도 주류 언론으로서 낭중지추의 신뢰도를 보이는 이유를 조목조목 짚어보고자 한다.

2. <시선집중>의 눈

일반적으로 시사라 하면 문자 그대로 '현재 일어나고 있는 일'을 일컫는다. 그렇기에 시사 프로그램 제작에서 시작인 동시에 가장 중요한 문제는 현재 우리 사회에 어떤 문제가 가장 화두가 되고 있는지를 냉철하게 판단하는 일이다. 더하여 어떤 사건이 쉽게 사람들의 기억에서 사장되면 안 되는지를 파악해서 다시금 사회를 환기시키는 것이 시사 프로그램의 궁극적 목표라 할 수 있겠다. <시선집중>의 강점은 이런 균형 잡힌 시사 문제 선정으로부터 시작된다.

<시선집중>의 시선 집중은 시사 이슈에 대한 근본적 관찰, 즉 갈등의 시작점을 마주 보는 것으로 시작된다. 예를 들면 '선관위 디도스 공격 논란'의 경우 <손석희의 시선집중>에선 이 사건을 네 차례에 걸쳐 다뤘다. 세 차례의 인터뷰는 2011년 12월 5일 신우용 당시 중앙선관위 공보팀장과 디도스 공격 관련 의혹을 처음 제기한, <나꼼수>의 진행자인 정봉주 민주당 전 국회의원의 인터뷰로 시작했다. 그리고 다음 날 민주당 인터넷 소통위원장이자 IT 분야 전문가인 문용식 의원을 인터뷰했다. 그러나 이것으로 끝내지 않고 같은 달 29일 민주통합당 사이버테러 진상조사위원장을 맡는 백원우 의원의 인터뷰를 통해 검찰수사 진행상황과 또 다른 의혹에 관해 듣는 시간을 마련했다. 민주주의 사회에서 투표는 가장 기본적인 정치참여 수단이기 때문에, 디도스 공격을 통한 선관위 투표 방해 문제는 두 번 생각할 것 없이 큰 문제였다. 반면 KBS1 <안녕하세요 홍지명입니다>의 경우, 명지대학교 정치외교학과 신율 교수와의 2011년도 마지막 정기국회 예산안 통과에 관한 내용의 인터뷰 중 명료한 사건 해석 없이 잠시 디도스 사건이 언급되었을 뿐이다. 더하여 진행자 홍지명 앵커는 "여당으로서는 악재가 틀림없고, 야당으로서는 정국을 주도할 호재로 보입니다만, 그래도 일단 다른 정쟁의 빌미보다는 수사를 지켜봐야 하지 않겠나 하는 생각도 듭니다만"이라 말하며 사건의 중대성을 중화시킨 감이 있었다.

사회에서 일어나는 일은 모두 그 사회를 이루는 구성원의 문제이다. 이 때문에 섭외력의 차이는 곧 시사 프로그램의 경쟁력과 직결되는 문제다. 왜냐하면 시사 문제에 근접한 인물 섭외는 그 인물이 가지고 있는 고유한 시선을 청취자와 공유할 기회가 될 뿐만 아니라, 청취자 스스로 논리적 사고는 물론 감정적 시선의 동원을 통해 그 인물과 교감할 수 있기 때문이다. <시선집중>의 섭외력은 정치 인사는 물론 일반 시민에 이르기까지 다양하게 미치고 있다. 2011년 9월 2일에는 이른바 고대 의대생 성추행 사건의 피해자 학생이 직접 전화 인터뷰를 통해 자신이 처해 있는 상황을 말했는데, 사건 후 달라진 피해자의 학교생활과 피해자 가족의 고충, 가해 학생과 가해 학생 부모들의 태도, 학교 측의 가해 학생 감싸기 등을 피해자의 시선에서 차근히 설명했다. 여학생 당사자가 직접 인터뷰를 한 것은 <시선집중>이 최초였다. 방송 이후 여론의 공분이 일었고, 다음 날 <시선집중>은 직접 딸을 가지고 있다는 청취자와 전화연결을 통해 청취자의 생각을 묻기도 했다. 이 여파로 가해 학생들은 9월 5일 출교 조치되었다. 고 김근태 상임 고문의 발인 날 이뤄진 김근태 고문의 딸 김병민과의 전화 연결도 인상 깊었다. 딸의 시선에서 바라본 아버지 김근태를 볼 기회가 되었다. 김병민은 복도에서 통화하는지 통화가 크게 울렸는데 듣기 불편하다는 생각보다는 현장성이 잘 살아난 인터뷰란 느낌이 들었다. 지난 4.11 총선 때는 선거 열기가 뜨거운 지역구를 골라 정치인들의 공약 및 사견을 들어보는 시간을 가졌다. 그 중 눈에 띄는 인물은 막말 파문으로 홍역을 치르고 있던 민주통합당 노원(갑) 후보 김용민이었다. <나꼼수>의 진행자이기도 한 김용민을 인터뷰한 곳은 CBS <김현정의 뉴스 쇼>와 <시선집중>이 전부였는데, 내용적 균형성과 정치적 공정성, 그리고 시사적 중요성을 고려하면 옳은 섭외였다고 생각한다. <시선집중>은 2012년 대선 후보들의 인터뷰를 모두 끝마치고 그 주변 인사와의 인터뷰를 통해 그들의 일거수일투족에 시선을 집중했다.

앞서 언급했다시피 모든 시사 문제를 하나의 시사 프로그램에서 다루기는 불가능하다. 또한 사안의 중요성을 순서대로 나열하다 보면, 상대적으로 소외되는 사회 문제와 사회 계층 그리고 생각들이 발생하게 된다. <시선집중>은 시선의 고른 분산을 통해서 이런 문제를 해결하고 공공성을 도모하려 한다. 토요일 코너 “참 좋은 생각”은 <시선집중>에서 방송된 시사 문제에 대해 라디오 논객(청취자)과의 전화연결을 통해 청취자의 감정을 공유하고 의견을 표현하는 일종의 청취자 발언 코너이다. 이는 많은 청취자의 생각을 공유하고 여러 가지 시선에서 시사를 바라본다는 점에서 공공성에 들어맞는다. “1분 발언대”는 현장에 있는 전문가가 꼭 알리고 싶은 사회 문제에 대해 견해를 피력하는 코너였다. 내용을 살펴보면, 음원 종량제 실시의 중요성과 개인서비스 가격 옥외 표시제의 필요성, 입양에도 소외받는 아이들에 대한 실상 고발 등 언론에서 크게 다뤄지는 시사 이슈는 아니었지만, 그렇다고 쉽게 묻혀서는 안 되는 우리 주변의 이야기들이었다. <시선집중>은 개편을 통해 “1분 발언대”를 폐지하고 “1분 발언대”의 역할을 청취자 제보 코너로 이전했는데, 거시적 관점의 시사뿐만 아니라 다양한 미시적 관점의 시선까지도 공유하려는 <시선집중>의 공공 목적성 측면에서 바람직한 개편은 아니었다고 생각한다.

3. <시선집중>의 입

시사 프로그램에서 구성이나 주제 선정, 섭외력 외에도 결코 간과해서는 안 되는 것이 진행자의 인격(퍼스널리티)이다. 여타 미디어의 시사 프로그램도 마찬가지지만, 청각적인 요소만 다루는 라디오 시사 프로그램에서 특히 진행자의 인격과 개성은 굉장히 중요한 요소다. 왜냐하면 진행자 한 사람의 입을 통해 모든 청취자의 질문이 만들어지고, 시사 문제의 무게가 저울질 되고, 결국 프로그램의 성격과 신뢰도에 큰 영향을 주기 때문이다.

아리스토텔레스의 『수사학』은 설득의 세 가지 요소, 즉 로고스(Logos)와 에토스(Ethos) 그리고 파토스(Pathos)를 설득의 기본 요소라 말한다. 이를 라디오 시사 프로그램에 대입해보면 로고스는 논리에 호소함으로써 청취자 신뢰를 구축하는 과정이며, 에토스는 진행자의 믿을 수 있고 포용력 있는 성품에 호소하는 힘이고, 파토스는 청자의 연민, 화 두려움과 같은 감정에 직접 호소하는 힘을 말한다. 이 중 <손석희의 시선집중>은 로고스와 에토스적 측면에서 여타 시사 프로그램보다 강점이 있다.

로고스적 측면을 살펴보면, 일단 아직 국내 시사 라디오 프로그램에서 진행자가 직접 논리를 전개하고 청취자를 설득시켜 신뢰를 이끌어내는 프로그램은 많지 않다. 논리에 호소하는 로고스는 그렇다면 결국 진행자가 논리적으로 시사 이슈에 접근하는 과정 그 자체를 통해 실현될 수밖에 없다. 손석희의 인터뷰에 따르면, "질적, 양적 공정성과 균형은 끝까지 추구해야 할 대상이지만 그대로 지켜야 할 대상은 아니고, 다만 <시선집중>의 경우는 적어도 그런 공정성과 균형을 담보하기 위해서 가능한 한 양쪽 입장을 다 들어보려고 노력한다"고 한다. 양쪽이 다 나온다면 서로 상대의 입장이 되어 질문을 던져서 한 가지 이슈를 다각도로 짚어볼 기회를 가져보고, 만약 한쪽이 인터뷰에 응하지 않을 때에는 손석희가 출연하지 않은 사람의 입장에서 질문을 던져 균형과 공정성을 찾으려고 노력한다고 한다. 더하여 만약 출연자가 원하는 답을 피하는 경우가 생기면 표현만 바꿔 계속 질문하고, 가능하면 질문 하나에 답변 하나로 끝내려고 하지 않으려고 노력한다고 한다. 이런 손석희의 방송 진행 덕분에 <시선집중>은 단순 보도 프로그램에서 벗어나 콘텐츠를 직접 생산하고 그것을 1차 공급자로 공급하는 역할을 할 수 있게 된다. 예를 들어 박근혜 대선 후보의 '인혁당 발언', 정옥임 새누리당 의원의 '한일합방 100주년 발언', 정념 스님의 '화투는 놀이 문화 발언' 등이 <시선집중>을 통해 일파만파로 세상에 알려지는 계기가 되었다. 즉, 손석희의 가치 중립적 진행과 집요한 질문 방식은 시사 이슈에 접근하는 <시선집중> 전체의 논리를 설명하고 있다. 이는 다시 청취자가 어떤 사안에 관해 스스로 결정을 내리는 배경이 된다. 이를 또 다른 관점에서 보면 프로그램과 진행자는 시사 이슈를 다만 잘게 쪼개 청취자가 쉽게 소화할 수 있도록 도와주는 역할을 하고, 청취자는 이 시사 이슈를 섭취하는 중에 능동적인 가치 판단 결정자로 변하게 되는 것이다.

에토스의 중요성은 <나꼼수>의 예가 가장 적절하다. <나꼼수>는 로고스, 다시 말해 뛰어난 취재력과 분석력을 통한 논리력을 가지고 열풍을 일으켰다. 그리고 풍자와 조롱을 넘나들며 청취자의 감정에 직접 호소하는 파토스는 방송은 물론 토크 콘서트로까지 발전해 가히 신드롬이라 불릴 만했다. 그러나 김용민의 막말 파문, 진행자들의 '비키니 논란' 사건은 청취자들로 하여금 진행자의 성품, 즉 에토스에 큰 불신을 만들어냈고, 이는 곧 방송에 대한 불신으로 번져갔다. <나꼼수>의 청취자 이탈 현상도 그즈음 해서 가속화되었다.

반면 <시선집중>의 영향력과 인기는 손석희를 에토스적 관점을 들어 분석했을 때 가장 명료해진다. 손석희는 ≪시사저널≫이 2011년 미디어리서치에 의뢰해 실시한 조사에서 가장 영향력 있는 언론인으로 뽑혔다. 선비처럼 올곧은 그의 성품이 언론인이라는 직업적 이미지와 정확하게 들어맞기 때문이 아닐까 한다. 일례로 그는 수많은 정치권의 러브콜을 때로는 냉철하게 때로는 유머를 통해 거절해왔다. 또한 손석희는 원칙적으로 인터뷰는 하지 않으며 살아왔다고 한다. 물론 자신의 책을 방송을 통해 언급한 적도 없다. 이와 더불어 손석희는 약유강불굴(弱柔强不屈), 즉 강자에게는 논리적 강함과 약자에게는 부드러운 시선을 가지고 차분한 공감을 일으키는 성품도 가지고 있다. 결국 손석희의 에토스는 자신의 노력으로 쌓아 올린 직업적 소명의식과 더불어 기성 언론인의 부단한 정치 입문 등으로 일반에 실추된 언론인 이미지에 따른 반사작용, 그리고 함부로 그 누구에게도 오만해지지 않는 그의 따뜻한 시선을 통해 만들어졌다고 할 수 있다.

4. <시선집중>의 웃음

그러나 <시선집중>의 프로그램 완성도와 진행자의 성품만을 가지고는 <시선집중>이 청취자에게 이처럼 오랫동안 사랑받을 수 있는 이유를 오롯이 설명할 수 없다. 시사 프로그램은 보도형식을 기본적으로 갖추고 있다. 그러나 그 저변에는 뉴스쇼의 틀을 반드시 유지한다. 다시 풀이하면, 시사 프로그램은 단순히 뉴스를 보도하는 프로그램이 아니기 때문에 공익 외에도 재미라는 연성의 요소가 반드시 첨가되어야만 장수할 수 있다. 재미와 공익성을 오가는 줄타기. 이 점이 <시선집중>이 다른 정통 시사 프로그램과 비교되는 가장 큰 차이점이다.

<시선집중>에는 재미를 추구하는 요소들이 곳곳에 숨어 있다. "60초 풍경"은 리포터나 PD가 직접 우리 삶에 들어와 가감 없이 그것을 녹음하고 그 풍경을 소개하는 코너다. 예를 들면 '어린아이의 웃음소리', '학교 앞

분식집에서 떡볶이를 먹고 있는 여학생들의 소리', '여름에 팥빙수를 팔고 있는 대학생들' 등 어쩌면 단순한 일상의 소리지만, 이는 프로그램의 따뜻한 시선이 넓게 아우른다는 느낌을 가져다준다. 더불어 짧은 노래와 함께 흘러나오는 진행자의 코멘트는 다소 경직되고 그 때문에 쉽게 지치는 경향이 있는 시사 프로그램을 듣는 데 작은 활력을 불어넣어 준다.

또한 <시선집중>은 사회 통합적 시선을 자연스레 공유하고자 하는 의도를 적극적으로 보여주고 있다. 그 중 가장 극적이었던 장면은 단연 2011년 추석특집(9월 13일자)이었다. 3, 4부 코너로 진행된 이날 특집은 손석희가 직접 의정부 교도소를 방문해 아카펠라 팀의 공연을 방송하고 이 팀이 생겨난 동기, 제소자들이 아카펠라 팀에 참여하며 느끼는 점 등을 들려주었다. 손석희의 진솔하고 여유로운 인터뷰를 통해 교도소 제소자에 대한 선입견을 일부 해소하는 효과를 거둘 수 있었으며, 결국 우리가 살아가는 사회와 사회 구성원에 대해 감정적으로나마 폭넓은 이해를 돕는 역할을 했다.

5. 에필로그

<손석희의 시선집중>은 여러 가지 시선을 넘나들며 시사 이슈는 물론 사회 전체를 통찰한다. 정치·경제·사회 등 중대한 문제에 관해서는 갈등의 현상화를 통해 우리 사회의 문제점을 마주 보려 하며, 동시에 미처 언론의 관심을 못 받는 시사 이슈에 대해서도 적극 포용하려는 노력을 하고 있다. 이는 <시선집중>이 단순 시사 프로그램으로서의 협소한 분석이 아닌 사회 구성원의 알 권리는 물론 구성원들이 스스로 알리고 싶은 목소리들을 구성원의 시선으로 공정하면서도 수평적으로 아우르려 하기 때문이다.

뉴미디어의 등장으로 말미암아 여러 가지 포맷의 시사 프로그램이 난립하고 있고 주류 언론의 파행은 언론 불신으로 이어졌다. 이로 말미암아 사람들은 주류 언론에 대한 불신만큼 대안언론에 신뢰를 보내는 상황이 되었다. 이 같은 상황에서 <손석희의 시선집중>이 주류 언론에 주는 메시지는 명확하다. 저널리스트들이 직업 소명의식을 되찾고 사회 구성원을 향하는 저널리즘을 구현하는 것이다. 손석희의 말대로 "물살이 아무리 급하게 흘러도 그 위에 비친 달은 제자리에 있는 법"이다.

가작

내일의 생존을 위한 최적의 시간
<골든타임>

손정은

1. <골든타임>, 드라마와 현실의 경계

1994년 <종합병원>을 시작으로 <의가형제>, <외과의사 봉달희>, <산부인과>, <하얀 거탑>에 이르기까지, 병원을 배경으로 하는 드라마들은 방송에서 의학 드라마라는 하나의 장르로 자리매김했다. 삶과 죽음의 사이에 있는 병원이라는 배경은 극적인 드라마에 알맞은 장치가 될 수 있었다. 드라마 속에서 의사들은 병원을 뛰어다니며 환자를 구하고, 권력암투 속에서 정치를 하며, 연애까지 하는 무궁무진한 캐릭터가 되어 시청자들의 눈길을 사로잡았다. 그러나 2012년, 조금 다른 의학드라마가 등장했다. 의사들이 연애를 하지도 않고, 권력을 차지하기 위한 정쟁이 벌어지지도 않는다. 심지어 환자를 구하지 못할 때도 있다. 드라마 <골든타임>은 기존의 의학 드라마와는 달리, 그저 병원과 의사의 광경을 비춰주는 것으로 드라마를 전개하는 파격적인 전개방식을 택했다.

<골든타임>은 2012년 7월 9일부터 9월 25일까지 총 23부작으로 방영된 MBC 월화드라마이다. 드라마는 부산 세중대학병원에서 인턴을 하는 이민우와 강재인의 이야기로 시작한다. 이제 막 사회초년생의 생활을 시작한 이들은 세중병원 외상외과의 최인혁 교수를 통해 응급실과 외상외과의 모습을 알아가게 된다. 정해진 체계도 없이 닥치는 대로 외상 환자를 치료할 수밖에 없는 병원의 현실과 조우하면서, 민우와 재인은 의사로서의 사명감을 배우게 된다. 이들의 멘토 역할을 하는 최인혁 교수 또한 비슷한 고민을 한다. 외상 환자를 살리겠다는 책임감으로 외상 치료를 담당하고 있지만, 외상 환자에 대한 시스템이 구축되지 않은 병원에서 외상 환자를 제때 치료하는 일은 버겁기만 하다.

이처럼 <골든타임>의 주요 줄거리는 종합병원에서 중증외상 환자를 치료하는 의사들의 이야기이다. 얼핏 기존의 의학 드라마와 별반 다른 차이가 보이지 않는다. 그러나 <골든타임>이 궁극적으로 말하고자 하는 바는 의사들의 일상이 아닌 그 '메시지'에 있다. 사고를 당하고 외상을 입은 환자들이 신속하게 치료받지 못하는 외상외과의 모습을 통해 한국 사회 의료시스템의 문제를 지적하고 있는 것이다. 결국 <골든타임>의 목적은 병원에서 일하는 사람들의 이야기가 아니라 병원의 이야기를 담는 데에 있다.

따라서 <골든타임>은 드라마임에도 서사구조나 갈등구조가 명확하게 드러나지 않는다. 위독한 환자와 그 환자를 치료하는 과정은 보통 한 회 안에서 마무리된다. 조직이 감당할 수 없는 책임감과 능력을 가졌다는 이유로 최인혁 교수를 소외시키는 다른 의사들의 모습은 최인혁 교수가 그저 상황을 감내하는 것으로 해결한다. 이민우가 아무것도 모르는 인턴에서 조금은 아는 인턴으로 성장해나가는 과정 역시도 일련의 사건 속에서 벌어지는 하나의 과정일 뿐, 극의 중심 역할을 하지 않는다. 물론 <골든타임>은 등장인물들의 부산사투리와 조연의 코믹 연기, 롱샷으로 이루어지는 긴박한 수술장면, 그 위에 덧씌워지는 감성적인 OST 등의 기법을 통해 연출 효과를 높이지만, 이 역시 병원의 일상을 더욱 잘 보여주기 위한 수단일 뿐이다.

즉, <골든타임>은 의학 드라마라는 장르에서 새로운 주안점을 제시한다. 대중들은 드라마를 보면서 주인공을 응원하고 뒷이야기를 궁금해하는 한편, 드라마와 현실을 비교하며 현실에 대해 의문점을 가지게 된다. '저건 드라마니까 그렇지' 대신에 '아, 현실에서도 저럴 텐데'라며 현실과 드라마를 병치시키는 것이다. 그래서 시청자들은 즐겁게 <골든타임>을 시청할 수 없다. TV 속에서 죽어가는 환자의 모습이 어쩌면 자신의 모습이 될 수도 있다는 사실을 알기 때문이다.

2. "분노하라": <골든타임>이 한국 의료체계에 던지는 화살

병원이라는 조직 내에서 벌어지는 사건들, 그리고 이를 담담하게 그리는 과정은 <골든타임>이라는 드라마의 의도가 단지 시청자를 극에 몰입시키는 것이 아님을 보여준다. <골든타임>은 드라마를 치밀하고 긴박하게 끌어가기보다 옴니버스 형식의 줄거리를 통해 냉정하게 현실을 반영하는 쪽을 택했고, 이는 시청자들로 하여금 더욱 현실감을 느끼게 했다.

<골든타임>이 시청자들에게 호소할 수 있는 부분은 이와 같은 냉철한 메시지이다. <골든타임>은 드라마임에도, 결코 기적을 말하지 않는다. 형사와 유괴범이 동시에 응급실로 실려 온 에피소드를 다룬 <골든타임>

11회의 경우가 이를 극명하게 드러내주는 예이다. 최인혁 교수는 형사와 유괴범 중 조금 더 위중한 유괴범을 먼저 수술대에 올렸고, 그 결과 유괴범은 살아나지만 형사는 사망한다. 시청자들은 드라마를 보면서 형사가 살아나길 기대하지만 <골든타임>은 시청자들의 기대를 무색하게 만들어 버린다. 형사와 유괴범을 선과 악으로 규정하기보다 모든 생명은 같은 무게와 가치를 지닌다는 메시지를 전달하기 위한 것이다. 이처럼 <골든타임>은 결코 기적적이지 않은 에피소드를 보여줌으로써 시청자들에게 외상외과의 어려운 현실을 끊임없이 각인시킨다.

현실과 미묘하게 오버랩되는 극 중 스토리도 이러한 과정을 명확하게 보여준다. <골든타임> 7회에는 짜장면 배달부지만 기부천사로 대통령상까지 받은 박원국 환자가 등장한다. 우연히 사고현장을 지나가던 최인혁 교수 덕분에 병원에 빠른 시간 안에 도착해 수술을 받고, 다리절단수술 끝에 목숨을 구한다. 시청자들의 감동을 자아낸 이 에피소드는 기부천사 짜장면 배달원으로 잘 알려진 김우수 씨의 실화를 각색한 것이다. 그러나 실제로 김우수 씨는 사고 이후 적절한 조치를 받지 못해 목숨을 잃었다. 책임을 전가하는 병원들 사이에서 수십 시간 동안 죽기만을 기다릴 수밖에 없었던 실화가 '우연히' 지나가던 의사에 의해서 적절한 조치를 받을 수 있었던 드라마 내용으로 오버랩되면서 시청자들은 우연이 아니면 목숨을 잃을 수밖에 없는 한국 의료시스템에 대해서 의문을 가질 수밖에 없다.

권력 다툼에는 무심하고, 환자를 살리는 일에만 관심 있는 '좋은' 의사로 등장하는 최인혁 교수 또한 실재 인물인 아주대병원 외상외과 이국종 교수를 모티브로 한 캐릭터이다. 실제로 최인혁 같은 의사가 있을지 궁금해하던 시청자들은 자연스레 최인혁 교수의 모델인 이국종 교수에 대해 관심을 가지게 되고, 이국종 교수가 처한 외상외과의 현실을 마주하게 된다. 이처럼

<골든타임>은 드라마의 캐릭터와 에피소드를 현실과 절묘하게 교차시킴으로써 시청자들이 현실의 문제를 극적으로 직면할 수 있도록 한다.

<골든타임>이 방송된 이후 9월 23일 MBC <시사매거진 2580>은 "생사의 갈림길 시간, 골든타임은 없다" 편을 통해서 한국 외상외과가 처한 열악한 사실을 보도했다. 또한 11월 7일 <MBC 스페셜 - 골든타임은 있다>에서도 중증외상센터를 주제로 한 다큐멘터리를 방영하며 더 나은 의료 현실을 모색하기도 했다. <골든타임>이 반영하고 있는 현실과 그에 대한 문제제기가 드라마가 아닌 현실에 대한 고민으로 이어진 것이다.

그래서 <골든타임>은 다른 의학드라마와 다른 길을 걷는다. 드라마라는 픽션을 통해서 한국 의료시스템 전반의 문제에 대해서 정면으로 문제제기를 한다. 분명 드라마라는 허구임에도 현실을 넘나들고, 드라마이기에 뉴스로만 접하던 사건을 더욱 극적으로 보여줄 수 있다. 드라마와 현실의 경계에서 <골든타임>은 이러한 방식으로 시청자들에게 끊임없이 불편한 메시지를 외친다. 잘못된 이 시스템에 대해 '분노하라'고.

3. <골든타임>이 제시하는 책임론: 히어로는 없다.

<골든타임>이 여러 에피소드를 통해 얘기하고자 하는 것은 바로 '시스템의 문제'이다. 반드시 필요한 부분이지만 수익성이 떨어진다는 이유로 외면받고 있는 외상외과의 현실은 어느 개인 한 사람의 힘으로 해결할 수 있는 문제가 아니다. <골든타임>에서는 금전 문제로 원무과에서 시간을 지체하다가 수술도 받지 못하고 사망하는 환자, 수술실이 없어 다른 병원으로 이송하다가 사망하는 환자 등 안타까운 사망환자들의 이야기가 등장하지만, 이 모든 상황이 단지 원무과나 의사의 문제만이 아님을 지적한

다. 병원 내에서 비일비재하게 일어나는 비상식적인 절차와 그 속에서 죽어가는 환자들을 보면서도 시청자들이 의사들을 욕할 수 없는 이유도 거기에 있다.

이사장의 손녀인 재인이 극 후반 이사장 대행을 하는 부분 역시 이를 잘 드러내 준다. 재인은 이사장이 되자 자신이 직접 경험한 외상외과의 열악한 현실을 개선하기 위해서 고군분투한다. 하지만 비협조적인 국가기관과 임원진, 비용이라는 문제 앞에서는 병원의 이사장인 재인조차도 외상외과에 대한 투자를 마음껏 하지 못한다. 재인이 "나 하나 바뀐다고 시스템이 바뀔 리 없죠?"라고 말하는 대사에서도 알 수 있듯, 시스템의 문제를 개인의 문제로 치환할 수는 없다. 의사 한 사람의 희생, 어느 한 부서의 노력, 병원장의 의지 모두 <골든타임>이 제시하는 해결방안이 아닌 것이다.

따라서 <골든타임>에는 '히어로'가 없다. 외상 환자들에게 헌신하는 최인혁 교수마저 마지막까지 이 문제를 해결하지 못한다. 최인혁 교수는 계속되는 좌절 속에서 외상센터 설립에 대한 기대조차 접은 상황이다. 환자에게 더욱 좋은 치료방법을 찾는 민우에게 최인혁 교수는 '지금은 좋은 것과 나쁜 것 중에 선택하는 것이 아니라 더 나쁜 것과 덜 나쁜 것 중에서 선택을 해야 하는 상황'이라고 일러준다. 최인혁 교수가 마주하고 있는 외상외과의 현실 또한 마찬가지다. 그 어디에도 좋은 방법은 보이지 않는다. 그저 더 나빠지지 않기를 바라는 것뿐이다.

<골든타임>이라는 드라마 제목은 환자를 살릴 수 있는 시간이라는 뜻이지만, 드라마는 마지막 회에서도 세중병원이 외상센터 설립인가 대상에서 제외되면서 결국 답보 상태인 의료현실을 보여준다. 결국 '더 나쁜 것'과 '덜 나쁜 것' 사이에서 고민하는 최인혁 교수의 모습은, 능력 좋은 의사도 이 문제를 해결할 수 없기에 '좋은 것'을 강구하는 시스템의 차원에

서 고찰해봐야 한다는 의미를 내포하고 있다. 근본적인 시스템이 바뀌지 않는 한 의료 현실 역시 바뀌지 않음을 일깨워 주는 것이다. 시청자들은 <골든타임>의 결말을 보면서, 골든타임의 의미를 현실화하기 위한 모두의 관심과 노력이 간절함을 느낄 수 있다.

그러나 <골든타임>이 단지 절망적으로만 느껴지는 것은 아니다. 오늘 살아 있는 사람들에게 내일을 이야기하기 때문이다. 세중병원의 외상외과 팀은 국가지원은 받지 못했지만 소방 헬기를 이용할 수 있게 되었고, 전용 수술실을 빼앗겼지만 영안실 2층의 병실을 얻게 되었다. 그동안 최인혁 교수와 외상외과팀이 벌였던 많은 노력이 작은 변화를 이끌어낸 것이다. 그리고 <골든타임>은 이를 통해 오늘 살아 있는 사람들이 수없이 많은 싸움을 통해 좌절하는 동안에 조금 더 나은 내일이 다가오고 있다는 것을 알려준다. 히어로는 없지만 우리들이 있다는 것, 우리들이 직접 내일을 만들어나갈 수 있다는 것. 이 부분이 바로 <골든타임>이 한국의 시청자들, 그리고 의료현실에 던지는 메시지일 것이다.

가작

타임슬립, 과거가 현재를 묻습니다

이준목

대중문화의 흐름이란 크게 봤을 때 기존의 관습을 타파하고 끊임없이 앞으로 나아가려는 시도와 뒤로 되돌아가려는 관성 사이에서 줄다리기하는 과정의 반복이다. 이러한 전진과 후퇴는 반드시 서로 대립되는 가치라기보다는 상호보완적인 성향을 지닌다.

과거에 대한 성찰과 존중이 없는 '진보'는 단절을 부르고, 혁신 없이 익숙한 것에만 안주하려는 '복고'는 고인 물이 되어 퇴행을 초래한다. 일정한 시기와 유행에 따라 강약의 차이가 있을 뿐, 진보와 복고의 줄다리기는 꾸준히 지속되며 대중문화 발전의 촉매제가 되어왔다.

이러한 기준으로 봤을 때 2011년부터 2012년까지를 관통하는 최근 한국 대중문화의 전반적인 추세가 '복고의 강세' 쪽으로 기운다는 것은 부정할 수 없는 사실이다. 영화, 공연, 문학, 패션 등은 물론이고, 대중문화의 흐름을 가장 즉각적으로 반영하는 매체인 TV 역시 적극적인 '추억 마케팅'을 내세운 콘텐츠를 잇달아 생산해내고 있다.

<나는 가수다>, <불후의 명곡> 같은 콘서트형 프로그램들이 아이돌과 후크송 열풍에 묻힌 한국 팝의 다양성을 회고한다면, <놀러와>, <힐링캠프>, <승승장구> 등의 토크쇼에서는 1970년대 이전의 패티김에서 쎄시봉, 백두산, 1990년대의 신화와 G.O.D까지 이어지는 대중음악 계보의 근현대사를 총망라한다. <응답하라 1997> 같은 드라마는 현재 아이돌 문화의 원조가 시작된 1990년대를 배경으로 아예 현재의 2030세대까지 추억의 대상을 확장시킨다.

여기서 '한국형 복고' 열풍의 정의와 범위는 무엇으로 규정할 수 있을까. 지나간 시대나 소재를 배경으로 한다고 해서 단순히 복고 혹은 복고적 가치로 뭉뚱그려 일원화시킬 수 있는가. 핵심은 결국 그 콘텐츠 안에 담긴 '공감대'가 무엇인지에 달렸다.

유행의 첨단을 달리는 최신가요에서 1970~1980년대 대중음악의 오마주가 느껴지는 것이 어색하지 않고, 조선 시대나 근현대사를 배경으로 한 드라마에서 마치 현 세태를 풍자하는 듯한 설정과 인물에 감정이입할 수 있는 것도, 어디서든 시대와 소재를 넘어서 대중에게 보편적 공감대를 자아내는 '코드'가 존재한다는 것을 의미한다. 어쩌면 복고와 진보는 그 코드를 찾아가는 공통된 목적의 다른 접근방식일 뿐이다.

'시간을 달리는 TV': 추억의 블루오션을 찾아서

복고는 잊힌 과거를 통해 자신의 뿌리를 되찾아가는 일종의 '타임슬립(Time-Slip)'이다. 최근 대중문화에 불고 있는 복고 현상이 이전과 차이가 있다면, 복고의 대상이 점점 더 넓어지고 훨씬 다원화되어가고 있다는 점이다. 이전에 한국에서 복고라고 하면 흔히 '7080' 문화를 연상하는 것이 보편적이었다. 하지만 이것은 그 세대의 추억을 공유한 이들 위주로만 한정된 유행과 과거의 일시적 복원 자체를 벗어나지 못했다는 한계가 있다.

최근엔 아래로는 1990년대까지 포함하고 위로는 7080세대 이상까지도 거슬러 올라갈 만큼 복고의 수요가 확대되고 재평가받는 분위기다. 특히 영화 <건축학개론>과 드라마 <응답하라 1997> 등을 통해 부각된 '1990년대 복고'는 대중문화의 주요 소비계층이지만 복고의 타깃과는 거리가 있던 2030세대가 이른 시기에 벌써 추억의 주체로 떠올랐다는 점에서 그 파급력이 이전과는 또 다르다.

1990년대는 시스템화된 오늘날 현대 대중문화의 근간이 형성된 시대다. TV를 기준으로 했을 때, 서태지에서 H.O.T, 핑클에 이르기까지 화려한 비주얼과 댄스로 무장한 기획형 아이돌 1세대 문화가 가요 프로그램을 독차지했다. 개인의 개성과 가치를 강조하고 자유분방한 연애감성으로 무장한 트렌디 드라마들이 전통적 가족 드라마를 제치고 TV 황금 시간대를 점령했다. 스토리 위주의 콩트 코미디가 주류였던 예능 프로그램들은 빠르고 즉각적인 웃음코드로 무장한 공개 코미디와 토크쇼, 리얼 버라이어티의 득세와 함께 조금씩 밀려났다.

휴대전화와 인터넷으로 대표되는 통신의 발달은 신세대 대중이 문화를 소비하는 규모와 속도를 획기적으로 바꿔놓았다. 마니아와 팬클럽 문화의 발전으로 개개인의 문화 소비 성향이 수동적에서 능동적으로 진화했고, 언제 어디서든 즉각적인 참여가 가능한 쌍방향 소통 시대가 열렸다. 당시의 수혜를 받고 성장한 'X세대'의 특징은 개인적 욕망을 표현하고 새로운 것을 받아들이는 데 거부감이 없다는 점이다. 그리고 그들이 지금 대중문화의 트렌드를 주도하는 또 다른 기성세대로 등장했다.

아날로그적인 감수성이 남아 있던 1970~1980년대에서 디지털화된

1990년대 문화로 넘어가는 과정에서의 문화적 충격이 당시 세대 간의 단절과 이질감을 초래하는 계기가 되었다면, 현재 1020세대가 누리는 대중문화의 근간은 1990년대부터 그 뿌리가 형성되어 이어져오고 있는 것이기에 이질감보다 공감대가 더 많다.

2012년 복고열풍의 중심에 서며 케이블의 한계를 넘어선 <응답하라 1997>의 성공비결은 바로 이러한 1990년대 문화 코드의 입체적인 복원에 있다. 극 중에서 아이돌을 따라다니는 극성스러운 팬클럽 문화의 모습은 오늘날과 크게 다르지 않다. 현재 대중문화를 주름잡고 있는 소녀시대나 카라, 빅뱅 등의 아이돌 열풍은 S.E.S나 H.O.T 등 1990년대 아이돌에 그 원형을 둔다. 일찍 데뷔한 1990년대 스타들은 요즘 아이돌과도 크게 나이 차가 나지 않는 20~30세대지만, 각종 토크쇼와 예능 등에서 '아이돌 1세대' 선배라는 명함을 달고 당시의 추억을 벌써 과거로서 소비하는 모습이 어색하지 않다. 말하자면 1990년대 복고는 복고이면서도 멀지 않은 가까운 과거로서 2012년 현재와의 직접적인 연속성으로 연결되어 있는 것이 특징이다.

또한 젊은 세대까지 참여하는 21세기형 복고의 특징은 이제 특정 시대와 세대의 구분을 넘어서고 있다는 점이다. <놀러와>가 발굴해낸 '쎄시봉' 열풍은 기존의 7080세대보다도 오히려 한 시대 앞선 세대를 다루고 있다. 낭만적 포크송과 자유분방한 통기타 문화는 기성세대 취향의 전유물로 여겨져왔지만, 쎄시봉 열풍을 통해 요즘 젊은 세대에게까지 설득력을 자아낼수 있음을 입증했다. <나는 가수다>나 <불후의 명곡>, <슈퍼스타 K>, <보이스 오브 코리아> 같은 가요 프로그램들은 세대를 넘어 기성-신인가수들이 '경연'이라는 형식을 통해 예전의 전설적인 히트곡이나 잊힌 뮤지션들의 노래를 재조명해내며 큰 반향을 일으켰다.

획일화된 아이돌 위주의 후크송이 넘쳐나는 기존 가요 프로그램, 자고 일어나면 달라지는, 유행이 너무 빠르게 명멸하는, 속도전 중심의 대중음악 시장에 질린 대중에게 오디션 형태의 가요 프로그램들은 비주얼이나 거대 소속사 같은 이미 갖추어진 외적 배경에 기대지 않고도, '노래 자체의 매력', '가창력으로 승부하는 가수들의 무대'를 보여주는 데서 희소성을 찾았다.

또한 수많은 경연을 통해 패티김에서 남진, 윤복희, 김광석, 조용필, 김현식에 이르는 한국대중가요의 전설들에서부터, 최근 아이돌의 노래까지 현대적으로 새롭게 해석해내는 과정을 통해, '진정 좋은 음악이란 유행이나 세대를 넘어 통할 수 있다'는 당연하지만 잊고 지냈던 아날로그적인 가치들을 자연스럽게 환기시켜준다.

'타임슬립' 드라마: 감성 판타지와 현대적 메시지의 결합

드라마 역시 복고 코드를 수용하는 데 적극적이다. 최근 드라마 속 복고 코드의 보편적 특징은 '감성 코드와 판타지의 결합'에서 찾을 수 있다.

<응답하라 1997>이 1990년대 신세대 문화를 전면에 내세웠다면, <사랑비>나 <빛과 그림자>처럼 1970~1980년대 감성을 내세운 작품들도 꾸준히 등장했다. 최근에는 실제 역사에 기반한 시대극조차 고증에 얽매이지 않고 현대적 감성을 중시하는 퓨전 사극이 늘어나는 추세다. <뿌리깊은 나무>와 <공주의 남자>는 이미 여러 번 반복되고 알려진 소재를 다루면서도 정사보다 야사 위주의 접근을 통한 '팩션' 사극의 지평을 열었다. <닥터진>이나 <신의>처럼 설정 자체를 아예 '타임슬립'이라는 판타지적인 구성으로 하여 과거와 현재의 경계를 허물고 실제 역사적 인물이나

사건을 새롭게 비트는 이야기들이 속속 등장하고 있다.

그렇다면 드라마는 왜 현재가 아닌 과거를, 현실이 아닌 판타지를 자꾸 필요로 하는가. 극 중 인물들을 통해 표현하고자 하는 가치가 지금 현대에서는 점점 찾기 어려워지는 미덕이기 때문이다. 그것은 '운명론적인 순수한 사랑에 대한 예찬'(<사랑비>, <해를 품은 달>, <옥탑방 왕세자>)일 수도, '개인의 입지전적인 성공담과 영웅서사'(<빛과 그림자>, <무신>)일 수도 있고, 아니면 '더 나은 사회를 지향하는 희망의 메시지'(<뿌리 깊은 나무>)일지도 모른다.

각박한 경쟁사회를 살아가는 현대인들에게 현재는 불만족스럽고 미래는 불확실하다. 현시대의 명암을 배경으로 담아낸 <골든타임>(의학)이나 <추적자>(정치-사회), <패션왕>(의류업계) 같은 작품들 속 세계관에서는, 주인공들이 거대한 사회구조의 틀 안에서 아무리 노력해도 단지 개인의 힘으로는 어찌할 수 없는 장벽이 가로막고 있음을 절감한다.

반면 이미 지나온 과거는 현실에 대한 고단함마저도 추억으로 미화시킨다. 누구나 한번쯤 '시간을 돌려 그때로 되돌아갈 수 있다면……' 하는 심리가 존재한다. 그것은 익숙한 것에 대한 그리움, 혹은 놓치고 지나쳐버린 것에 대한 아쉬움이다. 설령 실제가 아닌 미화된 기억이나 환상이라 할지라도, 추억은 첫사랑처럼 그 자체로 아름답고 지키고 싶은 욕구가 있다. 이미 결과를 알고 있기에 예정된 운명을 바꾸고 싶은 욕망을, 이루지 못한 꿈에 대한 미련을, 타임슬립형 드라마들 속에서는 현실의 한계를 초월해 대리만족시켜준다.

여기서 드라마가 과거의 배경이나 인물을 강조하는 것은, 현실에서 이루기 힘든 판타지를 구현하기 위한 새로운 극적 시공간의 필요성 때문이다. '옛날 옛적에……'로 시작하는 이야기에는 모든 상상력을 용납하는 힘이 있다. <해품달>의 이훤이나 <옥탑방 왕세자>의 이각은 기존 트렌디 드라마의 재벌 2세나 '실장님'의 조선 시대 버전이다. 우월한 능력과 신분을 지니고 있으면서도 정작 연인 앞에서는 한없이 관대해지는 완벽남의 일편단심 순애보는, 기존 트렌디 드라마라면 이미 식상할 대로 식상하지만 조선 시대 혹은 타임슬립이라는 설정으로 포장을 바꾸어 진부함을 감춘다.

<사랑비>에서 '처음 만난 지 3초 만에 사랑에 빠지며' 서로의 마음을 알면서도 애써 감추고 희생하기만 하는 낭만적인 순애보는 철저히 부모 세대의 몫이다. 2012년으로 배경을 옮기면 그들의 자녀들은, 자신의 욕망과 호불호를 애써 감추지 않는 까칠한 바람둥이와 통통 튀는 캔디형 여주인공이 되어 요즘 시대의 사랑을 대변한다.

<빛과 그림자>의 강기태는 시대와 환경의 제약을 딛고, 자신의 노력과 능력으로 쇼 연예산업의 거물로 성장하는 '1970~1980년대식' 영웅신화의 산증인이다. 배경을 고려 시대 무신정권으로 바꾸면 <무신>의 김준도 여기에 속한다. 기성 체제가 견고하게 자리 잡은 사회일수록 개인의 능력과 노력만으로 좌우되는 신분상승 신화는 이처럼 과거나 판타지에서만 존재한다.

한편으로 실제 역사나 과거의 인물을 불러들여 현대적인 메시지를 담아 재해석하는 것도 최근 드라마 속 복고의 빼놓을 수 없는 경향이다. 대표적인 작품으로 <뿌리 깊은 나무>는 세종의 한글 창제 과정을 미스터리적인 요소로 풀어내면서 기존 시대극의 선악 구도와 권력투쟁식 세계관에서 벗어나 '정치의 본질'을 화두로 던진다. 올해 1,000만 관객을 넘긴 영화 <광해>와도 메시지 면에서 일맥상통하는 대목이다.

그동안 완벽한 성군의 이미지로만 고착된 세종을, 상스러운 욕을 구사할 만큼 감정표현이 풍부하고 실수도 종종 저지르는 인간적인 지도자로 묘사한 것에 주목할 만하다. 기존 시대극의 영웅이나 제왕이 처음부터 도덕적,능력적으로 완벽하거나 절대선을 독점하는 인물로 지나치게 우상화되었다면, <뿌리 깊은 나무>의 세종은 시행착오와 가치관의 충돌을 겪으며 조금씩 성장하는 인간미에 초점을 맞춘 현대화된 인물이다. 정통사극을 표방했으나 결국 보수적인 체제미화와 영웅서사의 한계를 벗어나지 못한 <광개토태왕>의 담덕, <무신>의 김준과는 차별화되는 지점이 여기에 있다. 권위적 리더십보다는 수평적 소통을, 권력투쟁보다는 민생을 우선시하는 극 중 세종의 행보는, 바로 대중이 현대의 지도층에게 요구하는 덕목을 대변한다는 점에서 사극임에도 오늘날의 현실과 공감대를 구축한다.

한글 창제를 놓고 세종과 대립하는 밀본은 개혁에 반대하는 기득권 세력이지만, 동시에 그들 나름의 철학과 비전을 지닌 정치집단으로 묘사된다. 세종과 밀본의 대결은 곧 선과 악의 싸움이 아닌 국가의 정체성에 관한 이념의 충돌이라는 점에서 오늘날의 정치투쟁과 비슷하다. 또한 백성들에게 배움과 선택의 기회를 제공하기 위한 도구로서 극 중 한글의 의미란, 현대적으로 해석한다면 '참여민주주의'의 또 다른 이름이라고도 할 수 있는 것이다.

온고지신, 복고와 진보는 동전의 양면이다.

이처럼 과거는 현재를 반영하는 거울이다. 이러한 대중문화의 과거지향성은 역설적으로 곧 현실에 대한 '결핍'에서 비롯된다. 문명의 발전과 기술의 진보만으로 곧 인간의 행복을 보증해주는 것은 아니다. 현실이 각박하고 힘들기에 대중들은 더 따뜻한 감성 코드에 동화되는 경향이 있다. <해를 품은 달>이나 <옥탑방 왕세자>처럼 첫사랑의 추억을 잊지 못하거나, 시공간을 초월한 순애보는 현실에선 이루어지기 어려울수록 더 애틋하게 다가온다.

오히려 급격하고 복잡한 진보의 부작용이 낳은 거부감은 그 속도를 따라잡지 못하거나 불편한 대중에겐 좀 더 편안하고 익숙한 추억을 찾아서 과거로 회귀하는 심리를 부추기기도 한다. 스마트폰과 SNS, 전자음악이 활성화된 시대에 오히려 손 편지나 어쿠스틱 음악 등 아날로그적인 가치가 재조명된다. 아이돌 위주의 화려한 비주얼이나 세련된 안무의 K팝이 한류의 상징으로 득세하는 시대에, 이와는 전혀 거리가 멀고 촌스럽기까지 한, B급 스타일로 무장한 「강남스타일」의 세계적인 히트는, 종종 1990년대를 풍미한 「마카레나」 열풍과 비교된다. 이처럼 복고 코드는 어느 날 갑자기 등장하는 것이 아니라, 시대를 달리해 수요가 생길 때마다 다른 형태로 부활하고 변주된다.

여기서 주목해야 할 것은, 복고라고 해서 단순히 과거의 기계적 복원이나 재현에 머물러서는 안 된다는 점이다. 재창조나 재해석이 수반되지 않은 복고란 곧 퇴행과 동의어가 된다.

<나가수>와 <불후의 명곡>의 음악적 흡인력은 선곡이 아니라 편곡의 힘에서 나왔다. 현대의 가수들이 예전의 흘러간 명곡들을 그대로 따라 부르는 것에 그쳤다면 단지 모창에 불과했을 것이다. 김범수의 「님과 함께」나 임재범의 「여러분」, 알리의 「골목길」, 이소라의 「넘버 원」같은 노래들은 기존의 완성도 위에 자신만의 색깔을 덧입힌 가수들의 재해석이 더해졌기에 21세기의 음악으로 생명력을 얻었다.

또한 과거는 추억이라는 이름으로 지나치게 미화되면 오히려 본질을 흐리기도 한다. <응답하라 1997> 속 아이돌과 팬클럽 문화는 과도한 팬덤으로 연예인에 대한 인권침해와 여론 왜곡 등의 부작용이 드러나기 시작한 시기이기도 하다. <빛과 그림자>나 <사랑비>는 개인의 성공담이

나 순애보를 부각시키며 특정 시대를 지나치게 포장된 이미지로만 접근한다. 이처럼 자기성찰이 결여된 복고란 곧 과거에 대한 왜곡 혹은 편향적 미화에 그친다.

과거를 그리워하는 것은 그 자체로 완벽해서가 아니라, 현재에 우리가 잃어버리거나 놓치고 지나갔던 부분들을 보완해줄 수 있기 때문이다. 예능 프로그램인 <일밤>에서 <나는 가수다> 같은 파격적 가요콘서트가 탄생할 수 있었던 것은, 때마침 기존 가요시장의 획일화와 소재 고갈에 시달리던 방송계가, 흘러간 대중문화의 복원을 통해 새로운 수요를 발굴하고자 하는 이해관계가 맞아떨어졌기 때문에 가능했다. 이처럼 어떤 한계에 직면할 때마다 과거의 유산을 재활용해 새로운 창조의 동력을 마련하는 것도 대중문화의 자연스러운 선순환 현상이다.

복고는 그 자체로는 퇴행도 진보도 아니지만, 핵심은 결국 현재에서 바라본 과거를 어떻게 해석하느냐에 달렸다. 그런 면에서 진정한 복고란 과거를 단지 모방하는 것이 아니라, 과거를 현재로 되살리고 재구성해 다시 진일보시키기 위한 과정인 것이다. 대중문화에서 복고와 진보는 대립하는 개념이 아니라, 동전의 양면처럼 공존해야 하는 가치다. 온고지신이라는 말처럼 과거가 없는 현재란 불가능하기 때문이다.

가작

마음의 밥상을 받아 들다

KBS1 <한국인의 밥상>에 대해

이태연

"그대가 무엇을 먹는지 말하라. 그러면 나는 그대가 누군지 말해주겠다."

프랑스의 미식가 장 앙텔므 브리야 사바랭(Jean Anthelme Brillat-Savarin)이 『미식예찬(physiologie du gout)』을 썼던 것은 1825년의 일이다. 하지만 그가 남긴 이 문장은 200년 가까운 시간이 지난 현재에도 여전히 유효한 것처럼 보인다. 시대와 함께 삶의 양식이 바뀌며 우리가 먹고 마시는 모든 것도 변해가고 있지만, 우리가 먹는 음식이 우리의 삶을 직간접적으로 반영하고 있다는 사실만은 변하지 않기 때문이다.

우리 사회에서 사람들이 자신이 먹는 음식에 관심을 갖게 된 일은 그리 오랜 역사를 갖고 있지 않다. 그러나 '보릿고개'라는 말이 사어가 되어가는 속도만큼이나 빠르게 '음식 문화'라는 어휘가 급속하게 자리를 잡아가기 시작했고, 언젠가부터 모두에게 아주 낯익은 단어가 되었다.

음식에 관한 TV 프로그램 역시 기하급수적으로 증가했다. 그래서일까? 언뜻 생각하기엔 음식 문화를 다루고 있는 프로그램도 적지 않은 것처럼 느껴진다. 하지만 조금만 깊이 생각해보면 사정은 다르다. 과연 우리가 관심을 갖고 흥미롭게 지켜보는 것이 음식 문화인가, 아니면 음식 그 자체인가? TV 프로그램에서 자주 보게 되는 것은 특정한 음식이나 그 조리법(recipe) 아니면 이른바 '맛집'들의 정보인 경우가 많다. 최근 몇 년간 여러 문화영역에서 진행되고 있는 '한류'의 열풍 속에서 비빔밥 등 일부 음식은 뜨거운 관심의 대상이 되어왔고, 적지 않은 예능 및 다큐멘터리 프로그램이 이를 다루기도 했다. 그럼에도 현재 KBS 1TV에서 방송 중인 <한국인의 밥상>을 제외하면 – 그것이 우리 것이든 혹은 외국의 것이든 – 음식이 아닌 음식 문화에 대해 이야기하는 프로그램은 보이지 않았다. 그간 대부분의 프로그램은 그저 어떤 음식이 있고 요리법은 이러하다라는 식으로 우리에게 낯선 외래 음식을 소개하는 정도에 그쳐왔다. 그러한 접근방식에 따르자면 음식은 하나의 상품에 불과하고, '음식 문화'라는 것은 지배적인 문화권력의 프로파간다의 영역에 지나지 않게 된다. 그런 상황에서 브리야사바랭의 문장은 아무런 힘도 발휘할 수 없다.

우리 전통 음식에 대한 관심이 높아진 오늘날에도 사정은 그리 달라지지 않은 것처럼 보인다. 예컨대 가장 세계적인 한식으로 손꼽히는 비빔밥을 떠올려보자. 비빔밥을 다룬 수많은 TV 프로그램에서 시청자들이 보아왔던 내용은 어떤 것이었는가? 비빔밥으로 유명한 전주 지방의 '맛집'들, 맛있는 비빔밥을 만드는 조리법, 비빔밥을 구성하고 있는 음양과 오방색의 철학, 비빔밥의 세계화를 위한 조리법과 재료의 개선방안, 비빔밥에 대한 외국인들의 반응, 브로드웨이의 전광판을 차지한 화려한 색채의 비빔밥 홍보광고……. 그런 식의 정보들은 굳이 비유하자면 세계를 '제패'했다는 한국

제 휴대전화나 빌보드차트를 석권한 어느 '국제 가수'에 대한 다큐멘터리 프로그램에서나 다룰 만한 내용이다. 어떤 공장에서, 어떤 생산철학으로, 어떤 소재를 사용해서, 어떻게 만들어서, 어떻게 홍보했기에 과연 세계 1위를 달성했는가?

하지만 그런 질문은 '제품'에 적합한 것이지 '음식'에 어울리는 것은 아니며, '음식 문화'에 어울리는 것은 더더욱 아니다. 한국 음식에 대한 정통 '푸드멘터리'를 자처하는 <한국인의 밥상>이 소중하게 여겨질 수밖에 없는 것은 바로 이 대목이다.

가장 한국적인 스토리텔링의 미학

스토리텔링이란 흥미를 자아내는 그 어떤 이야깃거리를 드러냄으로써 이야기의 효과를 극대화하는 것쯤으로 바라보는 시선이 있다. 요컨대 과정보다는 결과를 중시하는 입장이다. 이러한 '산업'의 시선에서 보자면 '스토리텔링'이란 어휘는 일종의 마케팅 방식에 지나지 않는다.

독특한 제본 방식으로 만들어진 고가의 수첩에 헤밍웨이나 피카소, 반 고흐 같은 유명인이 작품을 남겼으니 당신도 이것을 따라서 수첩을 사라는 식의 이야기는 꽤나 흥미롭고 심지어 효과적이기도 할 것이다. 그러나 그것은 굳이 말하자면 '스토리텔링'이라기보다는 인간의 모방 본능을 자극하는 하나의 '스토리'일 따름이다.

이런 스토리를 들려주는 서구적이고 산업적인 방식, 즉 그들의 '스토리텔링'은 어떠한가? 그것은 대개 상명하달(Top-down) 방식으로 취사선택되고 차용된다. 말하자면 이야기를 들려주는 쪽에서 원하는 메시지를 간명하게 전달하고 이해시키기 위한 가장 적절한 사례가 선택되고 가공되는 것이다.

우리 음식을 다루었던 여러 프로그램 역시 이러한 방식의 구성을 선택했다. 예컨대 '한식의 세계화'라는 주제를 다루기로 결정하고, 그 대표 소재로 '비빔밥'이 선택되고, 거기서 여러 개의 화제가 다시 선택되는 방식이다. 이런 식의 구성은 말 그대로 '산업적'이어서, 관련 사항들이 치밀하고 일목요연하게 정리되어 전달될 수 있다는 장점이 있긴 하나 취재현장에서 발견되는－기존의 플롯에 반영되어 있지 않은－소재의 새로운 모습들이 반영되기는 지극히 어렵다.

이런 면에서 <한국인의 밥상>의 스토리텔링 기법은 그러한 서구적·산업적 양식의 대척점에 서 있다. 그리고 그것은 우리 대다수가 지극히 자연스럽게 받아들일 수 있는, 지극히 한국적인 스토리텔링의 한 단면을 드러내준다. 예를 들자면 이런 식의 전개다.

어느 날 한 손님이 어느 집을 찾아온다. 그 고장의 음식에 대해서 특별히 깊은 이해를 지니고 있지는 않은 그 손님은 집주인에게 특정한 음식 재료의 채취법(또는 재배법, 낚시법 등)에 대해 묻고, 함께 그 채취 현장을 체험하기도 한다. 그런 뒤에 그 집 안주인이 요리한－그들이 평소 먹는 방식 그대로의－음식을 함께 나누어 먹는다. 손님만을 위해 특별히 차리거나 따로 준비한 음식이 아니라, 말 그대로 '밥상에 수저 하나 더 놓고' 함께 밥을 먹으면서 그들은 요리와 관련된 이런저런 얘기들을 두서없이 늘어놓는 것이다. 물론 이 손님은 프로그램의 내레이터, 즉 전문 방송인이다. 하지만 오랫동안 농촌 드라마의 주인공을 해 온 반백의 노인이기에 고향을 지키는 노부부와의 거리감은 좀처럼 찾기 어렵다. 때론 음식과는 전혀 관련이 없는 자식들이나 손주들에 대해 두런두런 이야기하기도 한다. 이런 식의 하의상달식(Bottom-up) 커뮤니케이션에서는 때때로 전혀 의도하지 않았던 부분에서 놀라운 통찰력을 찾게 되기도 하거니와, 더욱 중요한 것은 시청자로 하여금 어느 집안의 사랑방을 그냥 편안히 들여다보는 듯한 기시감(déjàvu)을 느끼게 해준다는 점이다. 이는 우연이 아니다. 그처럼 느긋하고 성긴 스토리텔링의 구성양식이 우리 고유의 대화 또는 이야기 방식과 유사한 형태를 지니고 있기 때문이다.

모두 알고 있듯이, 우리의 모국어에 의한 이야기는 대체로 서구식의 두괄식 구성이 아니다. 그렇다고 반드시 결론이나 주제가 대화 끄트머리에 나오는 미괄식 구성을 택하지도 않는다. 가장 한국적인 스토리텔링은 대개 이야기 전체가 비유 내지는 암시에 의한 것인 경우가 많다. 요컨대 무엇인가를 직접적으로 대놓고 말하는 대신 그저 듣는 이로 하여금 알고 느끼게 하는 것에 그친다. 청자에 의한 판단의 여지를 남겨두는 것이다. 물론 오늘날 우리가 TV를 통해서 보는 다큐멘터리 프로그램의 대다수가 그러하기도 하다. 그러나 <한국인의 밥상>은 어떤 공간과 시간을 그저 기록하는 것에 그치는 기행 형식의 다큐멘터리가 아니다. KBS 2TV의 <다큐 3일>이나 EBS의 <한국기행>처럼 우리 땅에서 살아가는 이들의 삶을 그저 넌지시 한 번 훑어보는 다큐멘터리와는 분명한 지향점의 차이가 존재한다는 것이다.

말하자면 <한국인의 밥상>이 취하고 있는 성기고 느긋한, 한국적인 양식의 스토리텔링은 일반적인 기행 형식의 다큐멘터리 프로그램이 부담없이 선택할 수 있는 양식으로서 적지 않은 장점을 지니고 있음에도 정작 <한국인의 밥상>과 같은 분명한 주제가 있는 경우에는 선택하기 어려운 위험성을 지니고 있다. 그것은 주제를 다루는 데 꼭 필요한 지식 전달의 영역에서 '치고 들어올' 내용과 그 부분을 (즉, 편집해야 할 내용과 시점을) 가늠하기가 어렵다는 문제점 때문이다. 예컨대 영양학적 지식이나 식재료의 수급변화와 관련된 환경의 변화 등을 어디서 어떻게 자연스럽게 전달할 것인가? 이러한 문제는 상명하달 형태로 구성된 '웰메이드' 푸드 다큐멘터리에서는 걱정할 필요가 없는 부분이다. 이미 모든 관련사항과 언급될 부분이 지정되어 있기 때문이다. 또한 자연스러운 기행 형식의 다큐멘터리에서도 이러한 부분은 고려될 필요가 없다. 그러한 형식에서는 편집과 내레이션을 제외한 어떠한 종류의 개입도 존재하지 않기 때문이다. 그 때문에 이 두 가지 형식들이 충돌하는 지점을 자칫 잘못 다루면 전반적인 이야기 구성방식이 지극히 어색한 상황에 놓인다. 그럼에도 <한국인의 밥상>은 대체로 능수능란하다. 시청자로선 그저 자연스럽게 상황을 따라가며 편안히 보고 받아들이게 되는 부분에서 도리어 제작진의 숨은 노력이 상당함을 짐작할 수 있다. 시청자에게는 가장 편안한 한국적인 스토리텔링의 미학을 전달할 수 있는 것은 어쩌면 구성과 촬영, 후반작업 등에서는 치밀한 계산이 존재하고 있기 때문일 것이다.

삶을 풍성하게 드러내는 마음의 밥상

<한국인의 밥상>은 음식 맛이나 조리법에 천착하지 않는다. 그 대신 음식이나 식재료와 관련된 모든 것을 저인망으로 훑어나가듯 두루두루 다룬다. 재료의 특징이나 재료가 나는 환경, 음식을 먹는 사람들과 그들의 삶, 그들이 삶을 꾸려가는 방식, 그들만의 조리법, 식재료의 가격변화나 시장의 환경, 음식의 역사, 생태계까지.

그 모든 이야기를 들려주면서도 <한국인의 밥상>은 결코 서두르는 법이 없다. 급조된 식탁이 아닌, 그들의 생활이 고스란히 담겨 있는 밥상머리에서 손님(내레이터)과 그 집안 사람들은 그저 평소처럼 밥을 먹으며 함께 이런저런 얘기를 나눌 뿐이다. 식재료의 특징이나 산지마다 다른 조리법을 다루는 순간에도 집요한 느낌은 전혀 찾아볼 수 없다. 대화는 흘러가는

물처럼 자연스럽게 이어지고, 질문은 구태여 답을 재촉하지 않는다.

그처럼 느긋하고 고즈넉한 분위기는 대화의 내용보다도 더 많은 것을 시청자들에게 전달한다. 슬로푸드나 슬로라이프 따위의 어려운 이야기는 조금도 없지만, 시청자는 등장인물들의 삶을 가만히 지켜보면서 그러한 삶의 양식이 바로 슬로라이프 자체이며, 그들이 손님을 위해 정성껏 요리하는 음식이 곧 슬로푸드임을 느끼고 체험한다. 환경이나 생태에 관한 <한국인의 밥상>의 자세 역시 이와 같다. 무언가를 소리 높여 말하는 대신 식재료가 되는 동식물이 살아가는 환경의 변화를 넌지시 보여주거나, 그러한 변화에 의해 우리 먹거리가 변화해왔음을 등장인물의 입을 통해 나지막한 목소리로 들려줄 뿐이다. 그럼으로써 시청자들이 그동안 보지 않았던 것들, 혹은 보고도 흘려버린 것들의 존재를 재확인하게 만든다. <한국인의 밥상>에서 그러한 과정은 언제나 평온한 밥상 위에서 이루어진다. 주장이나 명제 대신 암시와 은유가 자리 잡고 있는 '밥상' 위의 대화라는 스토리텔링의 방식은 직접적인 메시지보다 더 많은 것을 말하는 셈이다.

그 밥상 위에서 시청자들은 이내 브리야 사바랭의 말처럼 음식이 음식 이상의 그 무엇임을 깨닫게 된다. 우리의 밥상을 둘러싼 것들이 결국은 우리의 삶을 둘러싼 그 모든 것임을 느끼게 되는 것이다. 이 대목에서 비로소 <한국인의 밥상>은 한국적 스토리텔링이라는 방식을 통해 '푸드멘터리'의 한 경지를 이루어내는 데 성공한다. 그것은 음식의 맛에 집착하고 조리법에 천착하며 리액션만을 강조하는, 음식 문화 다큐멘터리라기보다는 '요리 소개' 프로그램으로서는 감히 짐작조차 할 수 없는 지점이다. 특정한 시간과 공간을 기록하며 등장인물들의 삶에 무한한 긍정의 시선을 보내기만을 즐기는 일군의 다큐멘터리 프로그램과도 분명히 다르다.

<한국인의 밥상>은 의도적으로 치밀함 대신 성김을 선택한다. 또한

시의성 대신 느림을, 구조 대신 이야기를 선택한다. 그럼으로써 성기고 느린 우리 식의 이야기로 한국인의 밥상과 그 밥상에 담겨 있는 한국인의 마음, 그리고 삶을 기록한다. 그리고 마침내 그 밥상을 통해 우리 음식 문화의 깊은 속내를 톺아보고 그러한 문화를 형성해온 한국인의 삶을 풍성하게 드러내는 한국형 푸드 다큐멘터리의 새로운 장을 열었다면 이는 과찬일까.

아마도 그 답은 시청자들이 알고 있을 것이다. 매주 목요일 저녁, 일일 시트콤과 생활정보 프로그램, 공중파 메인뉴스 프로그램의 틈바구니에서 <한국인의 밥상>이 시사교양 프로그램으로선 보기 드물게 두 자릿수 시청률을 기록하고 있는 것이 어쩌면 그러한 성과에 대한 가장 직접적인 반응이리라. 많은 시청자는 웃음과 정보, 뉴스로 가득한 저녁식사를 마치고도 여전히 배고파하고 있는 것이다. 그리고 그들이 원하는 것은 어쩌면 오래 전 어딘가에 묻어두고 왔을지도 모를, 마음이 담긴 밥상이다.

그 밥상은 오늘도 우리에게 말한다. 우리가 무엇을 어떻게 먹어왔는지, 그것이 왜 우리를 한국인으로 만드는지.

가작

우리는 무엇을 욕망하는가?

MBC <해를 품은 달>과 tvN <응답하라 1997>을 중심으로

장홍철

드라마는 '욕망'이다

문학비평가이자 문화인류학자인 르네 지라르(René Girard)는 그의 저서 『낭만적 거짓과 소설적 진실』에서 '욕망의 삼각형'이라는 용어를 사용해 주인공들의 욕망 체계를 설명했다. 그의 이론에 의하면, 욕망하는 주체와 대상 사이에 '중개자(médiateur)'가 개입할 경우 주체는 중개자를 모방함으로써 간접화된 욕망을 추구하게 된다. 즉, 한 소년이 '위대한 과학자가 되고 싶다'는 욕망을 품었을 때 그것의 중개자로 '아인슈타인'이 개입하게 되면, 소년은 아인슈타인을 모방함으로써 위대한 과학자가 되고자 하는 욕망을 간접적으로 이루려 한다는 것이다.

TV에서 방영하는 드라마는 그것을 시청하는 대중에게 '욕망의 중개자'로서 작용한다. SBS 드라마 <파리의 연인>이 방영된 후 젊은 여성들 사이에서 '신데렐라 증후군'이 일어나고, MBC 드라마 <내 이름은 김삼순>의 흥행으로 극 중 여주인공 김삼순의 직업인 파티시에를 꿈꾸는 청년들이 많이 늘어났다는 사실은 드라마가 대중에게 '욕망의 중개자'로서 미치는 영향을 증명해준다. 드라마가 '욕망의 중개자'로서의 역할을 잘 수행할수록 대중은 극의 내용에 더 깊이 빠져들며, 이것은 드라마의 상업적 성공을 좌우하는 결정적 요소로 작용한다. 따라서 드라마가 성공을 거두기 위해서는 대중이 모방하기를 원하는 욕망을 극 중 내용으로 녹여낼 수 있어야 한다. 이처럼 드라마에는 대중의 욕망이 투영되어 있기 때문에 한 시기에 가장 높은 인기를 얻은 드라마를 분석하는 것은 당시 사회 구성원들이 가장 욕망했던 대상이 무엇인지 이해하는 데 도움이 된다.

2012년 1월 4일부터 3월 15일까지 MBC에서 방영된 퓨전 사극 <해를 품은 달>은 최고 시청률 42.3%(전국/TNmS 기준)를 기록하며 2012년 한 해 가장 많은 사랑을 받은 드라마가 되었다. 같은 해 7월 24일부터 9월 18일까지 채널 tvN을 통해 방영되었던 드라마 <응답하라 1997>은 방영기간 내내 동 시간대 케이블 TV 시청률 1위를 유지했으며, 케이블 TV 제작 드라마 중 역대 최고 시청률을 기록했다. <해를 품은 달>과 <응답하라 1997>의 인기는 신드롬이라고 해석해도 좋을 정도의 문화적 현상을 불러일으켰고, 각각 상반기와 하반기를 대표하는 드라마로 인정받았다. 이는 곧 많은 대중이 두 드라마를 '욕망의 중개자'로서 받아들였다는 의미임과 동시에, 드라마가 대중의 욕망을 충실하게 반영했다는 뜻이기도 하다. 이 글에서는 <해를 품은 달>과 <응답하라 1997>이 대중의 어떤 욕망을 반영해 '욕망의 중개자'로서의 역할을 할 수 있었는지를 분석하고, 이를 통해 현재를 살아가는 우리가 무엇을 욕망하고 있는지 알아보고자 한다.

‘고진감래형’ 여주인공 허연우, ‘불로소득형’ 여주인공 성시원

인류 스토리의 원형이라 할 수 있는 ‘신화 속 영웅담’에서부터 현대의 ‘극예술’에 이르기까지, 이야기 속 주인공들은 대부분 ‘시련-극복-보상’이라는 일련의 과정을 거친다. 그리고 현재 우리나라에서 방영 중인 드라마 역시 많은 경우 위와 같은 기법을 충실히 따르고 있다. <해를 품은 달>의 여주인공인 허연우(한가인/김유정 분)는 조선의 왕비가 되어 이훤(김수현/여진구 분)과의 첫사랑을 완성하기 위해 한 번의 ‘유사죽음’과 여러 번의 ‘죽음의 고비’를 넘겨야 했다. 이렇듯 드라마 속 주인공들의 대부분은 지혜와 노력을 통해 주어진 시련을 극복하고 원하는 것을 얻어 성공에 이른다.

하지만 <응답하라 1997>의 여주인공 성시원(정은지 분)의 캐릭터는 다르다. <해를 품은 달>의 허연우가 시련을 극복함으로써 성공에 도달하는 ‘고진감래형’ 여주인공의 상징이라면, <응답하라 1997>의 성시원은 큰 노력과 고난 없이 모든 것을 얻는 불로소득형 여주인공의 상징이다.

<해를 품은 달>의 허연우는 어린 나이에 ‘유사죽음’을 경험한 뒤, 친부모와 기억을 모두 잃어버리는 시련을 겪는다. 천한 무녀로서의 삶을 살아가던 그녀는 우연한 기회에 첫사랑인 조선의 임금 이훤과 재회하고, 잃어버린 신분과 기억을 찾기 위한 여정을 시작한다. 이후 몇 번의 죽을 고비를 넘기고 나서야 허연우는 이훤과의 사랑을 이루게 되고 왕비의 자리를 되찾으며 드라마는 마무리된다. 자신의 앞을 막아서는 모든 고난과 시련을 극복하고 나서야 비로소 보상이 주어지는 전형적인 ‘영웅 서사’의 형태를 띠고 있는 것이다. 이처럼 노력으로 시련을 극복하고 합당한 보상을 받아 정의가 악을 퇴치하는 스토리가 인기를 얻는 이유는, 공정하고 정의로운 사회를 바라는 대중의 욕망을 충실히 반영한 결과물이기 때문이다.

온갖 악행을 저질렀던 인물이라도 결국에는 죄를 뉘우치고 모두가 행복해지는 여타의 드라마와는 다르게, <해를 품은 달>은 악인들에게 혹독하다 싶을 정도의 강한 징벌을 내린다. 허연우를 죽여 자신의 딸 윤보경(김민서/김소현 분)을 왕비에 오르게 하고, 이후 양명(정일우/이민호 분)을 부추겨 이훤을 왕위에서 몰아내려 한 영의정 윤대형(김응수 분)은 결국 다리에 화살을 맞고 양명의 칼에 목숨을 잃는다. 윤대형과 공모해 허연우를 죽이는데 앞장섰던 대왕대비 윤 씨(한영애 분)는 정체불명의 탕약을 마시고 암살당한다. 심지어 해석하기에 따라선 피해자라고도 볼 수 있는 윤보경마저 스스로 목을 매 자살하고 만다. 이와 같은 악인에 대한 가혹한 징벌은, '사회정의'에 목말라 있는 대중의 욕망을 반영한 결과물이다. <해를 품은 달>은 극 중 악행을 저지른 인물들을 단죄함으로써, 재물과 권력이 있으면 죄를 저지르고도 합당한 처벌을 받지 않는 현실에 대한 대중의 분노를 해소하고 카타르시스를 제공해주었다. 대중이 갖고 있던 '정의로운 사람은 복을 받고 악인은 단죄되어야 한다'는 보편적 욕망에 대한 중개자가 되어준 것이다.

반면 <응답하라 1997>의 여주인공 성시원에게는 별다른 시련이 주어지지 않는다. 그녀에게 주어지는 시련의 대부분은 '팬 활동을 이해하지 못하는 아버지와의 불화'와 '소꿉친구 윤윤재(서인국 분)와 키다리 아저씨 윤태웅(송종호 분) 중 누구를 선택해야 할지'와 같은 개인적이고 사소한 고민들이다. 제5회 "삶의 역습" 편에서 아버지 성동일(성동일 분)이 위암판정을 받는 시련이 등장하지만, 주인공의 노력과는 별개로 빠르게 해소된다. 이처럼 <응답하라 1997> 속 성시원의 삶에는 시련이 없으며, 많은 부분에서 노력 이상의 보상을 받는다. 애초에 '악인'으로 규정할 만한 인물이 등장하지 않기 때문에 그들에 대한 징벌 또한 없다. 10대에는 자신이 좋아하는 아이돌 그룹 H.O.T를 원 없이 쫓아다녔고, 20대에는 명문대를 졸업한 후 방송작가로서 연예인들과 어울려 일했으며, 30대에는 소꿉친구이자 사법고시 수석합격 판사인 윤윤재와 친구 같은 부부생활을 해나가는 극중 성시원의 모습은 '밝고 안정적인 삶'을 꿈꾸는 대중의 현실적 욕망을 반영한 결과물이다.

대중은 드라마 속에서 시련을 겪는 주인공이 행복해지기를 바라고 악인이 온당히 처벌받기를 원하지만, 자신이 직접 그와 같은 삶을 살기를 바라지는 않는다. 그 이유는 보상을 얻기까지 주인공이 겪어야 하는 시련이 너무나 거대하고 가혹하기 때문이다. 그래서 대중은 <해를 품은 달>의 허연우의 삶을 동경하면서도 현실에서는 <응답하라 1997>의 성시원과 같은 삶을 꿈꾼다. 주변에 악한 사람은 단 한 명도 존재하지 않고, 자신을 괴롭히는 현실의 장벽도 없으며, 행복한 선택의 문제로만 고민하는 '성시원의 삶'은 작은 노력으로 큰 행복을 얻으려는 대중 욕망의 반영이다.

20~30대 여성이 욕망한 드라마

국내 시청률 조사업체인 TNmS가 <해를 품은 달>의 시청률을 성별·연령대별로 분석한 결과, 가장 높은 비중을 차지한 것은 30대 여성으로 회당 평균 시청률 27.4%를 기록했다. 드라마의 인기와 함께 원작 소설의 판매 역시 방영 전보다 네 배가량 증가했는데, 구매자의 성별은 여성이 84%로 압도적으로 높았으며 그중 20~30대 여성의 비율이 56%를 차지했다. <응답하라 1997> 역시 20~30대 여성의 시청률은 최고 9.1%로 전체 시청률 4.7%와 비교했을 때 두 배에 가까운 수치를 기록했다.

위의 수치에서 알 수 있듯이 <해를 품은 달>과 <응답하라 1997>은 공통적으로 20~30대 젊은 여성들에게 많은 사랑을 받았지만, 그녀들이 욕망했던 대상은 판이했다. <해를 품은 달>을 시청한 젊은 여성들이 욕망한 대상은 여주인공 허연우가 아닌 상대역인 이훤이었다. 첫사랑 허연우를 일편단심으로 사랑해 8년째 중전 윤보경과 합방하지 않고 버티는 이훤의 모습은 연인에게 온전하게 사랑받기를 원하는 여성들의 욕망을 충족시켜주었다. 극 중 이훤이 허연우보다 연상이었는데도, 배우로 김수현과 한가인이 캐스팅되었다는 것 역시 연하남을 선호하는 젊은 여성들의 취향과 맞닿아 있다. 현대의 젊은 여성들은 나이는 어리지만 남자다운 매력으로 여주인공 허연우를 보호하며 지고지순한 사랑을 쏟는 이훤을 '이상적인 연인'에 대한 욕망의 중개자로 받아들인 것이다.

반면 <응답하라 1997>에서 젊은 여성 시청자들이 욕망한 것은 '성시원의 삶' 그 자체였다. 극 중 화목한 가정에서 태어나 좋아하는 일을 하며 어려움 없이 살아가는 성시원의 모습은 시종일관 행복해 보인다. 좋아하는 아이돌그룹 H.O.T를 따라다니느라 고등학교 3년 내내 반에서 꼴등을 도맡아 했지만, 취미생활의 일환으로 썼던 팬픽(자신이 좋아하는 연예인을 주인공으로 쓴 소설) 덕분에 별다른 노력 없이 문학특기생으로 동국대에 입학한다. 대학을 졸업하고 겪었을 취업의 어려움 따위는 아예 등장하지 않는다. 직업은 젊은 여성들이 선호하는 방송작가이며, 남편은 사법고시를 수석으로 합격한 전도유망한 판사다. 성시원의 인생에 시련이란 존재하지 않았고 매번 노력 이상의 결과물을 얻어내는 삶을 살았다. 이러한 성시원의 모습은 젊은 여성들에게 '현실세계에서의 이상적인 삶'에 대한 '욕망의 중개자'로서 작용한다. 삶에 존재하는 괴로움과 시련을 모조리 거세하고 행복만을 남겨놓은 듯한 '성시원의 삶'은 이 시대를 사는 젊은 여성들이 원하는 이상향이자 욕망의 반영이다.

현실에서 실종된 첫사랑을 욕망하다

이렇듯 서로 욕망하는 대상이 다른 <해를 품은 달>과 <응답하라 1997>이지만 공통점 역시 존재한다. 두 드라마에서 대중이 공통으로 욕망한 것은 바로 '첫사랑'이다. <해를 품은 달>과 <응답하라 1997>은 둘 다 첫사랑을 모티브로 삼고 있지만, 그것을 표현하는 방식은 비슷하면서도 다르다. <해를 품은 달>은 짧은 기간 불꽃 같은 사랑을 경험했던 어린 남녀가 이별한 뒤 서로 잊지 못하고 살다 극적으로 다시 만나 재결합하는 과정을 다루었다. <응답하라 1997>에서는 꼬마 때부터 10년 넘게 동고동락하며 지냈던 소꿉친구가 서로의 감정을 깨닫고 이별을 겪은 뒤 다시 만나 연인으로 발전하는 과정을 그렸다. <해를 품은 달>이 찰나의 입맞춤과 같이 뇌리에 박혀버린 첫사랑의 기억에 대한 완성이라면, <응답하라 1997>은 친구이자 가족 같았던 이성이 사랑이었음을 깨달아가는 과정이다. 대중은 두 드라마에서 나타난 첫사랑의 형태 중 한 가지를 취사선택하기보다는 각각을 서로 다른 '첫사랑 욕망 중개자'로 받아들였고, 그것은 드라마 흥행의 원동력이 되었다. 두 드라마를 봄으로써 대중에게 첫사랑은 '이훤과 허연우' 같은 혹은 '성시원과 윤윤재' 같은 첫사랑으로 치환된다.

2012년은 그 어느 때보다도 영상 콘텐츠 분야에서 첫사랑 소재가 많은 사랑을 받은 해였다. 지금까지 논의한 <해를 품은 달>과 <응답하라 1997>과 같은 드라마뿐 아니라 상반기와 하반기 로맨스 장르 최고의 흥행작이 된 영화 <건축학개론>과 <늑대소년> 역시 첫사랑을 전면에 내세운 작품들이다. 이처럼 '순수했던 시절의 첫사랑'을 소재로 삼은 영상 콘텐츠가 강세를 보인 이면에는 '첫사랑이 실종되어버린 현실'이 존재한다. 결혼적령기의 남녀가 지상파 방송에 출연해 평생을 함께할 '짝'을 찾는 프로그램이 인기를 얻는 현실에서, 첫사랑은 이제 드라마나 영화를 통해서만 이룰 수 있는 '판타지'가 되어버렸다. 많은 경우 욕망은 결핍으로부터 생성된다. 첫사랑을 소재로 삼은 <해를 품은 달> 등의 영상물이 대중의 인기를 얻는 현실은, 역설적으로 현실에서의 첫사랑이 결핍되어 있음을 반증해준다.

'모방'이 아닌 '실체'를 욕망하라

지금까지 <해를 품은 달>과 <응답하라 1997>을 대중에 대한 '욕망의 중개자' 측면에서 분석해보았다. 아름다웠던 드라마의 내용이 마치 욕망으로 점철된 것 같아 불편하게 느껴질 수도 있겠지만, 사실 우리의 삶도 이와 다르지 않다. 인간의 삶은 크고 작은 욕망으로 가득 차 있고, 드라마는 그러한 대중의 욕망을 반영해 중개자로서 기능해준다. 주의해야 할 한 가지는 '중개된 욕망'이 가져다주는 달콤함에 빠져 자신의 '실체적 욕망'마저 잊어버리면 안 된다는 것이다. 드라마가 대중에게 중개해주는 욕망은 화려하고 극적이지만 그 본질은 환상에 가까운 '모방 욕망'이다. '모방 욕망'에 지나치게 빠질 경우, 자신이 정말로 욕망하는 것이 무엇인지 깨닫지 못하고 살아가기 쉽다. 따라서 드라마가 주는 '모방 욕망'은 허구의 이야기가 제공하는 극적 카타르시스로서 소비하는 것이 적당하다. <해를 품은 달>의 '이훤'과 <응답하라 1997>의 '성시원의 삶'을 모방해서 욕망하기보다는, 자신의 모자란 부분을 현실적으로 채워줄 수 있는 '실체적 욕망'을 추구하는 삶의 자세가 필요한 이유다.

가작

응답하라, 드라마 부활 코드

단막극 <KBS 드라마 스페셜> 4부작 <보통의 연애>와 MBC <해를 품은 달> 위주로

정성미

드라마 부활 코드: 단막극

한국의 드라마는 현재 미니시리즈, 일일 드라마, 주말 드라마 등으로 미니시리즈는 최소 16부, 일일·주말 드라마는 최대 100부를 넘기도 한다. 그러나 이 틈새에 우리가 잊고 있는 또 하나의 드라마 장르가 있다. 바로 '단막극'이다. 단막극 드라마는 말 그대로 짧은 드라마를 말한다. 짧은 시간 안에 모든 것을 말해주는 이야기, 그것이다.

한국 드라마의 단막극 분야는 생각했던 것보다 유서가 깊다. 한국의 단막극 드라마로는 과거 KBS의 <드라마시티>, MBC의 <베스트극장>, SBS의 명절 특집 단막극 등이 있었다. 특히 KBS <드라마시티>는 무려 1984년에 만들어졌다. 그러나 2000년대에 들어서면서 이 단막극들이 하나 둘씩 폐지되었데, 그것은 그때 이후로 한국의 드라마 시장이 더 이상 작품성을 따지는 시장이 아닌 철저한 자본주의 시장이 되어버렸기 때문이다. 시청률이 곧 광고이며, 광고가 곧 방송사의 수익금이기에 방송사는 시청률이 나오기 어려운, 즉 돈이 안 되는 드라마 장르인 단막극을 폐지하기로 결정했던 것이다.

그렇게 2008년 KBS <드라마시티>를 마지막으로 한동안 단막극 드라마의 침체기를 겪던 중, 단막극으로 데뷔했던 작가들과 단막극을 사랑한 배우들의 주기적인 '단막극 부활' 언급으로, 다행히도 2010년 KBS가 <드라마 스페셜>이라는 프로그램으로 단막극 부활에 시동을 걸었다. 그리고 2010년 그 첫 방송으로 단막극으로 데뷔해 KBS <꽃보다 아름다워>, <굿바이 솔로> 등 주옥같은 작품을 쓴 노희경 작가의 <빨간 사탕>이라는 작품이 선택되었다. 이를 시작으로 <KBS 드라마 스페셜>은 총 24회의 신인, 기성 구분 없이 작가, 연기자, PD들의 다양한 단막극 드라마들이 제작되었다. 기성 작가인 박연선 작가의 미스터리 <무서운 놈과 귀신과 나>, 신인 유난중(윤지희) 작가의 사랑스러운 로맨스 <위대한 계춘빈>, 하무수 작가의 동성애를 다룬 <비밀의 화원> 등 다양한 단막극이 방영되었다. 그리고 그 시점에 상당히 눈여겨볼 만한 일이 일어났다.

바로 <KBS 드라마 스페셜>이 1, 2회성 단막극 형태를 24회에서 잠깐 멈추고, 최대 8부작 단막극인 <KBS 드라마 스페셜 연작 시리즈>로 진화했다는 점이다. 물론 이전에도 MBC <베스트극장>에서 <태릉선수촌>이라는 총 8부작 단막극을 방영한 사례가 있었다. 하지만 2010년 <KBS 드라마 스페셜 연작 시리즈>는 <KBS 드라마 스페셜>이라는 1회성 단막극에서 분리된 형태의 최대 8부작인 '본격적 단막극 시리즈'라고 볼 수 있다. 그렇게 시작된 <KBS 드라마 스페셜 연작 시리즈>는 <락 ROCK 樂> 4부작을 시작으로, 배우 손현주가 출연한 <특별수사대 MSS> 4부작,

미스터리 단막극에 획을 그은 박연선 작가의 학원 미스터리 <화이트크리스마스> 8부작, 사극 장르의 <사백 년의 꿈> 2부작, 신인 배우들이 주인공을 맡았던 <헤어 쇼> 4부작, 액션 장르 <완벽한 스파이> 4부작 등이 방영되었다.

이렇게 다양한 장르의 연작 단막극으로 끝을 낸 <KBS 드라마 스페셜 연작 시리즈>는 방송 내내 좋은 평과 반응을 얻어내며, 현재 시즌 2가 만들어지고 있다. 특히 박연선 작가의 <화이트 크리스마스> 8부작은 반응이 좋아 DVD까지 출시하기에 이르렀다. 이후 현재까지 KBS는 <KBS 드라마 스페셜> 1회성 단막극과 <KBS 드라마 스페셜 연작 시리즈> 4회성 단막극을 번갈아 가며 제작, 방송하고 있다. 그렇게 부활한 KBS의 단막극은 현재 다시금 자리를 잡고 있으며, 다만 아쉬운 점이 있다면, 방영시간이 여전히 일요일 밤 11시 45분이라는 점이다.

작품성 높아도 외면받는 장르: 단막극

TV 방영 시간 중에는 '황금 시간대(prime time)'라고 불리는 시간대가 있다. 이는 시청률이 가장 높아질 수 있는 시간대를 말하는데, 이때가 바로 미니시리즈와 장편 드라마를 방영하는 시간대이다. 하지만 반대로 드라마 방영 시간 중 '시청률이 높을 수 없는 시간대'가 있다. 대체로 황금 시간대 이후의 시간대를 말하며, 현재 단막극을 방영하는 11시 이후의 시간대도 여기에 해당한다. 이런 시간대에 단막극이 편성된 이유는 단막극이 작품성이 아무리 높더라도 방송국에서는 그저 시청률이 낮은 장르에 불과하기 때문이다. 즉, 방송사의 '작품성 지향'이 아닌 철저한 '시청률 지향적 태도'에서 비롯된 것으로 볼 수 있다. 그러나 이 같은 방송사의 과도한 시청률 지향적 편성은 2012년만 하더라도 잘 만들어진 드라마들보다 작품성이 낮은 드라마들이 더 많이 제작, 방송되는 결과를 가져왔다. 결국 케이블(OCN, TVN 등)이 오히려 공중파 3사보다 더 다양한 드라마를 제작한다는, 공중파의 자존심에 금이 가는 소리까지 나오고 있는 상황이다.

이는 어디까지나 작품이 좋든 말든 시청률만 잘 나오면 상관없다는 방송사 태도의 결과인 것이다. 최근 유명했던 '막장 드라마' SBS <아내의 유혹> 작가의 또 한 번의 막장 드라마 SBS <다섯 손가락>을 주말 황금 시간대에 편성한 것만 봐도 알 수 있다. '막장 드라마'라는 키워드는 이런 시청률 지향적 방송사 태도에서 생겨난 것이라 봐도 무방하다.

그러나 이를 수용할 수밖에 없는 시청자로서는 점점 높은 작품성의 드라마에 갈증을 느낄 수밖에 없었다. 드라마의 기본은 이야기(Story)이지, 높은 제작비의 볼거리가 아니기 때문이다. 그리고 이 같은 갈증을 최근 다시 부활한 단막극 <KBS 드라마 스페셜>이 조금이나마 채워주고 있는 것으로 보인다. 단막극 방영 시간대에 단막극 주제가 인터넷 실시간 검색어 상위에 랭크되는 것과 시청자들의 단막극 DVD 출시 청원으로 유추해볼 수 있다. 이것은 단막극의 완성도 높은 구성에 시청자들이 조금씩 매료되고 있다는 것을 뜻함과 동시에 시청자들의 드라마 보는 안목이 전보다 더 전문화되고 있음을 의미하기도 한다.

이에 최근 들어 100억에 가까운 제작비를 투자해 스타 작가, 배우, PD를 쓰는 미니시리즈, 장편 드라마보다 저예산의 신인 작가, 배우, PD를 기용하는 단막극이 '좋은 드라마', '좋은 작품'이라는 평을 듣는 추세이기도 하다. 그 사례를 바로 2012년 초 MBC 20부작 <해를 품은 달>과 잠깐이나마 맞붙었던 <KBS 드라마 스페셜 연작 시리즈>의 4부작 단막극 <보통의 연애>를 통해 볼 수 있었다.

시청률 40% 장편 <해를 품은 달>보다 작품성 200% 단막극 <보통의 연애>

2012년 1월 4일. 당시 MBC와 KBS는 공교롭게도 황금 시간대의 수목 드라마가 동시에 공석인 상태였다. 이에 MBC는 유명 원작소설 <해를 품은 달>을, KBS는 <연애시대>, <화이트 크리스마스>의 박연선 작가가 집필할 <난폭한 로맨스>를 동시에 방영했다.

그러나 MBC 드라마 <해를 품은 달>이 이미 원작소설로 뭇 여성들에게 많이 알려진 상태였으며, 한가인과 김수현이라는 배우들의 화려한 캐스팅이라는 유리함으로 첫 회부터 시청률 18%에 안착했고 그 후엔 40%를 넘어섰다. 결국 KBS <난폭한 로맨스>는 아이돌을 투입하고서도 <해를 품은 달>에 힘 한 번 써보지도 못한 채 <해를 품은 달>이 아직 4회를 남겨 둔 상황에서 먼저 막을 내려야만 했다. KBS로서는 고민에 빠질 수밖에 없는 상황이었다. KBS는 <난폭한 로맨스> 후속으로 준비한 16부작 <적도의 남자>를 그냥 내보낼 것인가, 아니면 MBC <해를 품은 달>의 남은 4부를 마저 피하고 그 후속작인 <더 킹 투하츠>와 정면승부를 해볼 것인가 고민할 수밖에 없었다. 결국 KBS는 MBC의 <해를 품은 달>이 끝나기를 기다리기로 결정하고, <적도의 남자> 대신 MBC <해를 품은 달>의 나머지 4회에 맞서줄 드라마를 찾았다.

때마침 <KBS 드라마 스페셜 연작 시리즈>로 방영하려 했던 단막극 <보통의 연애>가 딱 4부작이었고, KBS는 이례적으로 단막극을 황금 시간대에 편성하는 '꼼수 작전'을 보여줬다. 그 같은 꼼수 작전 덕분에 단막극 <보통의 연애>는 시작도 하기 전에 일명 '땜빵 드라마'라는 말까지 듣는 상황이었다. 그리고 그렇게 본 방송사도 타 방송사도, 심지어 시청자들도 거들떠보지 않을 것 같았던 드라마 <보통의 연애>는 '땜빵 드라마'라는 오명과 함께 첫 회를 방영했다. 그런데 방영 후 예상치 못한 상황이 일어났다. 시청률은 한 자릿수였음에도 네티즌과 시청자의 반응은 뜨거웠던 것이다. 그리고 이내 이어지는 호평 세례로 <보통의 연애>는 일명 '땜빵 드라마'에서 '명품 드라마'로 탈바꿈하고 있었다. <보통의 연애>에 대한 '명품 드라마'라는 극찬은 시청률 고공 행진 중이던 <해를 품은 달>이 16부작이 다 되도록 미처 듣지 못했던 말이기도 해 더욱 묘한 상황이었다.

그렇다면 저예산 단막극인 <보통의 연애>는 어떻게 '명품'으로 탈바꿈해 40% 시청률의 <해를 품은 달>이 받지 못했던 '명품 드라마'라는 극찬을 받을 수 있었던 것일까. 그것은 바로 <보통의 연애>가 단막극이라는 장르를 떠나 작품으로서의 완성도가 높았기 때문이다. <보통의 연애>만의 감성적이고 섬세한 대본과 연기자들의 호연, 이 모든 것을 받쳐주는 PD의 연출력, 이 3박자 덕분에 <보통의 연애>는 시청률 지향적 시각에서 벗어나 독자적인 '명품 드라마'라는 극찬을 받을 수 있었던 것이다.

또한 같은 시간대의 MBC <해를 품은 달>이 시청률은 높았으나 작품성이 높지 못했던 것도 이에 일조한 것으로 볼 수 있다. 당시 MBC <해를 품은 달>은 40%가 넘는 시청률에 육박하긴 했으나 회를 거듭할수록 작품 구성력이 떨어지면서, 상품성은 여전히 높았지만 작품성은 점점 떨어져가고 있었다. 즉, MBC <해를 품은 달>은 로맨스 사극 드라마이긴 했지만, KBS 로맨스 사극 <공주의 남자>가 될 수 없는, 말하자면 '무속신앙 로맨스 퓨전 중구난방 사극'이라는 말이 어울릴 정도가 되어버린 것이다. 이는 <해를 품은 달>의 진수완 작가가 원작의 딜레마에 빠졌기 때문으로 보고 있다. 그 때문에 <보통의 연애>와 달리 개연성 없는 이야기 구조와 균형이 맞지 않는 배우들, 쫓기는 듯한 연출로, <해를 품은 달>은 시청률은 높았지만 작품성이 낮아 상대적으로 <보통의 연애>의 작품성이 눈에 띌 수밖에 없었던 것이다.

따라서 단막극 <보통의 연애>는 새로운 드라마를 원하던 시청자와 막바지쯤 지루해진 <해를 품은 달>의 시청을 거의 포기한 소수의 시청자의 결합이라고 볼 수 있다. 비록 이 같은 소수 시청자로 <보통의 연애>는 시청률이 높지 않았지만 일명 마니아층을 형성했고 인터넷을 통해 입소문이 퍼지기 시작했다. 그리고 단막극에선 이례적인 DVD 청원 서명도 이어져 제작 출시까지 했다. 이는 저예산 단막극임에도 높은 예산의 미니시리즈보다 더 잘 만들었다면, 높은 예산의 단막극을 만들 경우에는 시청률 면에서도 미니시리즈나 장편 드라마에 결코 지지 않을 수 있다는 것을 의미하기도 한다. 그렇다면 단막극인 <보통의 연애>는 어느 정도 깊이의 작품이기에 시청률은 낮았지만 MBC의 <해를 품은 달>에 기죽지 않는 드라마가 되었을까.

KBS 단막극 <보통의 연애>: 나는 명품이로소이다

<보통의 연애>는 4부작 단막극이었기에 큰 제작비도, 스타도, 유명 작가도, 유명 PD도 없었다. 그럼에도 시청자들이 이 드라마를 '명품 드라마'라고 부른 이유는 뭘까. 바로 여운이다. 끝이 나도 한동안 남는 그것. 그리고 이 여운을 완성시키는 것은 '유명한 구성'이 아닌 '완성도 높은 구성'이다. 완성도 높은 대본과 캐릭터 소화력 높은 배우, 감각적 연출. <보통의 연애>는 4부작임에도 이 모든 것을 충족시켰고, 이에 '명품 드라마'라 불리게 된 것이다.

특히 대본 깊이가 참 새롭다. 드라마 <보통의 연애>는 7년 전 살인사건

의 용의자로 아버지가 지목된 이후 정지된 삶을 살고 있는 그의 딸 윤혜와 그 살인사건의 피해자 동생 한재광의 이야기이다. 한마디로 가해자의 딸과 피해자의 동생 사이의 사랑 이야기인 것이다. 즉, 드라마 <보통의 연애>가 말하는 보통의 연애란, 보통 사람들 누구나 하는 '연애'라는 것이 어떤 이들에게는 '보통'이 아닌 '어려움'일 수도 있다는 뜻이다. 그러나 여기서 눈여겨볼 것은, '보통 사람들 다 하는 연애'라는 것에 대해 '남녀'에 한정하지 않고 사회에서 소외받는 동성애에도 해당된다는 스펙트럼이다. 이는 '보통의 연애가 어려운 사람들'이라는 주제가 남녀 간의 사랑에만 해당할 것이라는 고정관념을 깨뜨리는 설정이다. <보통의 연애>를 할 수 없는 남녀가 메인이지만, 서브 이야기로 남자주인공 재광의 죽은 형 재민이 사실 동성애자였으며, 어머니의 반대로 사랑하는 남자와 도피하려다 죽었다는 설정에서 볼 수 있다. 즉, <보통의 연애>에서의 '보통'과 '연애'는 그 대상이 여성, 남성임에 국한하지 않고 '사람'이라는 것에 넓게 맞춘 것이다. 주제에 대해 생각지도 못했던, 고정관념을 벗어나는 발상이다.

이런 깊은 주제에 맞춰 배우들 또한 캐릭터를 잘 소화해냈다. 주인공부터가 정지된 삶을 살아가는 살인자의 딸 윤혜 역과 피해자의 동생이면서 가해자의 딸을 사랑하는 재광 역으로 연기하기 다소 어려운 인물이다. 다행히도 여주인공은 영화 <혜화, 동>에서 섬세한 연기로 극찬을 받은 배우 유다인이 맡았으며, 형을 살해한 남자의 딸을 사랑하게 되는 복잡한 감정을 표현해야 하는 남주인공 역은 신인 배우 연우진이 맡아 잘 소화해냈다. 두 사람은 서로를 사랑하게 되는 복잡 미묘한 내면 연기를 섬세하게 표현해내면서 시청자들을 극에 빠져들게 만들었고, 일명 '예쁜 드라마'라는 칭호까지 얻게 만들었다.

물론 이런 예쁜 드라마라는 칭송을 받은 데는 연출자 김진원 PD의 연출력이 큰 역할을 했다. 김진원 PD는 신인임에도 그만의 영상과 배열, 섬세한 연출력을 보여줬다. 이런 그의 서정적이고 감각적인 연출은 시청자들의 호평을 얻어냈고, <보통의 연애>를 '땜빵 드라마'에서 '명품 드라마'로 탈바꿈하는 데 일조를 했다. 그는 조연출과 단막극 연출로 쌓아온 내공을 첫 4부작 <보통의 연애>에서 유감없이 발휘했다. 김진원 PD는 2010년 KBS <드라마 스페셜 마지막 후뢰시맨>이라는 단막극으로 이달의 PD상을 수상하기도 했으며, 단막극 <보통의 연애>의 감각적 연출을 계기로 KBS 수목드라마 <세상 어디에도 없는 착한 남자>의 단독 PD로 미니시리즈에 입성하게 되었다.

이처럼 작가의 완성도 높은 대본과 연기력이 좋은 배우, 감각적인 연출력의 PD가 만나 그들만의 높은 완성도와 높은 작품성의 품격을 보여주었다. 더불어 <보통의 연애>라는 작품을 그저 4부작 단막극이 아닌, 단막극이라는 장르를 떠나 하나의 작품으로 인식되게 만들었다.

앞으로의 단막극 가치

이처럼 완성도 높은 작품을 저예산으로 최소 1회에서 최대 8회 분량으로 만들어낸다는 점에서 단막극은 그에 상응하는 가치와 평가를 받아야 마땅하다. 그런 면에서 방송사는 무조건적인 자본주의적 방송을 자제하고 단막극에 대해 다시 한 번 고찰하는 반성이 필요하며, 시청자는 드라마에 대한 무차별적이고 무분별한 수용태도를 과감히 버리는 자세가 필요하다.

우리는 현대를 '스토리텔링(Storytelling) 시대'라고 부른다. 그런 면에서 단막극은 드라마 장르 중 가장 중요한 스토리텔링의 장이라고 할 수 있다. 한 회마다 구애받지 않고 장편보다 훨씬 더 자유롭게 여러 소재의 이야기를 들려주기 때문이다. 그러므로 이런 단막극을 억압하는 것은 이야기(Story)를 억압하는 것과 같으며, 이는 곧 이야기가 기본인 드라마에 정체기를 가져올 것이다. 한마디로 단막극은 방송사, 시청자가 생각하는 것 이상으로 큰 가치를 가진 드라마 장르 중 하나이다.

입선

실제적인 삶의 메타포로서의 진부함과 반전 그리고 카타르시스

SBS 추석 특집극 <가족사진> 비평

김버들

TV 속 명절 증후군

언제나 명절이 되면 각 방송사에서는 이른바 명절 특집 프로그램을 편성한다. 예능 프로그램에서부터 드라마, 심지어 뉴스에 이르기까지 온통 명절 이야기다. 이런 TV 덕분에 '아, 오늘이 명절이구나!' 하고 깨닫기도 한다.

하지만 명절 때마다 '신 나는 TV'와는 달리 현실 속의 명절은 점점 진부해진다. 어느 순간부터 명절은 쳇바퀴처럼 반복하는 일상이 며칠간 정지되는 기간 그 이상도 이하도 아니게 되어버렸다. 오히려 수험생은 수험생 나름대로, 가정주부는 가정주부 나름대로, 취업 준비생이나 결혼 적령기에 이른 이들은 그들 나름대로 명절 스트레스라는 것을 경험해야 하는 것이 오늘날의 흔한 풍경이다.

그리고 TV에 비치는 명절의 모습들 역시 대개가 천편일률적이거나 윤색된 경우가 많다. 언제부터인가 명절만 되면 아이돌의, 아이돌을 위한, 아이돌에 의한 예능 프로그램 일색이고, TV 뉴스에서 보여주는 기다란 귀성행렬의 모습은 안 보면 허전할 정도로 당연한 것이 되어버렸다. 또한 명절 특집극 역시 다소 현실과 괴리된, 식상한 가족 드라마들뿐이다. 마치 TV 프로그램도 명절 증후군을 앓고 있는 듯한 느낌이다.

드라마, 인스턴트적인 문화 소모품? 혹은 진실을 담은 예술적 창작물?

이제는 굳이 TV가 아니더라도 우리가 시간을 보내고 즐길 수 있는 수단은 얼마든지 있다. 즉, 예전에 TV가 담당했던 몫을 데스크톱 PC, 태블릿 PC, 스마트폰 등의 단말기들이 나눠 갖게 된 것이다. 게다가 영화는 물론이고 뮤지컬이나 연극 같은 온갖 문화 공연 역시 대중화된 지 오래다. 그렇다면 이러한 분업화된 현실 속에서 천편일률적인 TV 프로그램 편성은 '선택과 집중'이라는 나름 현명한 방식이라고 보아야 하는 것일까? 어차피 자본주의 사회에서 투자가 필요한 모든 활동은 이윤 획득을 목적으로 하는 것이니 말이다.

공중파 TV 3사 외에 크고 작은 수많은 케이블 방송, 종편 방송 등 다양한 채널이 오늘날의 TV 방송을 구성하고 있지만 정작 드라마 프로그램의 유형은 매우 한정되어 있다. 요즘은 케이블 방송에서도 자체 제작한 드라마를 종종 선보이고 있지만, 아직은 대다수가 미드를 위주로 드라마 시간대를 편성하거나 공중파에서 이미 제작된 작품을 재방송해주는 것이 대부분이다. 종편에서도 나름대로 자체 제작한 작품들을 선보였지만 사실상 흥행에 실패했다. 이런 이유로 아직 국내 드라마 프로그램이라 하면 공중파에서 방영하는 작품들이 주를 이루고 있다. 이러한 상황 때문인지는 몰라도 국내에서 제작된 TV 드라마의 유형은 지극히 한정되어 있다.

영화가 흥행에 성공하기 위해서는 몇 가지 조건이 필요하다는 것은 익히 알려진 사실이다. 스타, 로맨스, 블록버스터급의 스펙터클, 반전 등이 그것이다. 이러한 조건들은 사람들의 소비 욕구로 지탱되는 자본주의 사회에서 언제나 가장 강한 자극제가 되는 요소들이다. 그리고 이런 요소들은 비단 영화뿐만 아니라 드라마 제작에도 그대로 적용된다. 즉, 스펙터클한 박진감을 살린 사극 액션, 아름다운 남녀 주인공의 로맨스, 그리고 자연스럽기도 하고 혹은 억지스럽기도 한 반전이 요즘 드라마의 정석 아닌 정석이다.

물론 이런 내용이 꼭 나쁜 것만은 아니다. 점점 삭막해져 가는 삶 속에서 잠시나마 달콤한 꿈속으로 빠져들고 싶은 사람들에게 이런 유형의 작품들은 휴식처 혹은 활력제가 될 수도 있다. 문제는 요즘 드라마 대부분이 이런 유형의 작품들에만 너무 치우쳐 있다는 것이다.

개연성이 없는 소설은 말 그대로 단지 픽션일 뿐이라는 것은 상식이다. 그리고 이는 단지 소설에만 해당되는 건 아닐 것이다. 스토리텔링과 서사를 기본으로 하는 모든 작품은 개연성을 바탕으로 이루어져야만 진실을 담을 수 있게 되고, 보고 읽는 이들로 하여금 감동을 느끼게 할 수 있다. 소비자의 대리 만족 심리와 신데렐라 콤플렉스, 온달 콤플렉스를 충족시키는 것에만 치중한 작품은 결코 좋은 작품이 될 수 없고, 인스턴트적인 문화 소모품에 그칠 뿐이다.

이러한 점에서 SBS 추석특집 2부작 <가족사진>은 매우 의미 있는 작품이었다. 드라마가 시작될 때부터 끝까지 이렇다 할 스타도 등장하지 않고, 아름다운 로맨스도 없으며, 그 어떤 스펙터클도 없다. 그러나 반전에서 여타 드라마보다 많은 의미를 담고 있는 이 작품은 픽션이나 스토리텔링이라기보다는 차라리 현실에 가까운 블랙 코미디다.

진부하지만, 진부하기에 현실의 이야기: 삶의 씁쓸한 파토스

우리는 자신이 살아가는 인생이 결코 아름답지 않다는 것을 몸소 체험하며 살아간다. 드라마 속에서는 그렇게 쉽게 이루어지는 멋진 신분상승이나 화려한 결혼 그리고 달콤한 사랑이나 행복도 실제의 삶에서는 숱한 시행착오와 좌절 그리고 부단한 노력을 통해 이루어야만 할 것들이다. 하지만 운명은 늘 우리의 편에 있는 것이 아니기에 아무리 노력을 해도 어긋나기만 하는 인생들도 많다. 이러한 씁쓸한 파토스를 투박하게 담는다고 해서 그것의 작품성이 떨어지는 것일까? 오히려 이런 삶의 고통을 윤색하지 않고 담아냈기에 어떤 카타르시스가 느껴지는 것은 아닐까? 마치 모파상(Guy de Maupassant)의 작품들이 지나치게 사실적이고 물질적이어서 역설적으로 강한 고독과 불안을 담고 있는 것처럼 말이다.

아내의 암투병과 실직에 따른 자식들의 방황, 가족 간의 대화 단절로 인한 오해 등은 사실 매우 상투적인 소재임에 틀림이 없다. 그럼에도 이는 대한민국에서 한 집안의 가장으로서, 어머니로서, 자식으로서 사는 사람이라면 대부분 겪었을 갈등의 한 양상일 뿐이다. 그렇기에 진부해도 언제나 현실에 가까운 이야기이며, 그래서 언제나 이야기 소재로서 가치를 지닌다.

이 드라마는 이런 진부해 보이는 소재를 가지고 처음부터 끝까지 이야기를 끌고 나간다. 갑작스러운 실직과 아내의 시한부 선고 사실을 알고 괴로워하던 한 가장이 가족들을 살리기 위해 자신을 희생한다는 것이 이 드라마의 커다란 줄거리이다. 하지만 이 드라마의 핵심은 여기이 있지 않다. 이 작품의 진면목을 보기 위해서는 이 중심 줄기보다는 그 줄기를 중심으로 만들어 주는 주변 가지들에 주목해야 한다. 그리고 이 주변 가지들은 몇 가지의 반전이라는 형식으로 그 존재감을 드러낸다.

반전들 속에 반영된 현실의 시험적 딜레마

이미 언급했듯이 이 작품은 소재 자체가 진부하다는 한계를 가지고 있다. 그리고 이러한 한계 때문인지는 몰라도 이야기의 진행은 주로 반전을 통해 이루어진다. 하지만 이러한 두 이질적 요소의 결합은 의외로 성공적으로 이루어져 소재의 진부함이 반전이라는 형식을 통해 잘 극복되고 있다. 심지어 그 결과로 좀 더 현실에 가까운 진실성을 내포하게 되었다. 자신을 이용한 늙은 노숙자에 대한 분노를 위장 죽음의 희생물로 이용했다는 반전. 위장 죽음의 의식을 치른 후, 진짜 죽은 것처럼 세상에서 자취를 감춘 아버지가 실은 언제나 가족들 가까이에서 맴돌고 있었다는 반전. 그리고 그런 잔혹하면서도 슬픈 범죄가 실은 자신을 속인 세상과 노숙자에 대한 분노로 인한 우발적인 것이 아닌, 아버지와 외할머니의 치밀한 계획하에 이루어진 것이라는 반전. 이러한 반전들은 이야기의 각 마디의 매듭이 되어 전체적인 스토리를 구성하고 있다.

개중에는 소재가 진부하니 구태여 반전들을 곳곳에 배치해 이야기를 억지스럽게 끌어갔다고 여기는 이들도 분명히 있을 것이다. 사실 그런 면이 없지 않아 있기 때문에 이런 의견들이 틀렸다고 할 수 없다. 하지만 더 중요한 것은 소재와 형식의 투박함에도 바로 이런 요소들로 이야기의 진실성이 돋보인다는 점이다. 만일 그 노숙자가 살신성인 정신을 발휘해 자신의 가짜 동생을 위해 스스로의 목숨을 버리는 지점에서 이야기가 끝을 맺었다면, 이는 눈물 나는 아름다운 이야기일 수는 있지만 결코 현실적인 이야기일 수는 없다. 왜냐하면 심성은 착하지만 어리숙한 인생의 패배자가 자신에게 베풀어진 따뜻한 사랑에 감동해 그 은혜를 갚기 위해 자신을 희생한다는 것처럼 평면적이고 현실과 괴리된 캐릭터는 없기 때문이다. 우리의 삶은 언제나 선과 악이 동전의 양면처럼 공존하고, 생존을 위해 혹은 다른 뭔가를 위해 우리는 언제나 결단을 내려야만 한다. 이러한 딜레마, 이러한 끊임없는 시험(trial)이야말로 우리의 현실이자 삶의 비극이다.

그렇기에 이 작품 속에서 끊임없이 보이는 반전들을 결코 억지스럽다고만은 말할 수 없다. 왜냐하면 우리가 경험하는 이러한 딜레마적인 현실이 바로 극 속에서는 반전이라는 형식을 통해 반영될 수 있기 때문이다. 실제로 이 드라마를 보면 이러한 반전들을 통해 주인공이 한 집안의 가장으로서 모든 결단의 무게를 스스로 짊어진 평범한 인간이라는 점을 알 수 있다. 선을 위해 악을 계획하고 행하면서도 그 악행의 무게를 양심의 저울에 담아 평생을 고통스럽게 사는 인간. 자신의 악행 때문에 괴로워하면서도 그러한 희생으로 가족들이 편안하게 살아가는 것을 보며 행복해하는 선한 아버지. 그것은 현실 속 우리의 모습과 너무도 닮았다.

카타르시스, 그 역설적 힐링

이 역시 진부한 이야기지만 아리스토텔레스(Aristoteles)는 『시학』에서 비극의 효과는 그것이 지닌 카타르시스에 있다고 했다. 즉, 비극 속에 반영된 진실을 거리를 두고 봄으로써 공감을 바탕으로 한 일종의 정화의 감정을 느끼게 된다는 것이다. 그리고 이 감정은 마치 배설감과도 같은 환기의 기능을 가지고 있는데, 이는 역설적으로 쾌감과 같은 것을 불러온다. 그렇다면 이러한 카타르시스적 감정 역시 힐링이라고 부를 수 있지 않을까?

이 작품의 결말은 결코 해피엔딩이라고는 볼 수 없다. 물론 죽을 때가 다 되어서라도 가족들을 다시 만나고, 자식들과 오해도 풀며, 딸의 결혼식에까지 참석해 끝까지 아버지로서의 역할을 다하는 것은 비교적 행복한 결말이라고 할 수 있다. 하지만 아무 말도 못하고 제대로 움직이지도 못한 채 휠체어에 앉아 있는 주인공의 모습에서 자신에게 주어진 삶의 업을 다 끝낸 뒤의 홀가분함 같은 것은 전혀 찾아볼 수 없다. 오히려 고통의 무게만 더욱 무겁게 그를 짓누르고 있을 뿐. 하지만 세상 속에서 누군가와 함께 산다는 것은 다 그러한 것이 아닌가? 누군가의 행복을 위해서는 반드시 다른 누군가의 희생이 필요하다. 잔혹하지만 이는 모든 유기체가 사는 세상의 법칙이며, 사랑의 다른 모습이다.

이 드라마는 늙은 주인공의 슬픈 잿빛 눈을 통해서 이런 깨달음을 우리에게 상기시켜준다. 그리고 이때 느끼게 되는 감정은 공감을 바탕으로 한 것이기에 카타르시스와 닮았다. 이런 공감과 정화는 때로는 잔혹하고 쓸쓸하며 삭막한 현실을 사는 우리에게 나와 남이 서로 닮았다는 일종의 연대감을 느끼게 해준다. 진부한 소재의 그렇고 그런 이야기라는 것을 알면서도 결국에는 눈물을 펑펑 흘리며 볼 수밖에 없는 바로 그런 감정, 즉 비극의 힐링 효과인 것이다.

투박하지만 진실한 삶의 무게를 담은 이야기

밀란 쿤데라(Milan Kundera)의 『참을 수 없는 존재의 가벼움』을 보면 다음과 같은 인상적인 구절이 나온다.

> 가장 무거운 무게는 우리를 짓눌러 압사케 한다. 우리를 땅바닥에 압착시킨다. 하지만 어느 시대나 사랑의 서정시에서 여자는 남자의 육중한 무게를 동경한다. 따라서 가장 무거운 무게는 동시에 가장 집약적인 삶의 충족 이미지다. 무게가 무거우면 무거울수록 우리의 삶은 더욱더 땅에 가깝다. 그것은 더욱더 실제적이고 참된 것이 된다.[3)]

이때의 무거운 무게란 언제나 책임과 도덕적 결단의 시험을 견뎌야만 하는 우리의 삶을 의미하는 메타포이다. <가족사진> 속에 등장한 중심인물들 역시 이러한 인생의 시험 속에서 어떻게 해서든지 자신에게 주어진 책임, 의무를 다하려 하는 우리 자신들의 모습이다. 그렇기에 아무리 소박하고 투박한 방식이어도 그것이 이 작품이 전달하는 진실성을 가리지는 못했던 것이다. 또한 어쩌면 그런 투박한 방식 자체가 우리가 시행착오를 반복하며 삶을 살아가는 방식과 닮아 있는 것인지도 모르겠다.

세련된 영상, 화려한 의상과 스타, 박진감 넘치는 스펙터클까지, 눈이 즐거운 작품들은 많다. 귀로 듣는 음악마저도 뮤직비디오라는 비주얼에 의해 흥행이 결정되다시피 하는 세상이니 이는 어쩔 수 없는 대세이다. 그리고 이러한 트렌드가 창조하는 여러 부가가치나 예술적 가능성 역시 이 시대에 필요한 요소임을 부정할 수 없다.

그래도 가끔은 <가족사진>처럼 우리의 현실을 그대로 보여주는 소박한 작품이 필요하다. 왜냐하면 무조건적인 환상보다는 진솔함에서 더 큰 위안을 얻는 시청자도 많기 때문이다. 그리고 온 가족이 오랜만에 모여 앉아 얼굴을 맞댈 수 있는 명절이야말로 이런 위안의 효과를 던져주기에 더

---

3) 밀란 쿤데라, 『참을 수 없는 존재의 가벼움』, 송동준 옮김(민음사, 1996), 11쪽.

효과적이지 않은가. 진부한 듯한 드라마를 통해 명절의 진부함을 잠시나마 잊을 수 있었던 즐거움. 이것이 가능했던 <가족사진>은 시의적절하며 성공적인 작품이었다는 생각이 든다. 무엇보다 <가족사진>을 통해 공명하는 삶의 진실성이 시청자를 따뜻하게 안아주었다. 힐링이 대세라지만 위안의 생명력은 역시 진실성에 있지 않던가.

입선

실한 웃음과 실없는 웃음

MBN <시사콘서트 정치in>에 바란다

김성준

1. 말(馬)과 말(言) 사이

고대 아테네에 전운이 감돌았다. 모두 공포에 떨었다. 어느 정치인이 시민들에게 말했다.

"전쟁에서 승리하기 위해서는 힘을 합해야 합니다. 우선 저에게 전권을 일임해주십시오. 권력이 분산되면 힘을 집중할 수 없습니다."

시민들은 그의 말에 수긍했다. 이때 한 연설가가 나서서 우화 하나를 들려주었다.

"늑대가 호시탐탐 말을 노렸습니다. 겁에 질린 말은 다리를 쭉 뻗고 잘 수도 없었지요. 그때 인간이 말에게 다가가 속삭였습니다. '너는 빠르고 나는 무기를 쓸 수 있다. 나를 등에 태워다오. 힘을 모아 늑대를 잡자. 그러기 위해선 우선 너의 눈을 가려야 한다. 넌 겁이 많으니까.' 결국 말은 그 제안을 받아들입니다. 다행히 늑대는 잡혔지요. 하지만 늑대를 잡은 후에도 사람은 말안장에서 내려오지 않았습니다."

전쟁을 빌미로 권력을 잡으려던 정치인의 계략이 실패하는 순간이다. 그는 말에게 눈가리개를 하듯 시민의 눈을 가리려 했다. 더 나아가 안장을 채워 시민 위에 올라앉으려고 했다. 연설가는 웅변으로써 아테네의 민주주의를 지켜낸다.

이처럼 말 한마디에 천 냥 빚을 지기도 하고 갚기도 한다. 특히나 민주주의를 정체로 삼는 사회라면 말 한마디로 인기를 얻기도, 나락으로 추락하기도 한다. 이른바 인기 논객의 굴기가 그렇고, 망언으로 몰락한 정치인이 그렇다. 민주주의는 다원화된 가치 속에서 타협점을 지향한다. 타협의 매개가 되는 게 바로 대화와 설득이다.

상대의 말을 어떻게 수용하느냐에 따라 시민은 우화 속의 말(馬)이 될 수도 있다. '국가를 위하여', '위기 타개를 위하여', '선진국이 되기 위하여', '국민을 위하여'처럼 우리는 숱한 '위하여'를 들어왔다. 마치 건배 제의 같은 '위하여'의 레퍼토리에 취해 우리는 얼마나 비틀거리며 '말춤'을 추었던가.

정치의 계절을 맞아 이런저런 말이 쏟아지고 있다. 워낙 많은 담론과 논쟁과 진단이 쏟아지다 보니 마치 언어의 인플레이션이 발생한 것 같다. 그 말이 저 말이고 저 말이 그 말인 상황에서 어느 게 진짜인지 도통 분간하기 어렵다.

물론 전문가의 날카로운 진단은 유권자로 하여금 올바른 판단을 하도록 도울 수 있다. 이른바 정치평론가들은 정치의 현주소와 정치인을 비평함으로써 정치평론의 외연을 다진다. 민주주의는 올바른 담론 위에서 정초될 수 있다는 점에서 이들의 활약은 환영할 만하다. 그러한 반가움에서 <시사콘서트 정치in>을 살펴본다.

2. 박사가 웃어?

<시사콘서트 정치in>은 사회자 고성국을 중심으로 네 명의 패널이 토론을 벌인다. 그런데 조금 이상하다. 누구 하나 박사 아닌 사람 없고, 무슨 연구소 소장 아닌 사람도 없다. 그런데 이런 점잖은 분들이 키득거린다. 상대가 실수하면 말꼬리를 잡고 키득키득 웃는다. 실수한 패널은 어눌한 말투로 대충 얼버무리며 후딱 지나가려 한다. 사회자 고성국은 사람 좋은 품을 띠며 껄껄 웃는다. 그러면 스튜디오에는 한바탕 왁자지껄 소란스러운 웃음이 지나간다. '가방끈 긴 사람'이라기보다는 옆집 아저씨나 앞집 아주머니 같다. 엄숙함은 오간 데 없고 어째 허술하고 만만해 보인다. 정치적 입장도, 지지하는 후보의 차이도, 눈을 흘겨야 하는 의견대립도 웃음 앞에서는 무력화된다.

정치를 논하면서 웃는다? 뭔가 어색하다. 뉴스나 신문은 늘 정치 소식부터 전한다. 시민들이 매스컴을 접하자마자 눈살을 찌푸려야 하는 이유다. 하지만 <시사콘서트 정치in>은 마치 명절날 장터처럼 활기찬 소란으로 그득하다. 정치를 이야기하고 들으면서도 웃을 수 있는 여유, 심각하고 살벌한 정치 이야기조차도 충분히 재미있을 수 있다는 발상의 전환. 이게 불가능한 상상이 아니었음을 <시사콘서트 정치in>에서 발견한다. 물론 웃음을 코드로 시사를 논하는 프로그램은 많다. 주로 사회자와 출연자가 일대일로 허심탄회하게 대담을 나누는 경우가 그렇다. 그러나 첨예한 의견대립 속에서도 웃을 수 있는 여유를 확보했다는 점에서 <시사콘서트 정치

in>의 성취는 귀하다.

예컨대 이런 식이다. 고성국이 묻는다. "A후보가 PK 민심을 확보하려면 어떻게 해야 할까요?" 패널1이 답한다. "수도권 민심부터 잡아야 합니다." 고성국이 고개를 갸우뚱하며 되묻는다. "지금 PK 민심 얘기하는데요?" 살짝 당황한 패널1이 수습한다. "수도권에서 지지율이 올라가면 PK 민심도 반등할 수 있다는 말씀입니다." 그러자 패널2가 배시시 웃으며 패널1을 공격한다. "평론을 수준 있게 해야지!"

만약 이 똑같은 대화가 기침 소리조차 부담스러운 여타 토론장에서 나왔다면 어찌 되었을까? 패널2가 '수준' 운운을 하자마자 분위기가 급랭될 것이다. 그러나 <시사콘서트 정치in>은 다르다. 패널2가 수준을 갖추라고 웃으며 질타하자마자 모두 배꼽 잡고 웃는다. 사회자도 웃다가 말문이 막힌다.

'박사님'들의 농담과 웃음을 어떻게 봐야 할까? 실은 그들도 오래전부터 웃고 싶었던 건 아닐까? 사람은 누구나 웃고 싶어 한다. 웃음은 행복이라는 추상적 기분이 시각과 청각으로 구체화되는 하나의 표징이다. 상대의 웃음을 발견할 때 비로소 나도 웃을 수 있는 이유다. 링컨은 "사람은 자신이 행복해지기로 마음먹은 만큼 행복해진다"고 했다. 유쾌하게 진행되는 <시사콘서트 정치in>은 이미 시작부터 웃음기를 머금고 있는 셈이다. 그래서 인지 짜증스러운 정치 이야기가 이상하게도 재밌어진다.

3. 실한 웃음과 실없는 웃음의 차이

웃음의 존재는 행복의 가능성을 암시할 수 있다. 그러면 '웃기는' <시사콘서트 정치in>은 우리를 행복하게 해주는 프로그램일까? 심리학에서는

'주관적 웰빙(subject well-being)'을 세 가지 요소로 구성한다는 데 대체로 동의한다. 만족감, 긍정적 감정의 존재, 부정적 감정의 부재가 그것이다. 이 이론대로라면 <시사콘서트 정치in>은 두 가지 요건을 얼추 만족시킨다. 패널끼리 낯을 붉히지도 흥분하지도 않으니 시청자는 부정적 감정을 느낄 필요가 없다. 전문적인 해설과 예견을 하되 쉬운 전달력에 웃음을 버무렸으니 긍정적 감정도 존재한다. 그러나 문제는 만족감이다. 다 좋은데 만족할 수가 없으니 이 웃음이 실한 웃음인지 실없는 웃음인지 난감하다.

사회자는 패널들에게 질문을 던지며 OX를 들라고 요구한다. 시청자는 토론 프로를 보면서 부지불식간에 그 토론에 참여하는 경향이 있다. 자신과 비슷한 논지를 펼치는 패널을 응원하고, 그 반대의 경우는 비판한다. 그런데 사회자는 OX를 요구함으로써 패널은 물론이고 시청자까지 당황하게 한다. 가령 이렇다. "A후보의 지지율이 최근 떨어졌습니다. B라는 문제 때문일까요? OX를 들어주세요." 부부 사이의 문제도 OX만으로 진단하기는 어렵다. 하물며 복잡다단한 선거라면 말할 것도 없다. A후보가 지지율이 떨어진 건 사실이고, 그게 표면적으로는 B라는 문제 때문일 수는 있다. 그런데 B라는 문제가 A후보의 지지율을 떨어뜨린 건 반대진영의 집요한 마타도어(Matador) 탓일 수도 있다. 이런 경우에는 OX 중 어느 것을 들어야 하나? 그래서인지 패널들은 OX를 들 때마다 쭈뼛쭈뼛 망설인다. 사회자는 녹화시간을 의식해서 둘 중의 하나만 들라고 재촉한다. 패널들은 하는 수 없이 하나를 택하고는 그에 대해 장황하게 해명해야 한다. 정치란 것 자체가 명쾌하지 않으니 정치평론이 필요하다. 그런데 OX는 애초에 명쾌할 수 없는 문제를 지나치게 단순화시킨다. 정치평론에 의한 정치평론에 대한 자해가 아니고 무엇일까. 정치평론이 실없어지는 순간이다.

OX에서 한 방 얻어맞은 시청자는 이제 토끼가 되어야 한다. 패널들은 희희낙락하며 '가볍게' 말한다. 집토끼가 어떻고, 들토끼가 어떻고, 산토끼가 어떻다는 식으로. 정치인이 아닌 시청자를 위한 프로그램이 정작 시청자를 토끼 취급하네? 시청자가, 유권자가 토끼몰이하듯 이리 몰면 이리 오고, 저리 몰면 저리 가는 수준밖에 되지 않는가? 말은 인식의 표출이다. 유권자를 토끼에 비유하는 그 인식의 저변에는 '박사급' 오만함이 깔려 있지는 않은가? 민주주의는 민주(民主)할 때의 그 민주를 쓰지 민주(民走)가 아니다. 그럼에도 우리는 토끼처럼 이 후보 저 후보 사이를 달리는 존재로 전락한다. 가뜩이나 사는 게 힘들어 '힐링'이 유행하는데, 뛰기조차 해야 하는 건 버거운 일 아닌가. 웃음은 많지만 정작 실한 웃음이 아니라 실없는 웃음. 그 허탈한 웃음 속에서 시청자는 실소를 찡그린다.

4. 평론 말고 평가

유력 대선 후보들은 재래시장도 가고, 인력사무소도 가고, 노량진 길에서서 2,500원짜리 '컵밥'도 먹는다. 의도가 빤하다고 생각은 하면서도 막상 만나보면 반갑다. 싫어하던 정치인이라 해도 악수하고 인사 나누면 싫지만은 않다. 검은 대형 세단만 타고 다닐 것 같은 '높으신 양반'이 서민 냄새 풀풀 풍기는 장바닥까지 행차하는 걸 보고 우리는 통쾌함을 느낀다. "그래, 너희가 아무리 잘나 봐야 결국 표는 우리가 주잖아. 우리에게 잘 보여야지."

한데 <시사콘서트 정치in>의 콧대는 유력 대선 후보들보다 더 높은 듯하다. 스튜디오 안에서 서민을 발견한 적이 없다. 패널들의 열띤 논쟁은 어디까지나 정치인들의 입장을 중심으로 돌아간다. 이렇게 하면 A후보가 유리하다, 저렇게 하면 B후보가 불리해진다라는 식으로. 이렇게 하면 서민이 유리하다, 저렇게 하면 서민이 불리하다라고 말해주는 패널은 드물다.

대통령 선거의 궁극 목적은 시민의 행복이다. 후보를 위해 우리가 존재하는 게 아니라 우리를 위해 후보가 존재한다. 정치평론 역시 시민이라는 절대적 가치에 종속될 뿐이다. 그러나 허름한 잠바 차림의 아저씨도, 뽀글뽀글 파마머리의 아주머니도 출입엄금이다.

패널들은 입버릇처럼 '소통'을 강조한다. 정치의 생명은 소통이라고 힘주어 말한다. 그런데 정작 본인들은 서민과 소통하지 못한다. 정치, 경제, 안보, 복지 등 굵직한 사안은 논하면서도 서민에게 직접 듣지는 않는다.

삶에 지친 아저씨가 굵은 이마 주름을 움찔거리며 이런저런 걱정 좀 털어놓으면 안 될까? 김밥집에서 하루에 김밥 수백 개를 말고도 자식 과외비로 다 나가야 한다는 아주머니의 푸념 좀 들어주면 안 될까? 다소 두서없는 하소연이 될지라도 이런 게 진짜 서민의 목소리고 살아 있는 소통이다. 소통의 인플레이션을 바로잡으려면 진정 가치 있는 소통이 필요하다. 시민은 정치인의 언행 하나하나를 궁금해하지 않는다. 오히려 자신들의 절망과 희망이 위로 전달되기를 원한다. 아랫물이 윗물 쪽으로 흘러가기는 쉽지 않다. 서민의 편에서 그 마중물 역할을 해줄 정치평론이 아쉽다.

어차피 대선정국의 흐름과 전문적인 진단이야 TV를 틀면 수돗물처럼 콸콸 쏟아지는 요즘 아닌가. 살짝 파격적인 <시사콘서트 정치in>에서는 직접 서민의 애환을 듣고, 그들과 토론함으로써 굵은 줄기에서 벗어나야 한다. 줄기에서 잔가지가 무성하게 자라듯 소박하고 실제적인 이야기를 구체화시키고 심화시켜야 한다. 패널이 넷인데 그중 둘이 정치에 상처받은 일반 시민이라고 상상해보자. 이보다 더 생생한 토론이 또 있을까. 그러니 어려워 보이는 정치평론보다는 '정치평가'를 좀 해보자. 그 명칭부터 주눅이 드는 평론 대신 누구나 할 수 있는 평가를 해보자는 말이다.

<시사콘서트 정치in> 같은 프로그램이 높은 호응을 얻기 위해서는

패널의 계층과 성격을 다양화할 필요가 있었다. 아르바이트에 허덕이는 대학생도 끼고, 연봉 대신 한숨만 느는 청년 백수도 오고, 대책 없이 노후를 맞은 어르신들도 걸음을 하고, 예술가나 농부도 초청받아야 했다. 생태계는 복잡할수록 건강하다. 소수의 종만 살아남은 생태계는 생명력을 잃는다. 넥타이 맨 식자층이 그들만의 문제의식으로 다루는 정치는 그다지 와 닿지가 않는다.

5. 느끼는 정치(情治)

정치(政治)의 정(政)은 '치다'라는 의미이다. 그래서 부수가 攵(칠 복)이다. 잘못된 것을 바로잡아 다스린다는 것이 동양적 의미에서의 정치인 셈이다. 뭔가 무시무시하고 권위주의적이다. 집권자의 의지대로 백성을 바로잡겠다는 부권적 간섭주의의 냄새가 난다. 그런데 '다스릴 치(治)'는 부수를 물수변(水)으로 삼는다. 치수와 관련이 깊음을 알 수 있다. 농경을 경제의 주축으로 삼았던 동양에서는 물을 다스리는 것이 무엇보다 중요한 일이었다. 물이 다스려진 후에야 백성은 배부를 수 있었다. 결국 정(政)은 백성을 위한 치(治)를 위해 기능한 것이다. 민주주의를 몰랐던 옛적에도 이러했다.

오늘날 정치는 치수보다는 말로써 행해진다. 말이 설득력을 갖추려면 내용이 풍성해야 한다. 내용을 인정받기 위해서는 진정성이 있어야 한다. 말의 정치는 마음에서 우러나오는 셈이다.

그런 정치를 다시 말로써 평론하는 TV 프로그램이 있다. 기시감만 안겨주는 프로그램이 있는 반면 뭔가 신선한 맛이 나는 것도 있다. <시사콘서트 정치in>은 후자 쪽에 가깝다. 그러나 <시사콘서트 정치in>도 조금 다른가 싶더니 크게 나아지진 못했다.

뉴스가 세상 모든 소식을 전해주지 못한다 해도 존재의 이유는 충분하다. 마찬가지로 정치평론이 완벽히 만족스럽지 못하다 해도 존재할 필요가 있다. 민주주의는 결국 진정성 있는 말싸움이다. 정치평론가는 숱한 말들 속에서 진짜와 가짜를 구분할 책무를 띤다. 아테네의 위기를 틈타 말로써 현혹하던 정치인을 공박해야 한다. 정치를 사유화하려는 자를 말(馬) 우화로 논박한 연설이 절실하다. 그 연설에 우리 목소리도 더러 낄 수 있기를 원한다. 우리와 동떨어진 정치를 바싹 끌어당겨 시민의 표정을 한 정치를 맛보고 싶다. 하향식 정치(政治)를 견디기보다는 인간미 넘치는 정치(情治)를 느끼고 싶다. <시사콘서트 정치in>이 실실(實實) 웃겨주며 정치(情治)에 한 발짝 더 다가가 주기를 희망한다.

입선

푸어에게 보내는 갈채

페이크다큐 Mnet <음악의 신: 오디션과의 전쟁>에 관한 몇 가지 노트

김유미

프롤로그

하우스푸어, 스펙푸어 그리고 워킹푸어. '푸어'라는 단어는 다양한 조건에 붙어 새로운 유형의 낙오자를 규정해내고 있다. '푸어(Poor)'는 2012년의 시대상을 가장 잘 보여주는 단어 중 하나다. 그만큼 많은 사람들이 빈곤과 결핍의 기슭에서 위태롭게 간신히 연명하고 있다. 2012년 4월부터 방송된 리얼리티 프로그램 <음악의 신>은 자신을 '신'이라고 부르는 사나이(이상민)가 주인공이다. 하지만 그는 대중에게 잊힌 이른바 한물간 연예계 푸어의 대표격이다. 프로그램 첫 회는 그가 수상했던 트로피를 클로즈업하는 것으로 시작한다. 첫 회부터 그의 과거를 인식시켜야 할 정도로 대중은 그의 화려했던 시절을 강렬하게 기억하지 못한다. 그뿐만 아니라 <음악의 신>은 리얼리티 프로그램(Reality Program)이라는 자체적 소개와 달리 허구와 실재를 오간다. 이러한 장르의 특성은 오히려 페이크 다큐멘터리(Fake Documentary, 이하 페이크다큐)와 그 맥을 같이한다. 기존의 페이크다큐는 실재처럼 촘촘한 연출과 정교한 연기로 시청자를 속인다는 점에서 문제점을 지적당해 왔다. 실제로 케이블 업계 7.2%라는 최고 순간 시청률을 기록하기도 한 tvN <독고영재의 현장르포 스캔들>과 코미디 TV <조민기의 데미지>는 시청자를 혼란에 빠뜨리기도 했다. 프로그램 시청자 게시판에는 허구라는 사실을 인지하지 못한 시청자들의 의뢰글이 쇄도하기도 했다. 시청자를 호도하는 나쁜 방송이라는 꼬리표를 달았던 페이크다큐 장르에 도전장을 낸 것이 바로 <음악의 신>이다. 기존 장르의 문제점으로 지적된 선정성을 떼어낸 대신 택한 것은 주인공의 치부를 노출하는 방식이다. 사실을 왜곡하는(fake) 것은 주인공의 진면모를 드러내는 데에 사용하는 것으로 한정했다. <음악의 신>은 진화하는 페이크다큐의 가능성을 보여주었다.

잊히지 않을 권리

제작진의 지시를 짐작할 수 있고 정확한 방향성이 정해져 있는 프로그램에 대중은 피로감을 느끼기에 이르렀다. 시청자들은 잘난 사람이 종국에는 더 잘되는 프로그램의 결말에 지겨움을 느끼게 되었다. 높은 실업률, 자살률 그리고 바닥을 치고 있는 경제 상황 속에서 살아가는 사람 중에 팍팍한 삶을 타파할 성공의 공식을 모르는 이는 없다. TV가 그 성공공식을 너무나 자주 설파했기 때문이다. 휴식의 시간이어야 할 때도 가르침을 주려는 프로그램에 시청자는 거부감을 느끼게 되었다. 프로그램에 등장하는 캐릭터에도 그러한 경향이 반영되었다. 찔러도 피 한 방울 흘리지 않을 것처럼 어떤 상황에서도 무엇이든 잘해내는 캐릭터에 시청자들은 열패감을 느꼈다. 만능 엔터테이너 혹은 멀티 플레이어라 불리는 주인공은 시청자들에게 편안함을 주지 못하게 된 것이다. 같은 맥락에서 지상파 방송의 리얼 버라이어티(real variety)에는 등장하는 인물마다 캐릭터가 설정되어 있다. 그 인물의 성격은 프로그램 안에서 시청자의 예측을 벗어나서는 안 된다는 규율이 정해져 있다. 한 방송인은 실제 자신의 성격과 정형화된 프로그램에서 시청자가 기대하는 성격과의 간극 때문에 압박감을 느낀다는 고백을 하기도 했다.

이러한 상황 속에서 지상파의 대항마로 케이블 방송이 탄생시킨 것이 바로 페이크다큐이다. 케이블 방송은 <UV 신드롬>을 통해 페이크다큐라는 장르가 통한다는 것을 알게 되자, 연달아 <음악의 신>, <유세윤의 Art Video>를 제작하기에 이르렀다. 시청자들은 그 속의 비정형화되고 동질감을 느낄 수 있는 캐릭터에 관심을 기울이기 시작했다. 조금은 허술한 캐릭터가 등장하는 의외성을 지켜보는 것만으로도 무의미함에서 존재의 의미를 발견할 수 있기 때문이다. 시대의 요구에 부름 받아 TV는 주연의 그늘에 가려 있던 조연과 1990년대 인기를 누렸던 반짝스타를 차례로 호명하기 시작했다. 이것은 말 그대로 1 대 99 사회의 전복이다. 토크쇼의 패널 자리에 서 있어야 할 사람과 메인 게스트로 출연해야 할 사람의 경계가 무너지기 시작한 것이다. 극소수만 대접받아 철옹성처럼 느껴졌던 연예계의 유리장벽이 깨지기 시작한 것이다. 이는 양극화 사회를 살아내고 있는 시청자의 삶 속의 분노가 투영된 것이라고 할 수 있다.

많은 사회적 물의를 일으켜 시청자의 관심 밖에 있었던 이상민이 <음악의 신>의 주인공으로 등장했다. 이는 잊히는 데 익숙했던 비주류에게 기억될 권리를 부여한 것으로 해석할 수 있다. 대다수의 시청자가 그의 재등장 자체에 대리만족을 느낄 수 있었다. 낙오자라는 낙인을 뗄 기회를 제공하는 것은 대중이 사회에서 맛본 결핍을 대리충족시키기 때문이다.

페이크다큐와 감정이입

현실의 비참함을 잊게 해주는 것은 찬란했던 때의 기억이다. 이 프로그램에는 주인공의 가장 좋았던 때의 기억이 자주 등장한다. 주인공이 직접 언급하거나 혹은 자료화면을 통해서 숱하게 과거로 타임머신을 탄다. 이 과정에서 과장된 주인공의 실속 없는 허세 역시 여과 없이 보여준다. 그러나 주인공의 주변 인물인 LSM 엔터테인먼트의 직원과 연예인 동료 들에 의해서 너무나 쉽게 이 애잔한 '추억 팔이' 여행도 끝나고 만다. 지척에서 주인공을 지지해줘야 할 인물들은 쉴 새 없이 허세에 태클을 가한다. 시청자는 이 과정에서 주인공에게 감정이입을 하게 된다. 그의 모습이 좋은 기억만 취사선택하는 나의 모습과 비슷하기 때문이다. 많은 이들이 나쁜 기억을 회피하는 것과 달리 주인공 이상민은 주변인물 덕분에 잊고 싶은 기억과 마주하게 된다. 아니 정면으로 승부한다는 표현이 조금 더 걸맞을 것이다. 조금은 독하다 싶을 정도로 그의 아픈 기억들은 주인공 앞으로 소환된다. 인지도가 없어진 탓에 방송국에 들어가면서 입장권을 요구당한다거나 경제난과 지상파 출연정지 등의 다사다난한 과거사가 폭로되기 일쑤이다.

여기서 시청자가 맛보게 되는 것은 파토스(pathos)다. 고통을 뜻하는 그리스어에서 유래된 이 말은 극 중의 연기자에게 동정과 연민의 감정을 느끼게 되는 과정을 의미한다. 그의 쓰린 현실은 시청자에게 웃음을 주는 희극의 요소이기도 하지만, 그의 모습에 자신을 투영시킨 시청자들은 공감에 이를 수밖에 없게 된다. 하지만 이것이 삶의 무상함으로 이어지지는 않는다는 것에 주목해야 한다. <음악의 신>의 연출을 담당한 Mnet 박준수 PD는 인터뷰에서 "자기의 치부를 적극적으로 드러내야 사람들이 '아, 저게 진짜 치부가 아니구나'라고 생각하게 된다는 걸 받아들인 것 같다"고 밝힌 바 있다. 이 프로그램은 삶 내내 자신을 괴롭힐 뻔했던 나쁜 기억들을 의도적으로 노출한다. 사실을 바탕으로 연출의 힘을 발휘해 치부를 과장할 수 있는 페이크다큐를 통해서 그 효과는 극대화된다. 시청자 역시 첫 회에서는 조롱거리가 된 주인공만큼이나 불편함을 느꼈을 수 있다. 하지만 13회 동안 지속된 이 치부의 노출은 시청자들이 자신의 트라우마를 극복해 치부도 자신의 삶의 일부분이라는 것을 인정하게 만드는 과정이라고 할 수 있다. 다시 말해 <음악의 신>은 해방감을 만끽하는 가장 쉬운 방법을 알려주고 있는 것이다.

현실은 타협과의 전쟁

486세대를 공략한 7080문화가 재등장하고, 88만 원 세대를 타깃으로 한 1990년대 정서가 다시 고개를 들기 시작했다. <음악의 신> 역시 1990년대 최고의 인기를 구가했던 연예인을 등장시키고 있다. 그리고 프로그램의 부제인 '오디션과의 전쟁'은 그때 그 시절의 재등장에 대한 이유를 잘 설명해주고 있다. 현재의 오디션 중심의 인재 발탁과정에 문제가 있다고 생각하는 것이 이 프로그램의 표면적인 제작배경이다. 주인공은 철저한 트레이닝과 거대기업의 지도하에 구조적으로 변하고 있는 스타양성시스템에 불만을 표한다. 유희(遊戲)가 자리해야 할 연예계에 '심각함'이 파고들어가 생존경쟁의 장으로 타락한 것에 대한 아쉬움일 것이다. 이러한 이유로 주인공의 회사인 LSM 엔터테인먼트는 가창력보다는 정신력, 외모보다는 개성, 그리고 장래성보다는 천재성을 가진 예비 스타를 양성하겠다고 나선다. 이 선언은 가히 파격적이다. 만들어진 프로보다는 소위 '딴따라'로 불리는 아마추어 정신을 가진 과거로 돌아가겠다는 것처럼 들리기 때문이다. 하지만 프로그램의 기획의도에 부합하는 참가자를 찾아 나서는 오디션이 거듭될수록 현실의 기준에서 탈피할 수 없다는 것을 시청자에게 인식시켜준다. 생각했던 범위 내에서 가장 완벽한 기준인 주인공의 이상이 비현실적이고 이상하게 보일 뿐이라는 심정의 변화과정이 프로그램에서 비춰진다. 예를 들어 경쟁을 뚫고 기획사의 공식 일원이 된 연습생을 처음으로 데리고 간 곳은 아이러니하게도 성형외과이다. 연습생 선발의 주안점으로 둔 것이 외모보다 개성이었는데도 말이다. 만약 재기를 시도하는 주인공이 자신의 신념만을 고집했다면 여전히 과거에 발목을 잡힌 허구의 비현실성만이 강조되었을 것이다. 신자유주의 시대의 파고에 맞서기 위해, 대중에게 '타협'은 나쁜 것이라는 인식이 내면화되었다. 그러나 타협이 인생의 걸림돌이 되지 않을 수 있다는 것을 프로그램 전반에서 보여준다. 앞으로 나아가기 위해 절충안을 선택하는 것이 오히려 현실적이라는 것이다. 프로그램의 시작 부분에서 매니저(백영광)를 뽑을 때에도 이와 같은 행태가 등장한다. 이것이 웃음코드로 가려졌지만, 주인공의 내면상태는 이 과정을 통해 투사된다. 재빠르고 영민해야 할 매니저의 역할을 몸집이 있고 어수룩해 보이는 백영광이 하겠다고 면접을 본다. 주인공 이상민은 수많은 결격사유에도 "나는 사람을 쉽게 포기하지 않는다"는 이유를 내세워 그를 선택한다. 연습생들의 오디션 때와 같이 주인공은 현 세대의 가치기준을 거부하고 있다. 하지만 선택한 매니저가 운전면허가 없어 운전을 할 수 없다는 데서 문제는 불거지기 시작한다. 프로그램 방향의 복선이라도 된 것처럼 주인공은 자신이 운전을 대신하는 것으로 타협안을 찾는다. 또한 자신의 기획사에 투자를 받기 위해 최대 광고주인 유산균음료 회사에 머리를 조아리는 것도 현실을 위한 선택이라고 볼 수 있다. 과거 톱스타였던 그는 유산균 캐릭터의 탈을 쓰고 광고주의 광고 촬영에 임한다. 하고 싶은 일을 하기 위해서는 자신이 할 수 있는 일에 뛰어드는 주인공의 모습은 기회는 단 한 번뿐인 시대를 맞는 우리의 자세를 역설한 것은 아닐까.

TV의 비상(飛上)

<음악의 신>의 장점이자 약점은 마니악(maniac)하다는 것이다. 인터넷 상에서 유행하는 최신 유머코드를 적극적으로 이용하는 탓이다. 그것을 미리 접해보지 못한 사람에게 인터넷 콘텐츠의 활용은 극의 맥을 끊는다고 오인될 수 있다. 그럼에도 <음악의 신>이 활용한 하위문화(Subculture)는 TV시대의 새로운 지평을 열었다고 평하고 싶다. 수많은 플랫폼에서 콘텐츠가 실시간으로 생산되고 있다. 이 때문인지 TV에는 위기론이 제기되고 있다. 이와 같은 배경에서 돌파구는 바로 문화수신자를 문화발신자로 참여하게 유도하는 것이 될 수 있다. <음악의 신>이 시청자와 만나는 방법은 온라인을 통해서다. 이 만남의 과정 역시 프로그램에 노출된다. 온라인에 공식 카페를 개설해 소통하는 과정을 고스란히 보여주는 방식을 택했다. 온라인 카페의 진위를 의심하는 이들을 위해 주인공은 게시 글에 직접 댓글을 달고, 채팅방에 들어가 대화에 참여한다. TV를 시청하는 데 수신자라는 역할이 규정되었던 시청자는 이 일련의 과정을 통해 그 경계가 허물어졌다는 느낌을 체험하게 된다. 시청자의 한 사람이었던 웹툰 작가 주호민의 출현 역시 같은 맥락에서 이해할 수 있다. 그는 프로그램을 감상하고 SNS에 시청소감을 남긴 인연으로 이 프로그램에 출연하게 된다. 이를 통해 간접적

으로나마 시청자는 이 프로그램의 제작과정에 자신이 참여하고 있다는 것을 느낄 수 있다. TV의 메시지를 받아들이기만 했던 수용자는 이로써 자신의 권위를 탈환하게 된다. 시청자 개개인의 프로그램에 대한 호응에 의미가 부여된 것이다. <음악의 신>은 하위문화를 적절히 활용함으로써 TV의 권위는 시청자와 함께 가는 프로그램을 통해서 재정립된다는 것을 시사하고 있다.

진짜와 가짜 사이에서

<음악의 신>이 가짜 같은 진짜, 진짜 같은 가짜가 될 수 있었던 이유는 그를 인위적으로 재기의 발판에 놓지 않았기 때문이다. 그의 허세 속에서 시청자들이 진심을 볼 수 있었던 이유이기도 하다. TV에서 사라진 1990년대 스타들을 재조명한 많은 프로그램이 그들의 부활(rebirth)에 초점을 맞추어왔다. 이것은 재기에 대한 강박에서 비롯한다. <음악의 신>은 이를 탈피했다고 할 수 있다. Mnet 박준수 PD는 "한 치 앞도 못 보는 세상에서 꼭 무언가를 보여주겠다는 생각이 허무한 것 같아요"라는 발언을 한 바 있다. 주인공인 이상민이 프로그램 내에서 「세월이 가면」이라는 노래를 자주 읊조리는 것 또한 PD의 의도와 일맥상통한다. 영원한 순간과 기억은 없다. 그것을 프로그램 안에 가둔다고 해도 사람들의 기억 속에서는 지워지기 마련이다. 그렇기 때문에 이 프로그램은 그 순간을 흘려보내는 법에 집중하고 있다. 미국 연극치료의 개척자인 로버트 랜디(Robert J. Landy)는 퍼포먼스는 재현이 아닌 현존(presence)라고 말했다. <음악의 신>의 주인공은 가상의 인물이 아닌 자기 자신의 모습으로 시청자와 만났다. 그렇기 때문에 시청자는 그를 통해 나의 열등한 인격 혹은 자아의 어두운 면을

만날 수 있었다. 그가 그것을 감내하는 과정은 나의 결핍을 채워주었기에 더욱 진실했다. 시청자가 프로그램에 보낸 갈채는 믿고 싶지 않은 삶을 사는 자신에 대한 갈채이기도 하다. 마지막으로 TV의 지평을 확대한 <음악의 신>에 큰 박수를 보내고 싶다.

입선

99를 위한 힐링 토크

tvN의 <택시>와 SBS의 <힐링캠프>

김은지

소통형 토크쇼: 왜 힐링에 열광하는가?

'통(通)하는 것이 건강한 것이고 통하지 않는 것(不通)은 병든 것이다.'

요즘 우리 주변을 돌아보면 누구를 막론하고 자기 말만 하기에 바쁘다. 그래서 이 시대를 소통이 부족한 '단절의 시대'라고 부른다. 막대한 양의 데이터는 오고 가지만 그 안에 소통은 없다. 사람과의 감정교류를 바탕으로 하는 소통이 없다. 자기계발 전문가인 칩 콘리(Chip Conley)는 '불안=불확실성×무력감'이란 감정방정식을 제시한다. 경제적·사회적 환경이 불확실해질수록 불안감이 커질 수밖에 없다는 뜻이다. 불안이 커지면 당연히 반작용이 나온다. 그게 바로 최근 화두가 되고 있는 '힐링'이다.

2000년대 우리는 '웰빙'이라는 단어에 열광했다. 더 잘 먹고 잘살기 위한 열망을 표현한 유행어였다. 2012년의 유행어는 '힐링'이다. 힐링은 '치유하다', '낫다'라는 뜻의 힐(heal)을 동명사화한 단어다. 더 잘살기보다는 이미 받은 상처라도 치료하고 싶다는 마음이 담겨 있다. 우리나라 1인당 국민소득이 2만 달러를 넘었다지만 국민들의 행복지수는 높지 않다. 학술지 ≪보건사회연구≫에 따르면 우리나라 행복지수는 10점 만점에 4.2점으로 OECD 34개국 중 32위다. 또한 자살률 1위, 저출산율 1위, 청소년 행복지수 꼴찌인 우울하고 아픈 시대를 살고 있다.

잘 먹고 잘살자며 성공만을 외치던 사회적 분위기가 공감과 소통, 사람을 중심으로 하는 흐름으로 변화하고 있다. 가진 것을 잃을까 봐, 남들보다 뒤처질까 봐 불확실한 미래 속에 마음 졸이는 대중들은 불안의 시대 속에 '힐링'이라는 열풍에 작은 염원을 담아 치유받고자 한다. 이러한 열풍은 방송계에도 어김없이 찾아왔다. 차분한 분위기 속에서 진솔한 얘기를 담담히 풀어내는 소통형 토크쇼가 대중들의 관심을 사로잡았다. 공감을 통해 위로를 얻고자 하는 요즘의 대중 심리를 잘 반영하는 것이다. 이전의 단편적인 에피소드 중심의 자극적인 이야기들만 풀어내는 토크쇼가 아닌, 공감대 형성을 통해 소통의 손을 내미는 토크쇼가 대중을 끌어당긴다.

21세기의 우리사회는 풍요롭고 빠르게 변화한다. 그 속에서 이제 사람들은 너무 빠른 것, 너무 많은 것이 곧 행복이 아님을 깨닫고 있다. 소통형 토크쇼는 출연진이 여럿인 대형 토크쇼와는 달리, 소수의 게스트가 출연해 충분히 이야기하는 시간을 가진다. 그러다 보니 지극히 개인적인 이야기까지 털어놓을 수 있다. 자극적인 이야기 대신 잔잔한 삶의 얘기를 직설적으로 풀어낸다. 진솔한 얘기를 통해 게스트들뿐만 아니라 시청자들까지 함께 치유된다는 것이다. 자신의 처지와 비슷하거나 공감할 수 있는 아픔을 공유하는 그 자체가 힐링이다.

그 대표적인 힐링 토크쇼 중 tvN의 <택시>와 SBS의 <힐링캠프 – 기쁘지 아니한가>에 대해 이야기하려 한다.

잔돈은 됐어요, 아저씨/ 오늘 본 면접은 왠지 잘될 것 같거든요/

(중략)

나름 4년제 나와서 그게 아까워서/ 아직 막일은 안 해봤어요/ 근데 아저씨 택시 하려면/ 면허 말고 또 필요한 거 있나요/ 아니에요 다 왔네요 내릴게요/ (다이나믹듀오의 노래「잔돈은 됐어요」중)

한국의 택시 문화는 매우 독특하다. 대부분의 국가는 손님의 자리와 운전석이 구분되어 있다. 택시 기사와 손님 사이에는 목적지 얘기 이외엔 대화가 없다. 그러나 한국의 택시에서는 대화의 장이 펼쳐진다. 다시 만날 일이 없는 사람들이지만 5분이든 30분이든 그 시간만큼은 솔직하게 마음을 터놓게 된다. 기사의 이야기, 손님의 이야기, 세상일 등 모든 이야기를 전해들을 수 있다.「잔돈은 됐어요」의 가사처럼 취직이 되지 않는 팍팍한 현실을 털어놓기도 한다. 한국의 민심을 알려면 택시를 타라는 말도 있을 정도이다. 택시기사는 곳곳을 돌아다니며 승객의 이야기를 듣고 전하는 1인 미디어인 셈이다.

tvN의 <택시> 또한 그렇다. 최초로 달리는 택시에서의 리얼 현장 토크쇼를 표방하고 있다. 좁고 닫힌 공간은 출연자와 MC의 벽을 허물고 속 깊은 대화를 허심탄회하게 나눌 수 있는 분위기를 제공한다. 사람은 넓은 곳에 여럿이 있을 때보다는 좁고 아늑한 곳에서 소수의 사람과 있을 때 더 경계심을 풀고 진실을 털어놓기 쉽다. 대중에게도 택시 안 풍경은 어쩌면 낯익은 모습이다. 택시 자체가 서민들이 타는 교통수단이기 때문이다. 기사 역할을 하는 MC와 편하게 속을 터놓고 이야기를 나누는 게스트의 모습이 우리에겐 가깝고 편하다. 택시 아저씨와 이런저런 세상이야기를 하는 친근한 모습을 떠올리며 출연자도, 보는 시청자도 부담 없이 다가갈 수 있다.

케이블 방송인 <택시>는 때로는 MC인 이영자의 과감하고 직설적인 질문을 통해 꾸밈없는 진행을 보여줬고, 더욱 공감을 자아냈다. 그 속에서 털어놓는 진솔한 고백들은 대중에게 다가와 공감의 접점을 만들어냈다. 편안하고 자연스러운 이야기를 위해서는 출연자들이 얼마나 편안한가가 중요하다. 방청객도 제작진도 존재하지 않는 택시 안은 게스트를 편하게 만들어주고 그 속에서 진실한 이야기가 묻어나오도록 극대화하는 최적의 장소이다.

<택시>의 카메라는 정면에 위치하지 않는다. <택시>는 MC와 마주보며 인터뷰를 나누는 토크쇼가 아니다. 승객으로 탑승한 게스트는 MC나 카메라의 눈치를 볼 필요가 없다. 게스트들은 카메라에 노출되는 것에 크게 신경 쓰지 않고 창밖을 바라보며 얘기를 털어놓기도 한다. 목적지에 도착해 게스트를 내려준 뒤 식사를 대접하거나 회포를 푸는 자리를 갖는 'off the record'와 같은 뒷이야기도 더욱 사람냄새 나는 토크쇼로 만들어준다. "막히는 도로 위, 막힘없는 토크"라는 슬로건은 <택시>의 성격을 더욱 잘 보여준다. 스타들의 기쁘고 행복했던 시간들, 슬프고 가슴 아팠던 이야기들이 쏟아지면서 대중과 공감대를 형성하고 마음의 힐링으로 다가온다.

<힐링캠프> 또한 유명 연예인을 비롯해 각계의 유명 인사들이 출연해 자신들의 솔직한 속마음과 이야기들을 내려놓는다. 자랑거리만 늘어놓던 1%의 이야기가 아닌 아픈 과거나 유명 인사로서 겪는 삶의 고단함에 대해 털어놓는다. 화려한 모습 이면의 모습들과 힘듦을 극복한 과정을 이야기함으로써 공감을 끌어낸다. 그동안 대단하다고 생각했던 연예인들이 아프고

힘들었다니까 그들도 우리와 비슷하다는 동질감을 느끼게 된다. MC 이경규의 날카로운 질문에도 진솔하고 담담한 모습으로 고통의 시간과 당시의 심정을 꺼내 보이는 게스트들의 모습에 많은 대중이 휴머니즘적 감동을 얻었다. 심리학자 김정운 교수 편에서는 영상물 등급을 19세로 조정해 성에 대한 솔직한 이야기를 털어놓았다. '19세 이상 관람가'는 주중 황금시간 예능 프로그램에서 쉽게 나올 수 없는 등급이다. 하지만 <힐링캠프>는 등급을 조정하면서 과감한 발언을 이끌어내 20대 이상 시청자의 공감을 얻었다. 이를 비롯해 수많은 게스트들의 어린 시절 이야기부터 첫사랑 이야기, 숨겨둔 속 이야기는 웃음과 공감을 사기에 충분했다.

고객 맞춤형 토크쇼

<택시>와 <힐링캠프>의 공통점은 게스트 맞춤형 장소와 소수의 게스트 출연, 에피소드 강요보다는 이야기를 들어주고 다독여주며 때로는 날카로운 질문으로 솔직한 대답을 유도하는 MC들의 역할, 마지막으로 스토리텔링에 집중하면서 재미보다는 공감 코드에 더 초점을 두었다는 데 있다.

일반 토크쇼들은 방송국의 스튜디오 안에서 진행된다. 그러나 <택시>와 <힐링캠프>는 그렇지 않다. 게스트마다 다른 장소를 제공한다. <택시>는 게스트가 원하는 곳이나 특별한 사연이 있는 곳으로 이동하며 토크가 이루어지고, <힐링캠프> 또한 게스트가 원하는 장소에서 촬영이 이루어진다. 고정적인 토크쇼 패턴에서 벗어나 출연자에게 맞춤형 장소를 제공하는 것이다. 즉, 힐링의 포인트가 되는 곳을 배경으로 토크가 이루어진다.

<힐링캠프>에서 이효리의 경우는 어린 시절 아버지가 운영했던 이발소였고 최민식은 소극장, <택시>에서 안성기는 연기인생의 고향 충무로를

장소로 선택했다. 이렇게 출연자의 마음을 편하게 해주는 장소를 배경으로 안정감과 편안함 속에서 그들의 고백을 극대화시켜 인간적이고 소탈한 모습을 끌어낸다. 최대한의 솔직함을 이끌어내는 맞춤형 장소가 힐링을 극대화시켜주는 포인트이다.

힐링을 위해서는 가슴 깊이 묻었던 상처나 부끄러움을 스스로 드러내야 한다. 이를 통해 스스로를 용서하고 보듬어 마음과 몸의 아픔을 치유하는 것이다. 이와 같은 힐링의 과정은 자신뿐만 아니라 이를 지켜보는 다른 누군가의 상처도 어루만져 위안을 얻고 치유할 수 있도록 돕는다. <택시>와 <힐링캠프>를 통해 전달되는 스타들의 아픔을 이겨내는 과정과 그 과정을 겪으며 느낀 심적 고통, 거기서 얻은 깨달음에 대한 고백을 통해 말하는 이와 듣는 이 모두 치유받고 있는 것이다.

그들만의 수다로 프로그램을 이끌어가는 시대가 지나고 있다. 일회성 웃음에 지친 대중은 재미만을 강요하는 에피소드보다는 스타의 메시지 자체에 집중한다. 공감을 통한 위로와 대리만족으로 고민과 생각을 공유하려 한다. 일상에 대한 대중의 관심도가 높아진 오늘날에는 자극적인 주제로 웃음만을 짜내는 토크쇼는 통하지 않는다. 힐링 토크쇼는 이야기의 맥락을 끊지 않고 쭉 듣는 형식이기 때문에 시청자 입장에선 더욱 이야기에 집중할 수 있다.

착한 사회, 착한 기업, 착한 남자. '착한' 것이 대세다. 방송가에 부는 착한 바람도 착한 예능을 만들어내고 있다. <힐링캠프>의 차인표 편에서는 자신의 기부활동과 아동 결연을 맺게 된 사연에 대해 털어놓았고 장소 또한 한국컴패션(국제 어린이양육기구)를 배경으로 촬영이 이루어졌다. 그 결과 평소 6개월에 1만 명이던 한국컴패션의 일대일 결연 신청자가 방송 2주 만에 1만 명을 돌파하는 놀라운 기록을 세우기도 했다. 기부문화 확산을 통한 긍정적인 사회변화에 기여한 셈이다. 힐링의 진정성과 맞아떨어지는 순간이었다. 이렇게 힐링은 전달되고 전달되어 모두의 아픔을 위로하고자 한다.

성공보다는 실패와 좌절의 이야기를 더욱 반기는 시대

에이브러햄 매슬로(Abraham Maslow)의 '욕구 7단계설'에서 볼 수 있듯이 인간은 타인으로부터 사랑받고, 존경받고, 그들에게 도움이 되고자 하는 욕구가 강하다. 우리는 스스로를 힐링하며, 자신을 더욱 사랑하고 행복한 가정생활을 영위하며, 주변인들과 풍요롭고 긍정적인 감정을 교류할 수 있기를 희망한다. 정신적으로 힘든 시기, 성공보다는 실패에 대한 두려움을 이겨내고자 하는 마음이 크다. 1%의 영웅담은 좌절감만 더욱 안겨줄 뿐이다. 결국 성공하는 사람은 일부이고 나머지 사람들은 그렇지 못했음을 깨달은 데서 오는 상실감과 허탈함을 달래고 싶어 한다. 1%가 부와 권력을 독점하고 99%는 상대적 박탈감에 시달리는 1 대 99 시대를 사는 우리이기 때문에 힐링이 필요하다.

힘들고 어려울 때 누군가에게 속내를 털어놓고 싶어진다. 그럴 때 우리는 묵묵히 내 이야기를 들어줄 것 같은 사람을 찾게 된다. 그 순간에는 문제의 해결책보다는 그저 상대방이 힘든 내 마음을 알아주고 이해해주기를 바랄 뿐이기 때문이다. 자신의 슬픔이나 고통을 누군가에게 털어놓으며 속 시원히 이야기하는 것은 힐링의 한 방법으로 유용하다. 자신의 고민을 가족이나 친구에게 털어놓음으로써 어느 정도 위로받는 것이 가능하다. 어느 기관에서 한 직업만족도 설문 결과에 따르면 초등학교 교장, 목사, 대학교수가 상위권에 올랐다고 한다. 여러 사람을 상대로 말을 많이 하고 또한 상대가 자신을 절대적으로 신뢰하며 경청하기 때문에, 스스로 만족도가 높아 자존감도 높아지며 힐링이 되기 때문일 것이다. 그런 점에서 <택시>와 <힐링캠프>는 웃음과 공감의 코드로 대중들의 마음에 난 생채기를 치유해준다. '소통이 단절된 시대'에 진심이 담긴 대화를 찾기 위해 사람들은 그토록 힐링 프로그램에 귀 기울이며 소통하고자 한다.

진정성이 담겨 있는가

힐링 프로그램을 보면서 대중은 게스트의 경험과 자신의 상황을 빗대어 카타르시스를 느낀다. 그러나 자칫 과장된 정보는 부작용을 초래할 수도 있다. 사람마다 아픈 정도는 다 다르다. 그 아픔을 지나치게 부풀려선 안 된다. 특히 연예인의 자살에 대한 언급은 청소년에게 영향을 미칠 수도 있다. 그들의 상처와 고민을 긍정적으로 이겨낸 부분에 대해 중점적으로 다뤄야 한다. 또한 열린 결말을 두는 것은 좋지만 지나친 감성주의에 빠지기보다는 삶의 지표와 방향을 제시해주는 것도 필요하다. 진실을 포장해서 대중들이 원하는 결론으로 유도하는 것은 옳지 못하다. 예능 프로그램이 전하는 '힐링'은 가볍고 즐거운 감성교류일 때 더욱 빛을 발할 것이다.

사실에 근거하지 않은 얘기는 소통이 아니다. 타블로가 '타진요' 회원들이 제기한 악의적 학력 위조 논란에 대한 법원의 최종 판결을 받고 찾은 곳, 그리고 개그우먼 조혜련 이혼사실이 알려진 뒤 8개월간의 칩거생활을 청산하고 방송 활동을 재개하기 위해 선택한 곳 역시 <힐링캠프>였다. 복귀방송으로 많은 연예인이 선택하는 <힐링캠프>는 면죄부 방송이라는 타이틀을 가지지 않도록 게스트와 관련해서 확실하게 짚고 넘어가야 할 사실을 제대로 다루어야 한다. 게스트와 시청자 사이의 공감의 접점을 넓혀나가는 것이 목표인 만큼 사실이 바탕이 되어야 한다. 그렇지 않으면 마음의 위로를 찾아온 시청자들을 두 번 울리는 일이 될지도 모른다.

이청득심(以聽得心)

인간관계의 기본인 대화에서 상대방의 마음을 얻고 설득하기 위해서는 상대방의 목소리에 귀를 기울여야 한다. 칼럼니스트인 도로시 딕스(Dorothy Dix)는 "대중에게 다가서는 지름길은 그들에게 혀를 내미는 것이 아니라 귀를 내미는 것이다. 내가 상대방에게 어떤 달콤한 말을 한다 해도, 상대방에게는 자기가 말하고 싶어 하는 얘기의 절반만큼도 흥미롭지 않은 법"이라고 말했다.

진정성이 담긴 소통과 공감만이 대중의 마음을 어루만져 줄 수 있다. 들음의 미학을 통해 서로를 치유하는 사회가 되어 아픈 사람들이 줄어들었으면 한다. 99의 상실감에 시달리고 있는 사람들은 딱 떨어지는 해결책을 원하는 게 아니다. 기댈 수 있는 따뜻한 말과 공감의 대상을 필요로 한다. 1이 되기 위해 더 빨라야 하고 잘나야 한다는 불편한 진실에 지쳐 있다. 상처를 스스로 치료했던 과거와는 다른, 사회 전체가 풀어나가야 할 문제로 인식했기 때문에 공감의 장이 필요한 것이다. 뜬구름 같은 해결방안보다는 공감을 통한 따뜻함이 더 대중들의 마음을 두드릴 수 있다. 따뜻한 소통형 토크쇼가 피로와 스트레스에 시달리는 99의 사람들의 마음에 더 많은 힐링을 주길 기대해본다.

입선

‘오늘’의 돌직구

<SNL코리아>의 “여의도 텔레토비 리턴스”

김지혜

권력자에 둘러싸인 코미디언의 딜레마

예로부터 힘센 사람을 놀리는 데서 나오는 재미가 가장 재미나다. 코미디란 것이 원래 그래 왔다. 웃음은 상식적으로 알고 있던 권력이 전복되면서 나오는 것이기 때문이다. 조선 시대에 천한 것들은 고명하신 양반님들을 놀리는 탈춤을 추며 촌극을 했고, 서슬 퍼런 시절에도 “네로 25시”, “회장님 회장님” 같이 권력자의 모순을 꼬집었던 것이 코미디다. 그 시대를 오롯이 코미디언으로서 보냈던 구봉서는 “코미디는 곧 풍자”라며, “잘못된 정치와 사회를 풍자하는 진실이 담긴 코미디”를 해야 한다고 강조했다.

시대가 흘러 전직·현직 대통령의 성대모사를 하는 것이 연예인들의 흔한 개인기가 되었고, 정치인과 관련된 사건이나 사회적 이슈를 자유롭게 개그 소재로 삼을 수 있게 되었다. 적어도 일반적으로는 그렇게 인식되는 시대가

된 것이다. 그러나 이 풍요로운 시대에 <SNL코리아>의 "여의도 텔레토비"는 대선 후보의 이미지에 부정적인 영향을 줄 수 있다는 이유로 선거방송 심의위의 심의 대상에 올랐고, 2011년 국회의원에 대해 풍자를 했던 코미디언 최효종은 '국회의원 집단모욕죄'로 고소를 당했다.

미셸 푸코는 권력이란 실제로 처벌과 제재를 할 수 있는 능력과 무관하다고 했다. 권력이란 영향력 그 자체이다. 원형감옥의 죄수들은 감시자들의 명령이 없이도 감시받고 있다는 것을 인식함으로써 스스로 행동을 검열한다. 심지어 그 감시자들과 대면하지 않을지라도, 감시자가 있고 그가 제재를 가할 수 있다는 인식만으로도 죄수들의 행동은 조심스러워진다. 이런 측면에서 일련의 상황은 코미디언들에게 권력으로 작용한다. 결과적으로 "여의도 텔레토비"에 대해 '문제없음'이라는 결론이 내려졌고 최효종에 대한 고소는 취하되었다. 그러나 실제로 처벌과 제재가 이루어지지 않았을지라도, 이 사건들은 코미디언에게 어딘가 감시자가 존재한다는 인식을 주게 된다. 실체가 나타나지 않을지라도 그런 인식은 코미디언에게 자기 검열을 하게 만드는 권력이 되는 것이다.

겉으로는 자유로운 표현의 자유와 개그 소재의 다양성이 보장되는 것 같지만, 코미디언들은 실제로는 정치풍자에 감시자가 존재한다는 사실에서 자유로울 수 없다. 힘 있는 자를 풍자하려니 결과가 두렵고, 힘없는 자를 풍자하는 것은 코미디가 아니라 폭력이다. 이런 딜레마에 대한 출구로서 최근 코미디언들은 힘 있는 자를 향한 조롱 대신 스스로를 희화화하며 대중 앞에 나섰다. <개그콘서트>의 "네가지"와 "희극여배우들", 최근 <무한도전>의 "못친소" 에피소드는 코미디언이 가진 약점을 최대한 드러내어 관객의 웃음을 유발한다. 내가 나를 개그 소재로 삼겠다는데 누가 비난할 수 있겠는가. 그들이 약점을 더욱 적나라하게 보일수록 웃음은 더욱 커진다. 그들은 자신을 스스로 희화화함으로써 개그 소재에 대한 비난과 제약으로부터 자유로울 수 있다.

'오늘'의 돌직구

이런 시대에 등장한, 거의 유일한 직설적인 정치풍자 코미디라는 점에서 <SNL코리아>의 "여의도 텔레토비(Returns)"는 참으로 반가운 프로그램이다. "여의도 텔레토비"에는 '여의도 동산'에 사는 색깔이 다른 텔레토비 친구들이 등장한다. 텔레토비 동산의 반장선거를 하는데, 진보통합당 '보라돌이', 청와대 '엠비', 민주통합당 '문재니', 새누리당 '뽀', 그리고 당적이 '???'인 '안쳤어'가 그 주인공들이다. 이 텔레토비들은 반장이 되기 위해 육탄전과 육두문자를 마다하지 않는 모습을 보이고, 현직 반장인 '엠비'는 선도부에 끌려갈 상황에 처해 있다. 누구나 짐작할 수 있듯이 반장 선거는 대선이며, 각 텔레토비는 현재 대선 후보와 현직 대통령을 의미한다. 한 주 동안 정치권에서 대선 후보와 현 대통령 사이에 벌어졌던 사건들은 여의도 동산에 옮겨와 반장 선거로 인해 펼쳐지는 텔레토비 캐릭터들의 사건으로 은유되어, 신랄하고 통쾌하게 대선정국이 풍자되는 것이다.

웃음은 기존에 관객이 가지고 있던 규범이나 극 중의 상황 속에서 커지는 기대감이 갑작스럽게 모순된 상황으로 바뀔 때에 나온다. 언제나 단정한 차림에 바른말만 할 것 같은 대선 후보들이 우스꽝스러운 텔레토비 복장을 하고 욕설을 내뱉는 것은 그 자체로도 기대감의 모순으로 웃음을 유발한다. 여기서 "여의도 텔레토비"는 정치인의 희화화에 그치지 않고, 시청자들이 대선 후보들에게 가지는 기대감과 규범을 구체적으로 전복시키는 설정을 시도한다. 예를 들어 시청자들은 이미 실제 상황에서 문재인 후보와 안철수 후보의 단일화라는 이슈에 대해 신중하고 중대한 결정이라는 기대를 가지고 있다. 그러므로 단일화가 단일화(單一花)로 바뀌는 것은 기대감의 갑작스러운 전복이며, 그 갑작스러운 모순에 웃음이 나오게 된다.

허무맹랑한 상황설정과 대사에서 관객은 웃지 않는다. 웃음은 '예상할 수 없는 상황'이 아니라 '예상하지 못한 상황'에서 터져 나오기 때문이다. '예상하지 못한 상황'이라 함은 기존의 기대감과 규범이 존재하고, 그 기대감 내에서 예상하지 못했던 의외의 상황이다. 기존의 기대와 규범을 녹여내지 못하면, 코미디의 모순도 관객들에게 받아들여지지 않는다. 코미디는 사실감을 바탕으로 하는 미학의 장르이다. 반대로, 누군가 그 코미디 프로그램을 보고 웃었다면 그 코미디에서 우리가 사는 현실을 반영하고 있다는 것을 의미한다. 따라서 "여의도 텔레토비"가 사람들에게 웃기고 유쾌한 코미디로 다가갔다면, 그것은 이 프로그램에 우리가 느끼고 있는 사실감이 투영되었다는 뜻이 된다.

"여의도 텔레토비"는 촌철살인의 대사와 설정으로 현실 정치에서 나타나는 부조리함을 극으로 가져온다. 문재인 후보와 안철수 후보의 단일화협상은 '문재니'가 '안쳤어'에게 '단일화(單一花)'라는 꽃을 주는 모습으로 표현되고, 'NLL논란'은 '또'가 '문재니'에게 '에네렐(NLL)파' 장풍을 쏘고, '문재니'는 '역풍(逆風)'이라는 장풍으로 맞대응하는 장면으로 희화된다. '엠비'는 '레임덕'이라는 이름의 오리인형과 함께 나타나며, '보라돌이'는 반장선거에 출마하지만 존재감이 없다. 그 외에도 오리인형 레임덕, '정수(장학회)'라는 친구와 싸운 '또', '종'과 '북'을 들고 만난 '엠비' 등 매주 재기발랄하면서도 현실 정치를 정확히 꼬집는 설정은 시청자들에게 실망스러운 정치에 대한 공감과 웃음을 끌어낸다.

"여의도 텔레토비"는 정치인들을 희화화시킨 것에 그치지 않고, 현실

정치에서 느껴지는 기대감과 그에 대한 모순에 대한 '사실감'을 극에 불어넣었기 때문에 인기와 재미를 동시에 얻을 수 있었던 것이다. 또한 이 극이 시청자들에게 공감된다는 것은 정치인들에게 자신들의 행보가 어떻게 받아들여지는지 직설화법으로 전달된다. "여의도 텔레토비"는 바로 지금의 권력자들에게 던지는 '오늘'의 돌직구이다.

이 돌직구를 받아야 하는 사람들이 염려해야 하는 것은 "여의도 텔레토비"가 단순히 권력자가 가진 권력을 희화화해 그들의 권위를 깎아내리는 것이 아니다. 이 코미디 속에 그려지는 그들의 모습에는 국민들이 느끼는 그들의 이미지, 현실 속에서 나타나는 그들의 행보가 고스란히 투영되어 있다는 사실이다.

국민의 '꿈이 이루어지는 나라'를 만들기 위해, '국민의 열망을 알게 되었기 때문에', 혹은 '사람이 먼저' 되는 나라를 만들기 위해 대선에 나온 대선 후보들의 이상과 포부는 매우 희망적이다. 그러나 현실정치에서 그들의 고매한 이상과 포부는 '레임덕', 'NLL논란', '정수장학회', '종북논란', 타협을 이루지 못하는 단일화 논의라는 기나긴 흙탕물 싸움에서 이긴 자만이 이룰 수 있다.

그들이 인정하고 싶지 않을지라도, 국민들은 현재 그들의 모습을 마치 텔레토비 동산에서 반장이 되려고 육탄전을 벌이는 텔레토비들과 다르지 않다고 본다.

지금 우리에게 필요한 것은 진실을 말할 수 있는 용기

'애정남(애매한 것을 정해주는 남자)'은 농담과 '디스[1)]'를 이렇게 정해주었다. 웃음을 주면 농담, 상처를 주면 디스. 둘이 있을 때 얘기하면 농담,

사람이 많을 때 얘기하면 디스. 단, 전혀 찔리지 않으면 농담이라고. 힘 있는 자를 향한 풍자가 그들에게 농담으로 들리지 않는다면, 찔리는 게 있어서일 것이라는 명쾌한 논리이다.

코미디 프로그램에서 정치 풍자가 나오지 않기를 원하는 권력자가 있다면 그 이유는 단 한 가지, 자신의 권위가 떨어지는 것을 원하지 않기 때문이다. 안타깝게도 그런 행동은 그가 원하는 행동을 할 수 있고 영향력을 행사하는 '권력'은 가졌을지라도, 대중으로부터 자발적인 순응을 이끌어내는 '권위'는 갖지 못했다고 스스로 시인하는 것과 같다. 그럼에도 권위를 걱정하는 권력자는 앞으로도 계속해서 자신의 단점과 약점이 세상에 공개되어 조롱당하는 것을 막고자 할 것이다. 그러나 권력이, 권위가 단점과 약점을 송두리째 가린다고 유지되는 것은 아니다. 권력은 진실을 드러내고 진심을 건넬 때 힘을 발휘한다.

기존 권력에 대해 신랄한 비판을 했던 미셸 푸코는 권력에 맞서기 위해 '진실을 말하는 용기인 파르헤지아(parrhesia)'가 필요함을 당부했다. 이데올로기에 오염되지 않은 진실을 세상에 알릴 때에 비로소 잘못된 권력이 무너지고 새로운 세상이 펼쳐진다. 그러나 진실을 말하기 위해서는 위험을 무릅쓰는 용기가 절실하게 필요하다.

잘못된 정치와 사회에 대해서는 누구든 파르헤지아를 가지고 진실을 말할 수 있어야 한다. 그것은 뉴스 시사 프로그램에만 주어진 몫이 아니요, 모든 시민에게 주어진 몫이며, 그것은 코미디언과 정치인에게도 주어진

---

1) 디스(diss) 또는 디스곡은 respect의 반대인 disrespect의 줄임말로, 주로 다른 그룹이나 사람을 폄하하거나 공격하기 위한 행동 혹은 노래를 일컫는다. 친한 사이임에도 장난스레 디스를 하는 예도 있으며, 실제 감정을 표하는 경우까지 수위가 다양하다.

시대의 과제이다. 원형감옥의 보이지 않는 감시자에 움츠러들어 스스로 아무 말도 하지 못하는 언론 속에서, 누구 하나 현직 대통령의 성대모사도 마음대로 하지 못하는 TV 속에서, "여의도 텔레토비"는 진정한 '파르헤지아, 진실을 말하는 용기'를 가진 프로그램이라 할 수 있다.

프로그램 속 모습이 육두문자와 육탄전이 난무해 저질스럽게 보인다면, 그것은 실제 현실이 그만큼 저질스럽기 때문이 아닐까. 그런 추잡한 현실을 가까이 보이도록 꺼내놓을 수 있는 용기가 드문 시대이다. 바로 지금 드러난 진실을 인정하고 숨겨진 진실을 꺼내놓는 용기가 필요하다.

입선

한밤에 내리는 음악의 비

KBS <유희열의 스케치북>

남정모

한 주간의 고단함을 뒤로하고 주말로 넘어가는 밤, 메말라 버린 마음에 단비를 내리듯 시청자를 맞이하는 음악 프로그램이 있다. 삐쩍 마른 체구에 좁은 어깨, 넓은 이마의 중년 남성이 호스트인 <유희열의 스케치북>이다. 금요일 늦은 밤에 꽤 오랫동안 자리하고 있는 이 음악 프로그램은 <노영심의 작은 음악회>, <이문세 쇼>, <이소라의 프로포즈>, <윤도현의 러브레터>, <이하나의 페퍼민트>를 거쳐 현재 <유희열의 스케치북>에 이르고 있다. 프로그램과 호스트는 변화를 겪어왔지만 매주 3, 4팀의 무대와 토크를 곁들이는 기본 틀은 꾸준히 유지되어오고 있다. 밤늦은 시간대 프로그램이라는 불리한 조건 속에 높은 시청률을 기록하지는 못하지만 그 전통에 걸맞게 두터운 마니아층을 확보하고 있다. 그리고 현재 그 전통을 유지하고 프로그램의 생명력을 이어가는 데 일등공신은 바로 이 프로그램의 진행자인 '유희열'이다.

음악 프로그램의 탁월한 호스트, 유희열

그는 한국 대중가요사에서 1990년대와 2000년대의 감수성을 이어가고 있는 몇 안 되는 뮤지션이다. '토이'라는 팀을 통해 지금의 30~40대와 음악적 교감을 꾸준히 해왔으며, 유명가수들의 노래를 작곡하고 프로듀싱하며 음악적 스펙트럼을 넓혀왔다. 그와 동시에 라디오 DJ를 하며, 대중과 교감하고 소통하는 방법을 체득하고 자신만의 진행스타일을 구축했다. 이런 그의 행보는 그의 첫 TV프로그램인 <유희열의 스케치북>을 통해 꽃을 활짝 피웠다. 그는 현재 음악적 깊이와 대중에게 웃음을 줄 수 있는 유연한 진행솜씨를 동시에 가지고 있는 거의 유일한 음악 프로그램 MC이다. 음악 프로그램의 진행자로서 그만의 탁월한 균형감각은 게스트를 대하는 그의 태도에서 확인할 수 있다. 남자 아이돌그룹의 화려한 퍼포먼스 후에는 '어쩌면 그렇게 칼같이 동작을 맞출 수 있냐'며 어린 가수들의 노력에 감탄할 줄 알며, 걸그룹의 섹시한 안무와 자태에 흐뭇한 웃음을 보이고, 어려운 환경 속에서 음악을 하는 인디 뮤지션들에게 관객들의 박수를 선물한다. '유희열'의 이런 포용력은 프로그램 전체에 좋은 질감을 만들어냈고 친숙하고 따뜻한 분위기를 유도해냈다.

그리고 그의 캐릭터는 간간이 기획된 특집방송으로 확장되었다. "청춘나이트"라는 이름으로 젊은 시청자들의 추억을 건드리며 음악적 풍요 속 빈곤에 빠진 세대의 갈증을 풀어주는 한편, 음악계에서 오랜 시간 가수들의 뒤에서 묵묵히 음악 활동을 해온 세션맨들에게 온전히 스포트라이트를 비추는 특집방송을 통해 그들의 노고에 눈물짓게 하며, 음악이 단지 가수들의 가창이 전부가 아님을 대중에게 환기시켜줬다. 그 때문에 진행자 '유희열'의 장난스러운 저질(저질스럽길 바라는) 멘트에도 불구하고 '고품격 음악 방송'이라는 수식어가 과하지 않게 느껴진다.

스케치북 따라잡기

'유희열'을 통해 방송관계자들은 음악 프로그램 호스트의 중요성과 진행자질의 중요 포인트가 음악적 진지함과 대중의 집중력을 유지시키는 유머 감각이라는 점을 깨달았다(이 점은 MBC <음악여행 라라라>가 음악적 진지함에만 치중한 나머지 결국 실패한 것과 KBS <이하나의 페퍼민트>가 호스트의 신선함 이외에 다른 어떤 요소도 끌어안지 못하면서 조기 종영된 것을 보면 너무나 명백하다). 그런 이유로 과거 Mnet은 <사운드플렉스>라는 음악프로의 진행자로 박경림과 정원영을 캐스팅했고, SBS <유&아이>는 이효리와 정재형을 MC로 내세웠다. 대중적 친숙함과 유머는 각각 박경림과 이효리에게 맡기고, 음악적 진지함은 정원영과 정재형에게 기대한 것이다. 공통적으로 더블 MC 체제였던 이유는 유희열만큼 진지함과 유머스러움을 유연하게 오갈 수 있는 진행자를 찾기 어려웠기 때문일 것이다. 이런 불가피한 선택은 한 사람의 몫을 두 사람에게 쪼개어 줌으로써 프로그램을 부자연스러운 흐름으로 내몰았다. 케이블과 지상파라는 서로 다른 위치에 있으면서도 같은 고민에 빠져 있던 두 프로는 결국 좋은 취지에도 불구하고 종영되고 말았다. 반면에 이미 KBS <윤도현의 러브레터>를 통해 다년간 MC를 한 경험이 있는 윤도현이 Mnet <윤도현의 MUST>를 계속 이끌고 있는 건 음악 프로그램 호스트의 중요성을 다시 한 번 상기시킨다.

'경쟁'이란 구조 속의 음악

지상파 3사의 가요순위 프로는 아이돌그룹의 전시장이 된 지 오래고, 자연스럽게 시청층은 10대 위주로 제한되었다. 이런 상황에서 방송이 대중에게 음악을 전하는 방식은 서바이벌, 경쟁이라는 구조 속에서 이루어지고 있다. Mnet <슈퍼스타K>를 시작으로 의외의 폭발적 호응에 자극받은 방송사들은 MBC <위대한 탄생>, SBS <K팝스타>, KBS <탑밴드> 등의 오디션 프로그램을 만들어냈다. 가능성 있는 신인을 접할 수 있는 재미와는 별개로 음악을 일관된 경쟁구도 속에 밀어 넣어 버리고 대중들의 말초신경을 자극하는 진행방식은 시간이 갈수록 피로도를 높이고 있다. 심지어 음악을 업으로 하는 기성가수들에게까지 서바이벌이라는 구도를 요구하는 것은 너무나 가혹하게 느껴진다. 물론 이런 프로그램들의 긍정적 효과를 완전히 외면하는 것은 아니다. 오디션 프로를 통해 데뷔한 허각, 버스커버스커, 이하이 등은 가요계에 신선한 충격을 주었고, MBC <나는 가수다>를 통해 잊혔던 실력파 가수들이 재조명되었다. 또 새로운 편곡으로 흘러간 노래들에 새 생명을 불어넣으며, 좋은 노래의 소중함을 일깨웠다.

그럼에도 고개를 저을 수밖에 없는 이유는, 음악의 본질은 '경쟁'이 아니라 '다양성 속의 조화'이기 때문이다. 누가 더 인기투표를 많이 받는지, 누가 더 고음을 잘 내지르는지보다 더 중요한 것은 각자의 다채로운 개성을 가진 음악이 대중에게 골고루 소개되고 사랑받는 것이다. 방송국이 정말로 대중, 시청자들에게 좋은 음악을 들려주고 싶은 의지가 있다면, 편한 마음으로 음악을 감상할 수 있는 제대로 된 음악 프로그램을 만드는 것이 더 현명한 선택일 것이다. 시청자들은 이미 난립하는 오디션 프로에 염증을 느끼고 있고, 이에 따라서 곧 방송 트렌드는 변화를 겪을 것이다. 그때가 되면 방송국은 '음악'이라는 소재를 무심하게 내팽개치지 말고 대중에게 어떻게 다가갈지 좀 더 깊게 고민해보았으면 한다.

음악 프로그램의 든든한 허리

한편으로 대중은 세대별로 음악적 감성의 격차를 심하게 겪고 있다. 노년층은 <가요무대>만을 시청하고, 중년층은 <콘서트 7080>만을 본다. 어린 10대들은 앞서 말한 대로 각 방송사 가요순위 프로에서 아이돌만을 소비하고 있다. 각 세대의 취향 차이를 인정하고 받아들여야 하는 것은 어쩔 수 없지만, 그 거리감이 갈수록 더 커지고 넘나들 수 있는 벽의 두께가 더 두꺼워지는 것은 분명히 견제하고 반성해야 할 대목이다.

그리고 그 가운데 끼어 있는 음악프로가 <유희열의 스케치북>이다. 20~30대를 대변하는 이 음악프로의 감성은 MC 유희열의 나이만큼 너무 늙은 것도 아니고 너무 어린 것도 아니다. 사람으로 치면 허리에 위치한 <유희열의 스케치북>은 어린 10대의 감성을 껴안기도 하고 때로는 중장년의 감성을 마주하게 한다. 구성진 트로트 노래부터 매끈하게 빠진 스탠더드재즈 음악까지, 오빠나 삼촌 들의 마음을 건드리는 아이유의 귀여운 노래에서부터 질척한 중년의 삶의 애환을 노래하는 최백호의 노래까지, <유희열의 스케치북>은 다양한 감성의 스펙트럼을 보여주며 세대 간의 감성적 간격을 좁히는 역할을 하고 있다. 비록 그것이 자주 보이는 것은 아니지만, 그 잠깐의 시간만으로도 음악을 하는 가수에게나 음악을 듣는 시청자들에게나 양쪽 모두에게 참으로 고마운 일이다.

하루에도 수많은 음악이 쏟아지는 상황에서 산업적으로 한쪽으로만 치우쳐 있는 불편함과 그 산업의 달콤한 열매만을 따 먹길 바라는 방송국의 행태에도 <유희열의 스케치북>이 금요일 늦은 밤 그 자리에 있다는 것에 감사한다. 음악프로의 든든한 허리로서 다양한 음악을 들려주는 <유희열의 스케치북>이 영원히 시청자와 함께하길 바란다. 그러면 언젠가는 할머니부터 손자까지 모여 앉아 편안한 마음으로 슬픈 발라드에 함께 울고 신 나는 댄스 음악에 함께 흥겨워하며, 늦은 밤의 작은 추억을 만들 수 있지 않을까? 그때도 '유희열'은 장난스러운 우스갯소리를 하며 걸그룹을 흐뭇하게 보고 있겠지?! 꼭 그러기를 바란다.

입선

오늘을 녹여내다

<뿌리 깊은 나무>와 <추적자>, 그 속에 담긴 지금

박세리

정사 정(政)에 다스릴 치(治), 어긋난 것을 바루고 일을 바로잡아 다스리는 것, 혹은 국가권력의 획득, 유지 및 행사의 활동. 이른바 정치의 개념이다.

사람이 사람 위에 서는 그것, 다스림. 고대부터 식지 않는 화두였던 정치는 오늘을 사는 우리에게도 적지 않은 사유를 촉구하고 있다. 그리고 치열한 권력의 먹이사슬은 대중문화의 결정판인 드라마 안에서도 고스란히 재현되곤 한다.

2011년 겨울과 2012년 봄, 이른바 명품 드라마가 탄생했다. SBS 대하사극 <뿌리 깊은 나무>와 SBS 월화드라마 <추적자>가 그것이다. 변변한 사랑 이야기 하나 없는 이 두 편의 드라마를 두고 사람들은 왜 그렇게 열광했는가? 팩션 사극과 복수극이라는 상이한 두 장르의 경계를 넘어선 공통의 그것은 과연 무엇이었는가?

아버지의 그늘, 그 속의 선택

<뿌리 깊은 나무>의 이방원과 석삼, <추적자>의 서 회장과 백홍식. 이 사람들 사이에는 아득할 만큼 먼 간극이 놓여 있다. 임금과 노비, 재벌 총수와 말단 형사라는 극단적인 신분의 차이는 그들 서로 간에 단 한 번의 조우조차 허용치 않았다. 하지만 그럼에도 이들 네 사람을 함께 아우를 수 있는 유일한 이름이 존재한다. 바로 아버지이다.

이방원은 아들 이도에게는 지워지지 않는 거대한 그림자와 같았다. 제 몸보다 몇 곱절은 길게 드리워진 채로 항상 발목을 휘감고 있는 실로 위력적인 그림자였다. 절대 권력을 휘두르는 이방원은 이도가 성장하기 위해서 기필코 넘어서야만 했던 첫 번째 관문이었다. 세상으로 전진하기 위해 깨부수어야 하는 아버지의 그늘. 전형적인 오이디푸스 콤플렉스의 발현과 극복이다.

그에 반해 석삼과 서 회장의 경우에는 부자간의 대립이 전혀 드러나지 않는다. 석삼은 지적 능력이 떨어지는 반푼이었기 때문에 아들 똘복이와 대립각을 세우는 것이 불가능했다. 대립은커녕 오히려 당차고 똘똘했던 아들에게 보호를 받는 처지였다. 그러나 이해타산을 모르고, 오로지 아들만이 전부였던 석삼이었기에 비록 모자랄지언정 무조건적이고 맹목적인 부정(父情)이 가능했던 것이다.

서 회장의 아들 서영욱은 끝내 아버지의 그늘에서 벗어나지 못한다. 오이디푸스 콤플렉스를 극복하는 데 실패한 것이다. 그룹을 경영하는 데 '해야 한다'는 당위성은 절실하나, 애석하게도 능력은 감정을 따르지 못한다. 거듭된 실패와 그칠 줄 모르는 아버지의 기대 속에서 결국 서영욱은 성장을 포기하고 거대한 아버지의 그늘 속으로 도피하고 만다.

<추적자>는 그 시작부터 끝까지 아버지 백홍석의 절절한 부정이 주를 이룬다. 딸의 억울한 죽음과 사회의 부조리 앞에서 오열하던 백홍석은 권력 앞에 무기력했던 스스로를 자각하고 생사를 건 싸움을 시작한다. 백홍석은 딸 수정의 아버지이자 수호자였다. 그리고 그는 결국 정의를 향해 투쟁하는 전사로 거듭나기에 이른다.

네 명의 캐릭터 중에서 가장 극명한 이중성을 보인 것은 단연 서 회장이다. 황금의 거인으로 재계뿐만 아니라 정계까지 좌지우지하는 절대적인 힘을 가진 그가 자식과 손자 앞에서 허허실실 호호인마냥 웃는 모습은 그 극명한 대비에 가히 두렵기까지 하다. 가부장적인 구조 속에서 기존의 아버지들, 특히나 힘과 권력을 가진 아버지들은 근엄함과 냉혹함으로 일관해왔다. 단적인 예로 <뿌리 깊은 나무>의 이방원을 보라. 죽는 그 순간까지도 아들의 멱살을 틀어잡고 기필코 성군이 되라며 다그치지 않았나. 서 회장이 늘 자리하는 검은색 의자는 절대 권력의 표상으로 그려진다. 검은 옥좌와 같은 그 자리를 결코 벗어나지 않던 서 회장이지만, 자식들과 대화를 할 때만큼은 자리에서 내려와 맞은편 의자에 나란히 앉곤 한다. 핏줄 앞에서는 지고한 자리에서 잠시나마 내려와 자식들 곁에 가까이 서는 것이다.

이야기의 발단은 모두 이 네 명의 아버지로부터 기인한다. 이방원이 아들 이도 곁의 잔가지들을 정리하는 과정에서 석삼이 죽었고, 서 회장의 딸 서지수가 저지른 뺑소니 사고가 백수정을 죽음으로 몰고 갔다. 아들의 조선을 위해 피를 뿌렸던 이방원, 아들을 대신해 죽음으로의 길을 달렸던 석삼, 딸의 사고를 덮고자 거래를 제안한 서 회장, 딸의 억울한 죽음에 분노해 복수를 결심하는 백홍석. 이들은 모두 자식을 위해 기꺼이 구정물을 뒤집어쓰려 했던 아비였다.

민초(民草)들의 역공

무전유죄 유전무죄. 돈이 없고 힘이 없으면 그것이 곧 죄가 되는 세상. 부조리한 세상에 짓밟힌 민초 강채윤과 백홍석의 분노가 보는 이들의 깊은 동조를 이끌어냈다. 높은 곳에 선 이들이 너무나도 쉽사리 내뱉는 단어, 희생이다. 그런데 과연 그 희생은 누구를 위한 제물인가.

노비 똘복과 형사 백홍석은 거창하지 않은 소소한 일상에 만족할 줄 아는 소시민의 전형이었다. 반푼이 아버지를 지키려 억세게 눈을 부라리다가도 담이가 주는 알밤 하나에 금세 웃을 줄 아는 소년이었고, 고된 형사 생활이 더럽고 치사해 욕을 퍼붓다가도 동료와의 소주 한잔에, 딸의 사랑한다는 한마디에 온갖 피로가 씻은 듯이 풀리는 가장이었다. 그랬던 그들을 나락으로 떠민 것은 '대의'였다.

어쩌면 한 인간의 더러운 욕망에 지나지 않을 대의 따위, 똘복과 백홍석은 개나 줘버리라며 침을 뱉는다. 그들, 민초들은 복잡한 명분보다는 혈육의 본능에 더욱 충실하다. 내 가족, 내 핏줄, 내가 사랑하는 사람들을 위해 펼치는 고군분투에 사람들은 열렬할 지지와 응원을 보낸다. 그리고 수많은 시련과 고통을 인내하고 마침내 뜻을 이루는 순간, 그것을 보는 이들은 대리만족을 느끼며 함께 환호한다.

한낱 노비 따위가 임금의 목을 노리고, 일개 형사 따위가 대통령 후보를 단죄한다. 어이없을 정도로 무모한 시도지만, 그것을 비웃는 이들은 아무도 없다. 똘복은 아들의 이름으로 강채윤이 되었고, 백홍석은 아버지의 이름으로 탈옥범이 되었다. 한낱 벌레 따위로 치부되었던 이들이 결국 임금의 신뢰를 얻어 조력자가 되고, 무소불위의 힘을 가진 정치인을 심판대에 세웠다. 작은 메추리알이 거대한 바위를 깨고야 만 것이다. 이를 통해 우리는 대리만족을 넘어서서 강렬한 카타르시스를 느낀다. 비록 현실이 아닐지언정, 실제로는 불가능할지언정 의지가 승리하고 마는 그 순간에 함께 감동하는 것이다.

고독과 불신의 신화, 정치

"총애하는 신하를 지나치게 가까이하면 반드시 군주를 위험하게 할 것이며, 대신을 너무 귀하게 대우하면 반드시 군주의 자리를 갈아치우려 할 것이다." 『한비자』에 나오는 구절이다. 이것은 한비가 정상에 선 자에게 건네는 경고이다. 어느 누구도 믿지 마라. 정치는 뼛속까지 외로운 행위이다.

<뿌리 깊은 나무>와 <추적자>는 곳곳에 불신과 의혹의 응어리를 심어놓았다. 이방인 강동윤은 로열패밀리 한오그룹 일가 속에서 외로웠고, 이도는 거대한 사대부집단인 신료들 위에서 고독했다. 결국 강동윤은 치열한 약육강식의 정글에서 살아남기 위해 스스로 '믿음'을 버렸고, 이도는 지존의 책무를 떠안으며 '믿음'을 버리기를 종용당했다. 물론 이도의 경우에는 타인을 향한 믿음과 신뢰를 완전히 거두지는 않지만, 밀본과 사대부들을 향한 경계와 의심의 꼬리만은 놓지 않았다.

복잡하게 얽힌 이해타산을 계산하는 과정에 절대적인 아군은 존재하지 않는다. 이것은 급변하는 사회 속에 놓인 우리네의 모습과 별반 다르지 않다. 시시각각 변모하는 상황과 그에 따라 처세술을 바꾸는 기회주의자들, 그들 간의 머리싸움이 긴장감을 한층 증폭시키는 효과를 발휘한다. 어제의 적군이 오늘의 동지가 될 수 있고, 오늘의 친구가 내일의 원수가 될 수도 있다. 이것은 비단 허구 속의 흥미진진한 줄거리로만 그치지 않는다. 어느 날 누군가에게 충분히 일어날 수 있는 우리의 오늘이기도 하다. 이른바

약게 살아가는 현대인들의 모습이 드라마에 그대로 투영되었다고 볼 수 있다.

또한 두 작품은 새로운 권력관계를 일구어냈다. 기존의 통념으로 볼 때, 왕조체제 국가에서 절대적인 힘의 중심은 단연코 왕이었다. 물론 신권이 비대했던 조선에서는 삼사를 비롯한 신료들의 발언권이 강했다고는 하지만, 국왕 중심의 통치체제에 대한 의구심은 결코 드러내지 않았다. 그러나 <뿌리 깊은 나무>는 왕과 정면으로 대적하는 사대부를 그림으로써 감히 우러르기조차 어려웠던 임금을 토론의 자리로까지 이끌어내기에 이른다. 왕과 사대부, 결코 어느 한 쪽으로도 기울지 않는 팽팽한 대립인 것이다.

<추적자>에서 이끌어낸 권력의 핵심은 자본, 돈이었다. 자본주의 사회 대한민국에서 돈은 곧 힘이 된다는 명쾌한 논리를 현실적으로 그려냈다. 자본이 정치권력을 따른다는 기존의 생각을 뒤집어엎고, 오히려 자본이 정치권력을 조종한다는 새로운 권력관계를 재편한 것이다. 그리고 돈과 정치가 맺는 불가분의 관계는 이미 모든 이들이 암묵적으로 인식하고 있기에 충분한 설득력과 개연성이 있다.

권력의 정점은 고독한 자리이다. 누구도 믿을 수 없고, 누구도 대신할 수 없는 자리. 이도의 일생일대 숙원이었던 훈민정음을 반포한 뒤, 그의 곁에 남은 이는 아무도 없었다. 벗도, 숙적도, 자신을 이해해주는 마음의 지기도 모두 그를 떠났다. 서 회장 역시 그렇게 끔찍이 여기던 자식들과 손자를 모두 잃고 홀로 남게 된다. 텅 빈 방안을 둘러보던 그 모습은 거대한 성채 안에 갇힌 초라한 노인의 초상에 불과했다. 하지만 두 제왕은 스스로에게 연민을 느낄 틈이 없다. 이도와 서 회장은 정점의 자리에 우뚝 선 그대로 앞으로 나가야만 한다. 온전히 혼자일 수밖에 없는 권력의 쓸쓸한 면모이다.

<뿌리 깊은 나무>와 <추적자>는 모두 오늘을 말하고 있다. 이도와

정기준의 토론에서는 놀랍게도 민주주의를 읽을 수 있다. 백성이 글을 알고, 백성이 힘을 갖고, 백성이 책임을 지는 국민주권의 정치개념을 조선의 복색을 한 조선의 인물들이 말하고 있다. 서 회장이 휘두르는 자본의 칼날은 대한민국 어딘가에서 자행되고 있을지 모르는 충분히 있을 법한 일이고, 강동윤과 같은 이중적인 정치인 역시 여의도 국회의사당을 출입하는 누군가의 모습일지 모른다. 매스컴을 타고 흐르는 비리 관련 정치 뉴스가 끊이지 않는 것이, 안타깝지만 지금의 현실이다. 우리는 드라마 속에서 어쩌면 스스로도 인식하지 못한 채로 우리의 오늘을 비춰보고 반성하고 있는 것인지도 모른다.

입선

막장 소재를 품은 명품 드라마

미니시리즈 <적도의 남자>와 연작시리즈 <보통의 연애>를 중심으로

박지현

1. 명품 드라마의 조건

동생이 형을 살해하고 그 아내, 즉 형수와 결혼한다. 그리고 그 형의 아들인 조카가 숙부인 동생을 살해한다. 그가 조카를 죽이기 위해 탄 독을 형수였던 아내가 마시고 죽는다. 그야말로 막장 이야기가 따로 없다. 하지만 이는 명작으로 추앙받는 셰익스피어 4대 비극 중 하나인 『햄릿』의 줄거리다. 이런 막장 소재를 품고 『햄릿』은 어떻게 명작으로 평가받게 되었을까. 바로 '죽느냐 사느냐, 그것이 문제로다'라는 『햄릿』의 유명한 대사에 답이 있다. 비현실적인 플롯 안에서 『햄릿』은 인간의 존재 의미와 가치에 대해 이야기한다. 무엇을 추구하며 살아가야 하는가. 삶의 의미는 무엇인가에 대해 『햄릿』은 끊임없이 고민하고 괴로워한다. 주인공의 고통에 독자는 공감한다. 그가 하는 고민이 바로 우리가 평생을 살며 안고 가는 문제들이기 때문이다.

2011년 방송된 드라마 연작시리즈 <보통의 연애>와 미니시리즈 <적도의 남자>도 유사한 맥락에서 볼 수 있다. <보통의 연애>에서 여자 주인공 유다인의 아버지는 남자 주인공인 한재광의 형을 죽인 살인자다. 살인자의 딸 유다인과 피해자의 동생 한재광이 서로 사랑에 빠진다. <적도의 남자>는 한술 더 뜬다. 죄는 죄를 낳고 복수는 복수를 부른다. 주인공 김선일의 아버지를 선일의 절친한 친구 이장일의 아버지가 죽이면서 사건이 시작된다. 이를 알게 된 장일은 선우를 죽이려 하고, 선우를 괴롭히는 진노식 회장은 알고 보니 선일의 친아버지였다. 이러한 와중에 한지원이라는 한 여자를 장일과 선일 모두가 사랑하게 되며, 둘의 갈등은 더욱 깊어진다. 현실에서는 도저히 존재할 수 없는 이야기다. 하지만 이러한 막장 소재를 두 드라마는 명품으로 풀어낸다.

2. 입체적 캐릭터들

두 드라마가 명품이라는 평가를 받는 가장 결정적인 조건으로 등장인물들의 캐릭터가 입체적이라는 점을 들 수 있다. 보통 막장 드라마로 평가되는 작품들 속 등장인물은 매우 전형적이다. 악녀는 처음부터 끝까지 일관되게 악녀다. 착한 주인공은 절대 그 착한 본성을 잃지 않는다. 하지만 <적도의 남자>와 <보통의 연애> 속 인물들은 다르다. 악역을 맡은 인물들은 끝없이 흔들린다. <적도의 남자>의 장일과 그의 아버지 이용배, <보통의 연애>에서 다인의 아버지로 나오는 김주평이 그 예다. 그들은 모두 죄를 저지른다. 용배가 선우의 아버지를 죽이고, 그의 죄를 덮기 위해 장일이 선우를 절벽에서 밀어 실명하게 만든다. 김주평은 실수로 교통사고를 내고 피해자를 데리고 병원에 가다 음주 운전 단속에 걸리는 게 두려워 산속으로 차를 돌린다. 그리고 아직 죽지 않은 피해자를 죽여 산에 묻는다. 그들은 분명히 죄를 지었지만 전형적 악인으로 묘사되지는 않는다. 그들은 죄책감이라는 폭풍에 의해 끝없이 흔들린다. 자기 자신을 지키기 위해서라면 무슨 짓이든 서슴지 않다가도 이렇게 살고 싶진 않았다며, 순식간에 무너지곤 한다.

악역 캐릭터들뿐만이 아니다. 선한 인물들도 흔들린다. <적도의 남자>의 선우는 초반에 순수했던 모습이 극이 진행될수록 극명하게 변해간다. 복수를 진행하는 과정에서 그는 때때로 냉혹하기 그지없는 모습을 보인다. 철학자 프리드리히 니체(Friedrich Nietzsche)는 “괴물과 싸우는 사람은 그 싸움 속에서 스스로도 괴물이 되지 않도록 조심해야 한다”라고 말했다. 이장일, 이용배, 진노식 회장이라는 괴물들과 싸우면서 선우는 자꾸만 괴물이 되려 하는 자기 자신과 끊임없이 싸움을 한다. <보통의 연애>에서는 한재광이 흔들린다. 그는 다인을 사랑하고, 죄가 있어도 그녀의 아버지에게 있는 것이지 다인은 아무런 죄가 없다는 사실을 알고 있다. 하지만 다인의 아버지가 진짜 살인자라는 사실이 밝혀지는 순간, 그는 그녀를 매몰차게 밀어내 버린다.

이러한 입체적인 인물 군상에 대해 시청자들은 애정을 가진다. 이게 진짜 ‘사람’의 모습이기 때문이다. 악하기만 한 사람도 없고 선하기만 한 사람도 없다. 자신이 가진 걸 지키려고 죄를 저질렀다가도 그 죄의 무게에 괴로워하는 게 사람이다. 가족에게 보이는 나, 친구에게 보이는 나, 연인에게 보이는 나의 모습이 각각 다른 게 바로 사람이다. 선과 악이 혼재된 등장인물들의 모습은 시청자들에게 동정과 연민을 불러일으키며, 드라마의 수준을 한 단계 끌어올린다.

3. 소설 같은 드라마

<보통의 연애>는 마치 아픈 사랑의 추억을 담담하게 서술하는 에세이 같은 느낌이다. <적도의 남자>는 흡입력 있고 농도 짙은 서양 고전과도 같다. 두 작품이 공통으로 지니고 있는 것은 바로 '문학성'이다. 드라마의 문학성은 여러 가지 요소를 통해 드러난다. 대사, 장면, 소품, 음악 등이다. <적도의 남자>는 장면과 소품에 집중한다. 선우와 지원은 '헤밍웨이'로 소통한다. 시력을 잃은 선우가 오디오북으로 읽던 책은 한 남자의 복수를 그린 알렉상드르 뒤마(Alexandre Dumas)의 소설 『몽테크리스토 백작』이다. 장일이 지원을 기다리며, 혼자 감상하던 영화는 주인공이 친구를 죽이고 친구의 여자를 차지하는 영화 <태양은 가득히>(1960)다. 극 중 소품을 통해 작품을 꿰뚫는 흐름을 상징하는 매개물로 활용한다. 작품의 카메라 앵글 또한 실험적이다. 기존의 드라마에서 보지 못했던 다양한 구도를 시도한다. 엑스트라나 보조 인물을 최대한 배제해 주요 인물들에게만 집중하도록 한다. 눈에 띄는 몇 장면은 다름 아닌 선우와 장일이 대치하는 장면이다. 테이블을 사이에 두고 노려보는 두 사람, 절벽에서 어린 선우의 뒤통수를 치려 하는 어린 장일과, 옥상에서 선우의 뒤를 공격하는 장일의 데자뷔. 장면 구도에 대한 새로운 시도는 시청자들에게 낯섦을 불러일으키며, 동시에 극도의 긴장감을 선사한다.

그에 비해 <보통의 연애>는 두 주인공의 대화에 집중한다. 그들은 서로 바라보고, 그리고 대화한다. 그 외에 특별히 하는 것은 없다. 대부분의 침묵과 간간이 등장하는 주옥같은 대사가 이 드라마를 하나의 단편 소설 같이 느끼게 한다. 인물들이 담담히 읊조리는 말로 절망을 말하고 그리고 희망을 말한다. 무너진 곳에서 다시 시작하는 그들을 그리며, 이 소설 같은

드라마는 막을 내린다.

4. 소외된 자들을 향한 시선

동성애자, 맹인, 무당의 딸, 살인자의 딸……. 두 드라마에 등장하는 사회적 소외계층이다. <보통의 연애>에서 한재광의 형 한재민은 사법고시에 합격한 엘리트지만 강목수라는 남자를 사랑하는 동성애자다. 그는 이 때문에 어머니에게서 억압당하고 사회적으로 비밀 유지를 강요받는다. 가장 가까운 혈육인 동생에게까지 자신의 사랑을 숨겨야만 한다. 이러한 외부의 핍박을 견디지 못하고 그는 강목수와 함께 도피할 것을 꾀한다. 강목수를 만나러 가는 길, 한재민은 김주평이 운전하는 차에 치이고 결국 죽음에 이른다. 살인자 김주평의 딸, 유다인도 외부 요인에 의해 억압당하는 소수 계층인 것은 마찬가지다. 7년을 '살인자의 딸'이라는 낙인 아래 살아온 그녀는 '무슨 좋은 일이라도 있는 양' 맘껏 입 벌리고 햄버거 하나를 먹지 못하고, 한겨울에도 뜨뜻하게 보일러 한 번 못 틀어본 채 덜덜 떨며 지낸다. 살인자의 딸이라는 자신의 처지가 곧 자신이 지니고 가야 할 죄라고 생각하기 때문이다.

<적도의 남자>에도 소외된 자들은 등장한다. 주인공 김선우는 절벽에서 떨어지는 사고 이후 실명하고 인생이 꼬이기 시작한다. 장일을 좋아하던 소녀 수미는 그녀가 '무당의 딸'이라는 이유만으로 그에게서 잔인하게 외면당한다. 이렇게 사회적으로 소외당하는 위치에 있는 인물들은 오랜 시간 동안 누적된 깊은 상처를 지니고 살아간다. 몇몇은 치유 받기도 하고, 나머지는 비뚤어져 괴물이 되거나 허무하게 죽임을 당한다. 그들을 비춰주며, 드라마는 '죄'에 대해 이야기한다. 이 사람들이 왜 고통스러워하고

끊임없이 괴로워해야 하는가. 이들이 어떤 죄를 지었는가? 다른 사람들에게 피해를 주었는가? 그렇지 않다. 그런데 왜 사람들은, 사회는 이들을 단죄하지 못해 안달하고 있는 걸까. 이들에 대한 부조리한 대우를 보다 보면 마음이 불편해진다. 죄를 짓지 않은 사람들에게 죄가 있다고 말하는 사회 구성원들 중 자신도 포함되어 있음을 점점 느끼기 때문이다. 그들을 지켜보다 보면 나 자신이 마치 죄인인 양 그늘에 숨어 지내는 사람들을 차가운 시선으로 바라본 적은 없는지 돌이켜보며 부끄러워진다.

<보통의 연애>에서 한재광이 하는 대사는 이렇게 죄를 짓지 않은 죄인들의 마음을 건드린다.

> 저기요, 당신 아빠 죄가 왜 큰지 알아요? 아빠를 용서할 수 있는 사람은 형 한 명인데 이 세상에 없거든요. 그래서 큰 거예요. 그런데 당신은 누가 용서해야 돼요? 모르겠죠? 당연히 모르죠. 용서할 사람이 없으니까. 죄를 짓지 않았다고요., 당신은. 그러니까 지금 나한테 화를 내야 맞는 거라고요. 당신은 누군가의 딸이기 전에 그냥 당신인 거예요. 내가 보고 싶어 죽을 것 같았던 바로 그 여자라고요. 그러니까 이렇게 컵라면으로 끼니 때우지 말고, 보일러도 좀 빵빵하게 틀어놓고…….

5. 화해와 용서의 마지막 회: 흠집 난 명품과 아름다운 명품

아리스토텔레스적 의미에서 '미적인 것'은 '크기(magnitude)'와 '질서(order)'에 기초한다.[2] 이를 드라마에 적용해 말해보자. 미적 작품인 텔레비전

---

2) 박노현, 『드라마, 시학을 만나다』(휴머니스트, 2009), 124쪽.

드라마의 크기와 질서를 깨뜨릴 때 그 아름다움은 파괴된다. 크기는 조기 종영 또는 연장 방영의 방식으로 조절된다. 시청자들의 요구에 따른 결말의 변화는 질서의 파괴다. 작품은 거시적인 시각에서 바라봤을 때 완결성을 지녀야 그 아름다움이 배가된다. <보통의 연애>는 4부작의 흐름을 지키며, 잔잔한 엔딩으로 완결성을 지켰다. <적도의 남자>는 마지막 회에서 그 크기와 질서를 깨뜨렸기에 흠집이 났다.

시청자들은 일명 '해피엔딩'을 원한다. <적도의 남자>는 7%대의 시청률로 시작해 후반부 14~15%까지 상승해 적지 않은 인기를 끌었다. 그러다 보니 시청자들의 요구에 따라 크기와 질서가 변화한 것처럼 보인다. 19화 방송 사고를 시작으로 20화 마지막 회에서 개연성 없는 엔딩을 보여주며, 오히려 시청자들의 빈축을 샀다. <적도의 남자>의 진정한 애청자라면 '나쁜 장일은 결국 죽었습니다. 선우와 지원은 오래오래 행복하게 살았습니다'라는 권선징악의 해피엔딩을 바라지는 않았을 것이다. 이장일이라는 인물을 '악'이라 정의할 수 없고, 김선우를 완전무결한 '선'이라고 볼 수도 없기 때문이다. 오랫동안 용서와 복수의 사이에서 괴로워하던 선우는 20화에서 너무나 쉽게 모두를 용서한다. 억지스러운 용서를 달성시키기 위해 선우는 시력을 다시 잃었다 회복하기도 하고, 장일의 기억에 갑작스럽게 손상이 오기도 한다. 사랑을 위해 극단적 행동을 서슴지 않았던 수미에 대한 용서는 온데간데없다. 지원은 선우가 자신의 아버지를 죽게 한 살인자의 아들이란 걸 알고도 망설임 없이 그를 만나기 위해 적도로 향한다. 인간 내면에 잠재되어 있는 고뇌에 대해 조명하며 시청자들에게 깊은 울림을 주었던 이 작품은 마지막 회의 '크기'와 '질서'에 일어난 균열로 인해 작지 않은 흠집이 났다.

그에 반해 <보통의 연애>의 끝은 아름답다. 살인자의 딸과 피해자의 동생. 그들은 마치 보통의 연애를 했던 것처럼 보통의 이별을 한다. "네가 지겨워졌어, 귀찮아", "너도 내 스타일이 아니야"라고 말하며 상대방에게 이별을 고하고, "마치 보통의 연애를 했던 것 같아요"라며 씁쓸하게 웃는다. 그들이 이루어질 수 없는 것은 당연한 일이다. 그것이 현실이고 우리가 진짜 살아가는 세상이다. 다만 언젠가 그들이 다시 만나게 될 수도 있다는 일말의 여지를 남긴다. 상처받은 인물들이 했던 보통의 연애는 그들을 보통 사람으로 만드는 데 작은 도움을 준다. 변화를 남긴다. 서로 헤어진 후, 다인은 용기를 내 입을 크게 벌려 햄버거를 먹고, 인물의 뒷모습만 찍던 재광은 아이들의 밝게 웃는 모습을 카메라에 담는다. 그게 우리가 사는 삶의 모습이다. 누군가를 만나고 헤어지고, 그 사람과 다시 만나기도 하고 아니면 새로운 사랑을 시작하기도 한다. 이러한 만남과 이별이 나에게 작은 변화를 남긴다. 나라는 사람이 만들어져가는 과정이다. '해피엔딩'이라는 결말에 얽매이지 않았기에 <보통의 연애>는 끝까지 시청자들과 공감하고 소통할 수 있었다. 그렇기에 흠집 없이 아름다운 명품으로 남았다.

입선

반쪽짜리 진실의 위력

KBS <안녕하세요>, Mnet <슈퍼스타K 4>로 본 국민과 방송의 역할

송현경

"어제 TV에 내 친구 나왔어!"

"내일 TV에 우리 친척 나오니까 꼭 봐!"

이제 더 이상 TV는 우리의 우상만이 나오는 곳이 아니다. 가까운 친구, 동료, 가족 등 친분이 있는 주변인들이 방송에 나왔다는 소식을 어렵지 않게 들을 수 있다. 그만큼 일반인이 TV프로그램에 출연할 기회가 많아졌다는 사실을 나타낸다. 하지만 방송을 지켜보기만 했던 시청자가 방송에 직접 참여할 기회가 많아지면서 더욱 커진 문제가 있다. 더 많은 이들이 방송의 피해자가 될 기회까지 늘어났다는 것이다.

반쪽짜리 진실

1969년 퓰리처상의 영예를 안은 「사이공식 처형」이라는 사진이 있다.

이 사진 뒤에는 많은 논란거리가 있었다. 베트남 전쟁 중에 남베트남 구웬 곡 로안 장군이 베트콩을 권총으로 즉결 처형하는 모습이 찍힌 이 사진이 퓰리처상을 수상하고 대외적으로 공개되면서 로안 장군은 졸지에 국제 사회에서 살인마가 되었다. 충격적이고 잔인한 처형의 모습 속에 총을 들고 있는 그에게 전 세계인들의 협박과 분노가 쏟아졌고, 신변의 위협이 엄습하는 두려움 속에서 남은 날들을 살아야만 했다. 이 상으로 큰 영애를 안게 된 미국의 사진기자 에디 애덤스는 죽는 날까지 후회하며, 사진 하나로 남은 인생을 살인마로 살게 된 그에게 평생 사과하려 했다.

애덤스는 직접 "사진은 절반만의 진실을 이야기할 뿐이다"라는 말을 했다. 「사이공식 처형」이라는 한 컷의 사진에서 보이는 장면 뒤에는 다음과 같은 진실이 숨겨져 있다. 처형당한 베트콩이 로안 장군의 동료와 가족들을 살해했다는 사실을 안 직후 일어난 상황이라는 것이다. 로안 장군은 평소 부하들과 베트남에서도 존경받는 인물이었다. 사진기자 애덤스는 오히려 자신이 사진으로 장군을 죽인 살인마라고 칭했다.

'말 못하는 사진'과 다를 것이 없는 '말하는 TV'

요즘 TV 속에는 연예인들을 초청해서 그들의 이야기를 듣는 형식의 토크쇼보다 일반인들이 직접 나와서 그들의 사연을 꺼내놓는 대국민 토크쇼의 모습이 두드러지게 나타나고 있다. 2010년 첫 방송을 시작해 동 시간대 시청률 1위까지 오른 KBS <안녕하세요>가 그 대표적인 예다. 매주 국민들이 가지고 나오는 다양하고 기상천외한 고민들을 함께 공감하기도 하고 때론 쓴소리를 해주기도 한다. 거기에 MC들의 재미있는 진행까지 더해져서 시청자들의 많은 사랑을 받고 있다. 하지만 때로는 고민을 안고 나온 시청자에게 더 큰 고민을 안겨 보내기도 한다. 얼마 전 <안녕하세요>에는 18살 어린 나이에 가수의 꿈을 가진 남학생이 등장했다. 하지만 그는 평범하지 않은 사연을 가지고 있었다. 가수지망생인 그는 외모에 대한 콤플렉스로 여러 군데 성형수술을 했지만 계속 고치고 싶어진다는 고민으로 나온 출연자였다.

이 방송이 전파를 타고 나서 얼마 지나지 않아 유명한 오디션 프로그램에 다시 출연한 그의 모습이 눈길을 끌었다. 가수지망생이라는 꿈을 밝혔던 그의 말대로 국민 오디션 프로그램인 <슈퍼스타K 4>의 광주 지역예선 현장에 등장한 것이다. 이슈를 만들기 좋아하는 방송 프로그램인 만큼 그의 성형수술 이야기를 놓칠 리 없다. 하지만 그는 씁쓸한 고민을 하나 더 안고 와 있었다. 바로 지난번 방송출연 이후로 크게 이슈가 되었지만 악플이 3,000개가 넘게 달렸다는 것이다. 악플의 내용은 순수하게 고민을 가지고 나온 그에게 너무나 큰 상처를 주었다. 차라리 그 고민에 대한 진정한 비난이면 좋으련만 출연자의 고민을 제대로 이해하긴 한 것인지 의아할 만큼 그와 그의 부모에 대한 무례한 악담들을 담고 있었다.

대국민 방송이 만드는 피해자

가수를 향한 꿈과 외모에 대한 고민으로 방송에 거듭 출연했던 18살 출연자는 방송에 대해 어떠한 관점을 갖게 되었을까. 그가 출연한 두 개의 프로그램은 우리나라의 대표적인 대국민 토크쇼였고 대국민 오디션이었다. '대국민이라는 단어가 들어가는 이유가 단지 출연 대상이 국민이라는 이유였던가' 하는 생각을 하게 한다. 국민이 함께 공감하고 함께 즐거울 수 있는 방송이 되려면 단지 눈길을 끄는 것에서 끝날 것이 아니라 문제가 되는 내용에 대한 시청자들의 충분한 이해를 동반할 수 있는 구성이 필요하다. 그렇지 못하면 특별한 이야기를 가진 출연자들은 국민들의 가십거리가 될 뿐이다. '진정성'이란 소재거리에서만 나타나는 것이 아니라 전체적인 프로그램의 구성에서 우러나오는 것이 아닐까.

이미 악마의 편집으로 유명한 <슈퍼스타K>는 시리즈마다 방송의 피해자들을 양산해내고 있다. 가수를 양성하는 것인지 누리꾼들의 먹잇감을 양산하는 것인지 의심스러울 정도다. 더군다나 그 피해자들은 아직 어린 가수지망생들이다. 누군가의 진실한 꿈을 위한 도전이 어떤 이들의 먹잇감으로 전락하게 하는 데 방송이 한몫하고 있다.

방송을 제작하고 진행하는 사람들은 방송 이후의 파장에 대해서 어느 정도는 가늠할 능력을 갖추고 있을 것이다. 방송의 이슈를 만든 출연자에 대한 책임감이 방송제작팀에게 좀 더 필요할 듯하다.

보는 시간이 아닌 이해의 시간이 필요하다

사람들은 브라운관에 비치는 부분 외 나머지 진실에 대해 그다지 관심이 없다. 빠른 삶 속에서 이해의 시간은 잃어버린 채 눈에 보이는 것을 그대로 인식해버리기에 바쁘다. 그 안에 담고 있는 진실을 생각해보기도 전에 바로 다른 이에게 정보를 넘겨준다. 정보가 옮겨 갈수록 허위와 과장이 덧붙여지고, 결국엔 진실을 이기는 힘센 거짓이 되어버린다.

몇 분 전 방송된 내용이 이미 삽시간에 퍼져 나가 그것을 시청하지 않은 사람에게까지도 공유되고 있다. 진실한 내용만 퍼져가기에는 우리의 윤리 문화가 매우 뒤처져 있고 마녀사냥을 즐기는 사람들의 심리는 한 사람을 죽이기에 그리 많은 시간을 두지 않는다. 이것은 기술을 다루는 우리들의 책임이 무척 커졌다는 사실을 나타낸다. 스마트한 생활의 편리는 마음껏 즐기면서 그에 따르는 책임은 간과하고 있는 건 아닌지 돌아봐야 한다.

방송과 정보를 이용하는 이용자들의 예절은 더 말할 나위 없이 중요하지만 이와 함께 더욱 성숙해져야 할 분야가 있다. 바로 방송 프로그램이다. 방송은 대중문화를 이끄는 데 큰 역할을 한다. 그만큼 사회적 역할과 기능이 중요하다는 말이다. 분명 방송을 시청하는 시청자들로서도 그 자세가 중요하다. 대중매체와 스마트 기기가 발달하는 속도는 급속하게 빨라지지만 정작 그것을 사용하는 사용자들의 예절과 질서는 그 속도를 따라가지 못하고 있다. 하지만 이러한 현상을 방송 프로그램이 더욱 조장하고 있다면 큰 문제다. 문화를 즐기는 대중의 책임만큼 방송 또한 그 문화를 잘 이끌어야 할 책임감이 필요하다.

입선

현실과 가상을 넘나드는 진실

드라마 <유령>

오지원

21세기 현대사회에서 정보통신과 첨단 기술의 발달이 불러온 풍경은 어떠한가? 싸이의 「강남스타일」이 유튜브를 통해 전 세계인들에게 알려지고, 트위터·페이스북·미투데이와 같은 SNS(Social Network System)에 올라오는 수많은 글들, 온라인상에서 이루어지는 전자상거래, 신속하게 올라오는 인터넷 기사는 물론 지하철이나 버스에서 한시도 사람들의 손에서 떨어지지 않는 스마트폰까지, 우리는 하루에도 수십 번씩 디지털 공간에서의 삶을 살아가고 있다. 스마트폰, 태블릿PC와 같은 전자기기가 없는 우리 사회의 모습은 아마 상상할 수 없을 것이다. 어느새 우리가 창조한 제2의 세계인 가상의 사이버 공간은 우리가 상상하고 있는 것보다 우리 삶 속에서 훨씬 큰 비중을 차지하고 있다. 그러나 이러한 편리함이 수많은 범죄를 불러온다는 사실을 사람들은 얼마나 알고 있을까? 여기 컴퓨터 모니터 뒤에 숨겨진 어두운 이면에 대해 낱낱이 밝히고 있는 드라마 <유령>이 있다.

웰메이드 수사물

<유령>은 신인이지만 대중들의 사랑을 한 몸에 받는 신효정이라는 여배우의 이야기로 시작된다. 어느 날 신효정의 성 접대 리스트 루머가 인터넷에 퍼지고 인터넷 기사에는 온갖 악성 댓글이 달리기 시작한다. 며칠 뒤 신효정은 자신의 트위터에 자살 암시 글을 올리고 자신이 살고 있던 고층 빌딩에서 떨어져 죽음을 맞이한다. 사이버 수사과 팀장인 김우현은 신효정 사건을 담당하게 되면서 자살이 아닌 타살이라는 사실을 밝혀낸다. 거기에 범인으로 몰린 천재 해커 하데스가 알고 보니 자신의 경찰대 동기였던 박기영이라는 사실이 더해진다. 김우현은 신효정 사건의 진범을 잡으려던 중 불의의 사고를 당하고, 그 자리에 같이 있던 박기영 역시 목숨은 건졌지만 얼굴에 화상을 입어 김우현으로서의 삶을 살면서 진범을 쫓기 위해 고군분투한다는 내용이다.

<유령>은 한국 드라마에서는 처음으로 다루어지는 사이버 수사 이야기를 미드 <CSI> 못지않게 풀어나갔다. 스테가노그래피(steganography), 좀비 PC, C&C서버 등 전문적인 용어를 사용하여 극의 전문성을 높이는 한편, 자칫 시청자들이 드라마를 어렵게 느낄 수 있는 부분에서는 김우현이 휴대전화로 수십 명의 문자를 실시간으로 받아 보거나 역으로 사람들에게 문자 메시지를 동시에 보내는 등의 장면으로 시청자들의 이목을 집중시키는 동시에 흥미를 잃지 않도록 하였다.

또한 주인공들의 얼굴이 뒤바뀌는 신선하면서 충격적인 소재의 존재감 또한 무시할 수 없다. 과거 <아내의 유혹>에서 주인공 구은재가 눈 밑에 점 하나를 찍고 돌아와 민소희가 된 것은 이에 비하면 애들 장난이라고 해도 과언이 아니다. 시청자들은 보이지 않는 실체인 진범을 잡기 위해

스스로 존재하지 않는 실체가 된 박기영의 정체가 언제 탄로 날까 조마조마하면서도 눈을 뗄 수 없었다. 이 때문에 시청자들은 오히려 텔레비전 앞으로 모여들 수밖에 없었다.

양파 껍질 까듯 파헤쳐도 끝도 없이 나오는 반전도 <유령>이 다른 드라마들과는 다른 또 하나의 큰 특징이다. 이러한 반전들은 20회라는 짧지 않은 시간 동안 극을 지루하지 않게 만드는 힘이 되었다. 믿고 있던 인물이 알고 보니 스파이였다거나 하는 전혀 예상치도 못한 전개는 시청자들로 하여금 범인을 추리해나갈 기회를 부여하는 것은 물론 실제 박기영이 된 것과 같은 착각을 불러일으켰다. 이처럼 기존 한국 드라마의 뻔한 전개와 틀을 벗어난 <유령>은 잘 짜인 수사물로서 시청자들을 사로잡았다.

우리 사회를 말하다

<유령>의 모든 사건이 일어나는 곳은 사이버 공간이다. 그러나 가상세계에서의 일이라고 해서 <유령>이 현실에서 전혀 일어날 리 없는 일들을 이야기하고 있다고 생각한다면 그것은 큰 착각이다. 드라마의 큰 흐름은 신효정 사건의 진범을 잡기 위한 내용이지만 2~3회마다 새로운 작은 사건들이 전개된다. '명문고 학생 자살 사건', '디도스 공격 사건', '대규모 정전 사건', '세강 정치 비자금 사건'이 그 예이다. 이들 사건은 물론 나중에 큰 사건을 해결해나가는 연결고리를 가지고 있지만, 때로는 극의 흐름을 끊는 방해요소가 될 수 있다. 그런데도 작가가 굳이 이러한 에피소드 형식을 드라마에 사용한 이유는 무엇일까? 그것은 바로 <유령>을 통해 지금 현대사회의 문제점들을 비판하려 했기 때문이다. 가장 먼저 신효정 살인사건은 한때 연예계에 큰 논란이 되었던 성 접대 리스트 이야기를 기반으로

하고 있다. 이 에피소드에서 등장한 '신진요(신효정에게 진실을 요구합니다)'를 보아도 몇 년 전부터 인터넷을 떠들썩하게 한 한 사건이 떠오르지 않는가. 이번에는 유명 명문고에서 일어난 학생들의 자살사건으로 넘어가 보자. "한번쯤은 인생에서 질 때도 있고 넘어질 수도 있는 것을, 아무도 우리에게 가르쳐주지 않았어요"라는 유강미의 대사는 대한민국의 성적지상주의 교육 현실을 어김없이 반영하고 있다. 살인사건뿐만 아니라 해킹이나 디도스 공격 때도 마찬가지다. 7·7 디도스 사태, 9·15 정전 사태를 떠올리게 하는 에피소드는 정부로 하여금 경각심을 주기도 한다. 세강 정치 비자금 사건은 부와 권력욕으로 물든 경찰, 정치, 언론의 모습을 보여주고 있다. <유령>에 이러한 다양한 에피소드가 등장하는 것은 작가가 사이버 수사대는 어떠한 사건이라도 해결할 수 있다는 것을 보여주려 한 것이 아니다. 키보드 하나로 누군가에게 수많은 화살을 날리며 죽음으로 내몰아도 자신이 한 행동을 인지하지 못하고 있는 사람들, 대한민국의 학생들을 무한경쟁으로 내몰고 있는 어른들, 아무렇지 않게 부정부패를 저지르고 있는 사람들에게 메시지를 전달하는 데 있다.

결국 모두가 주인공이었다

<유령>의 또 다른 매력은 등장인물 간의 개성이 뚜렷하며, 극 속에서 저마다의 비중을 가지고 있다는 점이다. 가장 먼저 권혁주 경감을 예로 들 수 있다. 그는 초반 사이버 수사대를 못마땅해하며, 김우현 경감과 대립각을 세우는 인물로 등장한다. 그러나 그 누구보다 범인을 잡기 위해 안달하는 '미친 소' 형사로 나온다. 신효정 사건과 같이, 정부의 고위 관계자들의 눈치만 보며 수사를 쉬쉬하는 윗선과 당당히 맞서는 그의 모습에서 우리

사회에 진정 필요한 경찰의 모습을 볼 수 있다. 또한 비교적 비중은 작지만 진범을 잡기 위해 숨은 노력을 들이고 있는 사이버 수사대 사람들도 마찬가지다. 믿었던 동료의 배신과 죽음에 혼란스러워하지만 어느새 김우현, 유강미, 권혁주 경감과 함께 뜻을 모아 진실을 덮으려는 무리에 맞서 진범을 잡기 위해 노력한다. 박기영이 없는 '트루스토리'에 남아 진실만을 말하는 기자가 되려고 하는 최승연 기자의 모습은, 네티즌의 시선을 끌기 위해 내용은 없고 자극적인 제목만 갖다 붙이는 기자들과 반대되는 모습을 보여주고 있다. 마지막으로 팬텀 조현민 또한 악역이지만 미워할 수 없는 악역의 모습을 보여주고 있다. 그가 팬텀이 된 이유는 존경하는 아버지를 죽음으로 몰고 간 무리에게 복수하기 위해서이다. 그가 처음부터 악인이었던 것은 아니었다. 결국 조현민을 악인으로 만든 것은 돈과 권력욕으로 물든 주변인들, 조현민도 어떻게 보면 희생자인 셈이다. <유령> 마지막 회는 조현민이 자신이 직접 죽인 신효정이 사실은 자신의 아이를 임신하고 있었다는 것을 알고, 똑같이 자살하는 것으로 끝난다. 수단과 방법을 가리지 않고 살인을 행하던 냉혈한이지만 그도 가족을 소중하게 생각하던 한 인간일 뿐이었다. 그가 자신이 괴물이 되면서까지 지키려던 가족을 자신의 손으로 죽였다는 죄책감으로 괴로워하는 모습은 시청자로 하여금 안타까움을 샀다.

이러한 다양한 캐릭터들은 시청자들로 하여금 각기 저마다의 인물의 입장에서 생각할 기회를 마련함은 물론 극의 재미도 증가시켰다. 또한 주인공을 중심으로 풀어나가는 여느 드라마들과는 달리 등장인물들 하나하나 무시할 수 없는 비중을 가지고 있다. 드라마 속 인물 모두가 사건해결에 중요한 단서와 결정적인 증거를 제시하며, 드라마를 통해 나타내고자 하는 사회의 모습을 충분히 보여줄 수 있는 역할로 모두가 주인공이었다는 점에서 <유령>은 어느 한 인물의 공으로 탄생한 것이 아닌 함께 만들어낸 작품이라고 할 수 있다.

이렇게 <유령>은 대한민국 드라마 최초의 사이버 범죄를 다룬 수사극으로서 시청자들에게 재미는 물론 현실과 가상을 넘나들며, 출생의 비밀, 불치병, 불륜 등의 진부한 소재가 아닌 도덕성과 인간성이 결여된 사회문제를 다뤘다. 우리에게 편리함과 즐거움을 주고 있는 인터넷상의 사이버 공간이 독이 되어 우리에게 돌아오고 있는 현실. <유령>이 우리에게 남긴 메시지를 하나하나 되새기며, 지금 인간은 그들이 만들어낸 또 하나의 세계인 디지털 세계에 휩쓸리고 있는 것은 아닌지 다시 한 번 생각해봐야 하지 않을까.

입선

'익살꾼'은 '개그맨'보다 웃기다

<무한도전>의 웃기지 않은 부분들

이경아

나는 방송을 보지도 듣지도 않았다. 수많은 사람의 생각을 아주 쉽게 바꿔놓을 수 있는 특권을 가지고 있으면서 그 능력을 생각 없이 사용하는 모습이 보기에 좋지 않기 때문이다. 지금까지 그렇게 생각했고 아마 앞으로도 그 생각은 변하지 않을 거라고 믿으며 살아왔다.

정확히 2011년 12월 말 즈음 어느 날, 주말에만 하는 부업을 마치고 자전거에 올라타 집으로 가던 중이었다. 시린 바람 때문에 흐르는 콧물을 훔치며 자전거 페달을 밟고 있는데 정말로 뜬금없이 내가 하늘로 날아올랐다. 내 왼쪽 시야에 느리게 떨어지는 자전거가 보였고, 차 안에서 신호를 기다리고 있는 운전자의 표정까지 세세하게 보였다. 대단한 능력이 아닐 수 없었다. 그래서인지 나는 이후에 뭔가 변할 거라는 막연한 느낌을 받았다.

병원으로 이송된 나는 참 운 좋게도 방을 혼자 쓰게 되었다. 그러나 나는 며칠 지나기도 전에 외로움이라는 것을 알게 되었다. 침대 위에 멀거니 앉아 있던 내 손에 책보다 리모컨(원격 조정기)이 더 가까운 곳에 있었다. 텔레비전을 켜고 별생각 없이 채널을 탐색하다가 여러 남자의 웃음소리를 듣고 동작을 멈췄다.

그렇게 <무한도전>과 만나게 되었는데, 처음부터 열광하지는 않았다. 그런데 몇 주 후 이게 웬일? 갑자기 파업이란다. 이 사실에 괜한 오기가 생겨 퇴원 후 다시보기로 <무한도전>을 모두 보며 허리가 끊어질 정도로 웃었다. 지금까지 익살꾼이라는 사람들 없이 잘 살아왔던 내 삶의 색이 흐려질 정도로 <무한도전>은 자극적이고 재미있었다.

몇 개월 후 <무한도전>이 다시 방송되었는데 말로 설명하기 어려운 부분이 전과 달랐다. 처음에는 뭐가 다른지 몰랐다. 예전 방송은 본 후에 가슴이 가득 차면서 고단함이 싹 날아갔는데, 파업 후 방송된 이야기들은 표현하기 어려운 부분이 부족했다. 여전히 재미있었지만, 구성원들의 몸짓과 말, 행동 등이 웃음의 절정에 닿지 않는다는 생각이 들었다. 참으로 이상한 일이었다. 예전 방송은 지금 봐도 웃음이 나오는데 파업 후의 방송은 대부분 한 번 보고 만다. 왜 그런 것인지 내 나름대로 생각해 몇 가지로 나누어보았다.

시청자들과 8년이 다 되도록 호흡을 맞추고 있는 <무한도전> 구성원들은 많은 방송에서, 잘 꾸며진 영상은 '자막과 편집의 힘이다'라고 여러 차례 말한 바 있다. 솔직히 나는 그 말을 들을 때 참 슬펐다. 물론 <무한도전> 구성원들은 별생각 없이 한 말이겠지만 그들의 애호가로서 씁쓸한 마음이 든다. 그 말은 곧 자막과 편집의 힘이 없으면 그 정도의 웃음을 시청자들에게 줄 수 없다고 구성원들 스스로 말하고 있는 것이 아닌가.

그래서 자막과 편집, 이 중 자막의 콩깍지를 벗겨볼 생각이다.

그 첫 번째가 바로 주연배우의 얼굴을 가리는 자막이다. <무한도전>의 자막은 익살을 떠는 풍자 자막으로 유명하다. 시청자들이 자막을 보면서 훌륭하다고 목소리를 높이자 점점 <무한도전> 구성원들도 보조자막을 제외한 자막이 화면을 차지하는 것에 대해서 인정하기 시작했을 것이다.

<무한도전>을 볼 때면 항상 만화책의 한 장면이나 옹기종기 모여 있는 상점가의 현란한 간판을 보고 있는 것 같다는 생각을 한다. 다르게 말한다면 솔직히 방송을 보는 내내 내가 자막을 읽는 것인지 <무한도전> 구성원들의 몸짓을 보고 있는 것인지 구별이 되지 않을 정도로 정신이 없다.

<무한도전>은 특성상 구성원들의 목소리가 제대로 들리지 않는 경우가 많아서 자막이 꼭 필요하다고 생각한다. 또한 시청자의 이해를 돕고 청각장애인을 위해서도 필요하다. 방송이 원활하게 흘러갈 수 있게 보조하는 것이 자막이기 때문이다. 그러나 지금 <무한도전>의 자막은 제구실을 못하고 있다고 생각한다.

<무한도전>에 자주 등장하는 두세 글자로 구성원들의 감정을 임의로 표현해주는 구름 모양 자막이 있다. 또 자막으로 구성원들을 보조하거나 상황을 더욱 재미있게 만들려고 의태어를 써넣기도 하고 익살을 떨기도 한다. 그러한 자막들 때문에 웃음이 생기기도 하지만, 다시 생각해보면 구성원들의 매력을 대놓고 가리는 것이다.

구성원들이 실감 나는 표정과 몸짓으로 상황을 알려주고 있는데 굳이 거기에 자막을 집어넣고 있다. 그렇게 되면 시청자들의 눈길은 자막으로 향하게 되어 매력 넘치는 표정과 몸짓을 보여주고 있는 구성원들은 뒷전이 된다. 외국영화를 볼 때, 자막만 신경 쓰다가 배우들의 표정을 제대로 보지 못하게 되는 경우가 대한민국에서 제작되는 방송을 볼 때 생기는 것이다. 이 얼마나 안타까운 일이란 말인가.

두 번째는 시청자에게도 자리를 양보하지 않는 자막이다. 백 명의 사람이 있으면 적어도 백 가지의 생각이 있다. <무한도전> 제작진들과 구성원들이 생각지도 못한 유쾌한 '생각'이 시청자의 입에서 나올 수 있고, 때로는 아픈 '생각'이 <무한도전>의 가슴을 찌를 수도 있다. 빛이 있으면 어둠이 있듯이 <무한도전>의 이야기가 있으면 시청자의 톡톡 튀는 생각이 있는 것이다.

그런데 요즘 방영된 <무한도전> 방송을 보면 혼자서 북 치고 장구 치고 꽹과리까지 치고 있다고 생각한다. 방송내용이 부드럽게 흘러가게끔 해주는 보조자막, <무한도전> 구성원들의 행동과 사회 풍자, 익살과 시청자의 생각을 대변하기까지! 이건 뭐 끼어들 틈이 전혀 없다. 다시 말하자면 자막으로 모든 것을 메우려고 하는 <무한도전>은 시청자와 소통하고 있지 않다고 생각한다. 시청자가 생각할 틈도 주지 않고 자기 이야기만 하는데 소통이 될 리가 없다. 그러므로 자리를 빼앗긴 시청자들의 감상은 으레 맹목적인 비난과 짧은 환호로 끝날 수밖에 없고, 개성을 잃은 시청자들의 생각은 <무한도전>의 부실한 발전으로 이어지게 될 것이다.

세 번째도 역시 자막에 관한 문제인데, 바로 들온말, 줄임말, 신조어의 남용이다. 수많은 특집으로 지금까지 얼굴을 내밀고 있는 <무한도전>은 참 많은 모순을 가지고 있다. 땅덩이(지구), 독도, 우리나라와 우리말(한글)을 사랑한다고 말만 하는 것이 그 중의 하나라고 생각한다.

우리말을 써야 하는 까닭은 굳이 줄줄이 얘기하지 않아도 된다고 생각한다. 하지만 그래도 얘기하자면 우리말이 아닌 다른 말은 우리들의 뜻과 생각과 느낌과 마음을 온전히 품지 못하기 때문이다. 들온말, 줄임말, 신조어를 남용하고 있는 자막에 대한 보기는 너무 많아서 하나를 꼽을 수 없다. 그런데 더욱 슬픈 것은 그 부분을 지적하는 사람들이 적다는 것이다.

이제까지 한 번 더 생각해보아야 할 자막에 관해서 얘기해보았으니 다음으로 그 방안에 관해 얘기해보겠다. 방안이라고는 말했지만 어디까지나 개인적인 의견이다.

첫 번째는 자막을 선택할 수 있게 제작하는 방법이다. 청각장애인과 자막을 즐기는 사람들을 위해서, 집에서 DVD로 외국영화를 볼 때처럼 자막을 선택해서 볼 수 있게 제작하는 것이다. 점점 만능이 되어가고 있는 텔레비전을 생각한다면 그리 어려운 일은 아니라고 생각한다.

사실 풍자와 보조를 제외한 자막은 청각장애인이 아닌 일반 시청자들에게 반드시 필요하지 않다. 있으면 또 다른 웃음을 즐길 수 있지만, 앞에서 말했듯이 구성원들의 표정과 몸짓을 온전히 느낄 수 없게 된다.

만화 영화처럼 익살스러운 자막이 없는 <무한도전>은 보기에 어색할 수 있다. 제8의 구성원이라는 말이 어울릴 정도로 자막이 큰 활약을 했기 때문이다. 하지만 <무한도전>의 주연배우는 어디까지나 일곱 명의 구성원들이다. 풍자와 보조를 제외한 자막이 없을 때 생기는 어색함은 구성원들의 노력과 익살로 메워야 하는 것이 마땅하다. 또한 시청자들이 보고 즐겨야 하는 것은 구성원들의 섬세한 표정과 몸짓 그리고 그들의 익살이지 자막이 아니다. 물냉면 집에서는 물냉면을, <무한도전>에서는 구성원들의 익살을 즐기는 것이 마땅한 것이다.

그러나 그래도 자막이 있어야 한다고 생각하는 사람이 있을 것이다. 앞에서 말했듯이 <무한도전>의 특성상 구성원들의 목소리가 제대로 들리지 않는 경우가 많기 때문이다. 그래서 그러한 부분들을 자막으로 메우려고 하는 것 같은데, 그것보다는 <무한도전> 제작진들의 화려한 제작 솜씨와 재치로 메우는 것이 더 좋은 방법이라고 생각한다.

두 번째는 시청자에게 자막의 자리를 내주는 것이다. 그렇게 되면 시청자와의 소통이 더욱 쉬워질 것이고, 자막에 가려졌던 구성원들의 표정과 은근한 몸짓이 얼마나 웃기고 매력적인지 알게 될 것이다. 또한 시청자의 생각에서 구성원들의 새로운 개성이 나올 수 있다고 생각한다.

세 번째는 마땅한 얘기로 우리말을 쓰는 것이다. 말로는 쉽지만, 들온말과 그 외의 말 들을 등에 업고 줄기차게 달려온 자막에 익숙한 현재 시청자들을 다시 우리말의 품으로 돌아오게 하는 것은 쉬운 일이 아니다. 많은 사람이 우리말 사용을 피하는 이유가 쓰기 불편하고 매력이 없기 때문이라고 한다. 하지만 그것은 우리가 우리말을 제대로 이해하지 못했기 때문이고, 우리의 말을 가꾸려고 노력하지 않았기 때문이다. 이처럼 아주 부끄러운 까닭으로 <무한도전>의 자막이 들온말과 줄임말, 신조어로 서서히 바뀌었다고 생각한다. 그러나 걱정할 필요는 없다. 들온말, 줄임말, 신조어의 매력 때문에 우리말을 멀리했다면 마찬가지로 매력을 이용해 시청자를 우리말의 품으로 돌아오게 하면 되는 것이다.

내가 생각한 것은 바로 <무한도전>만의 남다른 촌극, 무한극장을 이용하는 방법이다. 39회 "영어마을" 편처럼 우리말의 아름다움을 가지고 시청자들에게 다가가는 것도 좋지만, 방송에 짧게 여러 차례 내보내는 방법이 더 좋다고 생각한다. 그래야 <무한도전> 구성원들과 제작진이 우리말에 대해 더 많이 생각할 수 있기 때문이다. 그렇게 <무한도전> 구성원들은 우리말을 배우며, 새로운 웃음과 매력을 찾아낼 것이고, 그 웃음과 매력에 이끌려 시청자들도 자연스럽게 우리말에 관심을 두게 될 것이다.

다음으로는 내가 생각하기에 <무한도전> 구성원들의 부족한 부분에 관해서 얘기해보겠다.

첫 번째는 방송에 대한 무책임한 태도다. 얼마 전 "쉼표" 편에서 구성원들이 다 같이 모여 방송을 보는 것이 처음이라는 얘기를 했다. 깔끔하게 편집된 이야기가 시청자의 안방에 전해지기 전에 구성원들이 먼저 확인하지 않는다는 것을 그들의 이야기를 통해 알게 되었다. 이것이 아주 분명한 사실인지 알 수 없지만, 진실에 가깝다고 생각한다.

방송은 '언제, 어디서, 누가, 어떻게, 왜, 무엇' 때문에 보게 될지 모르는 것이다. 그러므로 당연히 거듭 생각하고 또 생각한 후에 방송해야 한다. 그런데 같이 일하는 구성원들이 모두 모여서 완성된 작품을 본 적도 없고, 깔끔하게 다듬어진 이야기가 시청자의 안방으로 방송되기 전에 확인하지도 않는다니 이게 대체 무슨 얘기란 말인가.

파업 때문에 방송이 되지 않았을 때는 서로 만나서 회의도 했으면서 녹화를 마친 방송은 나 몰라라 한다는 말인가? 이 물음에 구성원들은 제작진이 그 구실을 해야 하는 거라고 말할 것이다. 그러나 자신이 나오는 방송이 누리로 나가기 전에 먼저 확인하는 것은 방송인으로서 마땅히 해야 할 일이라고 생각한다.

솔직히 말해서 <무한도전>을 비롯한 국내의 방송은 여러 가지가 빠진 채로 제작된다고 생각한다. 전문성이 떨어진다고 말할 수도 있을 것이다. <무한도전>뿐만 아니라 다른 방송에도 출연하는 구성원들을 보면 틀린 말은 아니라고 생각한다. 그래서 방송이 사람들에게 가장 많이 얼굴을 비추면서도 빨리 잊히는가 보다.

두 번째는 들온말, 줄임말, 신조어의 남용과 폭력적인 행동이다. <무한도전> 방송을 보다 보면 구성원들이 하는 말에 귀를 기울이게 되고, 그다음으로 그들이 이야기를 만들어가는 과정에서 보여주는 몸짓에 관심이 가게 된다.

먼저 구성원들이 하는 말은 앞에서 얘기한 자막의 세 번째 문제점과 같다고 본다. <무한도전> 구성원들이 방송에서 사용하는 말은 솔직히 지적을 받아야 한다고 생각한다. 또한 '캐릭터 리얼 버라이어티'가 목표인 방송에 출연하고 있는 구성원들이 이야기를 만들어가는 과정을 보면 폭력적인 부분들이 눈에 띈다. 익살이라고 생각하고 넘어갈 수도 있다. 하지만 방송은 정말로 다양한 사람들이 보는 것이기 때문에 구성원들은 그것을 마음에 두고 행동해야 한다. 그러나 구성원들은 그와 전혀 관계없는 것처럼 행동하고 있다고 생각한다.

짧지만 그 내용은 절대 가볍지 않은 부분들에 관해 얘기해보았다. 모두 답이 나와 있는 것이지만 그래도 얘기해보겠다.

첫 번째는 방송인으로서 마땅히 지녀야 할 태도를 갖추는 것이다. 그렇게 되면 방송 때문에 생기는 문제들을 예방할 수 있고, 더욱 유쾌하고 건강한 웃음이 만들어질 것이다.

두 번째는 우리말과 순화어를 구성원들이 공부하는 것이다. 이건 방송인을 떠나 대한민국 사람이라면 모름지기 해야 할 일이다.

여기까지 <무한도전>의 부족한 부분을 나름대로 정리해보고 의견도 얘기해보았다.

정리한 것들을 통해 나름대로 내린 결론은, 요즘 방영된 <무한도전>은 '예능'이라는 방패 뒤에 숨어 너무 편하게 시청자들과 만나고 있다는 것이다. <무한도전> 구성원들이 <무한도전>의 가치를 높이기 위해 어떤 노력을 하고 있는지 자세히 알 수 없지만, 내가 알고 있는 것은 최악의 환경에서 '최고보다 온 힘을 다하겠다'라고 소리치던 그들의 모습이다. 그러나 지금 그들의 모습은 최고일지 몰라도 최선은 아니라고 생각한다.

"'최악'의 환경에서 피어나는 것이 '최선'이고, 그것이 곧 '최고'이다. 그러나 단 한 순간이라도 '최고'라는 오만을 품으면 '최악'이 될 것이다." 어느 소설가의 말처럼 지금의 <무한도전>은 어설픈 최고에 빠진 것이 아닐까.

그렇지만 망가지고 넘어지고 깨지면서도 웃기려고 하는 <무한도전> 구성원들을 보면 웃지 않을 수가 없다.

자신을 '개그맨'이라고 말하는 <무한도전> 구성원들, 하지만 터지며 사라지는 개그맨보다 마음에 스며드는 '익살꾼'이 더 어울린다고 생각한다.

마땅한 얘기겠지만 '익살꾼'이 '개그맨'보다 더 웃기다.

입선

듣는 것과 보는 것, 그 경계에서

<유희열의 스케치북>을 통해 '듣는 음악'의 소중함을 깨닫다

이민주

싸이, 세상을 향해 우리 음악을 '보여주다'

대부분의 사람들은 이제 싸이의 「강남 스타일」이 세계 최대의 동영상 사이트인 '유튜브'에서 7억이라는 조회수를 기록했다는 소식이 1억, 2억을 기록했을 때만큼 충격적이지 않다는 사실에 공감할 것이다. 그리고 역대 최대의 조회수를 기록 중인 저스틴 비버의 「Baby」를 제치고 1위에 등극하는 것이 머지않았다는 소식에도 그리 놀라지 않을 것이다. 한국의 이 가수가 불러일으킨 광풍을 유럽에서도 인정한 것일까. 싸이는 독일 프랑크푸르트에서 열린 <MTV 유럽 뮤직 어워드(MTV EMA 2012)>에서 베스트 비디오상을 수상했다. 이전까지 문화적으로 변방에 머물러 있다고 평가받던 우리나라가 싸이의 성공을 발판 삼아서 세계 문화 흐름의 중심부에 위치할 것이라는 섣부른 예측도 이제는 꿈에서나 하는 얘기가 아니게 된 것이다.

그런데 여기서 주목해야 할 것은 「강남 스타일」의 화제의 중심이자 가장 큰 성공 요인이 유튜브를 통해서 보여진 '뮤직 비디오'라는 것이다. 「강남 스타일」이 국내를 넘어 세계적으로 인기를 끌 수 있는 것은 싸이의 코믹한 표정과 '말춤'이 어우러진 매우 유쾌하고 재미있는 뮤직비디오가 있기 때문이다. 7억이라는 조회수는 음원을 다운로드해서 「강남 스타일」을 듣는 사람들뿐만 아니라 뮤직비디오를 통해 이 노래를 즐기는 사람들이 적지 않다는 것을 알려준다.

「강남 스타일」의 성공은 한 개인의 음악적 성취를 넘어 뉴미디어 시대의 문화 콘텐츠가 어떻게 대중들에게 유통되고 소비되는지를 보여준 단적인 사례라고 할 수 있다. 즉, N스크린이란 말로 대표되는 다매체 시대에서 음원과 더불어 동영상이라는 매체가 새로운 유통 플랫폼이 될 수 있다는 것을 증명했다. 특히 유튜브는 월간 순 방문자 수 8억 명, 하루 동영상 조회 수 40억 회에 이를 만큼 세계적인 동영상 사이트로서 이 같은 새로운 유통 환경의 선두주자로 자리매김하고 있다. ABC, CNN, NBC 등 해외의 유수 콘텐츠 제작 기업들은 이미 유튜브를 통해 콘텐츠를 제공하는 서비스를 하고 있고, SM과 JYP를 비롯한 국내 엔터테인먼트 기업들도 공식 채널을 개설하고 동영상을 이용하는 홍보 활동에 힘쓴다고 하니 유튜브의 영향력은 앞으로 더욱 커질 것으로 전망된다. 이제 음악은 음원을 통해 '듣는 것'이 아니라 뮤직비디오를 통해 '보는 것'으로 사람들에게 다가갈 것이고 사람들은 '보는 음악'의 시대를 즐기게 될 것이다.

이처럼 보는 음악이 강세를 이루면서 대중들은 기존의 음악으로부터 더 많은 것을 바라게 된다. 노래만 하는 가수보다 춤도 추면서 노래하는 가수에게 더욱더 관심을 주고, 옷을 입어도 잘 정돈되고 꾸민 모습을 바라게 된다. 물론 이는 특정 음악 혹은 가수의 팬으로서는 전혀 공감하지 못할 수 있다. 하지만 대부분의 사람들이 팬이라기보다는 다양한 문화상품을 보편적으로 즐기는 소비자라는 측면에서 볼 때, 이제 가수가 무대에서 노래할 때 듣는 것만으로도 충분하다고 느꼈던 시대는 가고, 듣는 것과 보는 것이 동시에 이루어지는 '무엇'을 원하고 있다. 빅뱅이 새 앨범을 발매할 때 음악보다 먼저 그들이 입고 있는 옷의 브랜드나 G-드래곤의 헤어스타일이 얼마나 독특한지에 대해 이야기하는 것처럼 말이다.

우리의 음악은 어디까지 '보여줄' 것인가

이러한 변화는 어느샌가 방송계에 가장 민감한 사안이 되어버렸다. SNS를 기반으로 하는 다양한 동영상 사이트들이 새로운 유통 플랫폼으로 각광받으면서 시청자들의 시청형태가 바뀌고 있기 때문이다. 이 사이트들은 기존의 방송보다 독특하고 흥미로운 내용과 형식으로 무장한 콘텐츠를 발판으로 시청자들을 모으고 있다. 특히 사람들의 관심을 끌기 쉬운 음악 콘텐츠에서 이 같은 변화를 쉽게 확인할 수 있다. <슈퍼스타K 시즌 4>의 로이킴과 정준영이 부른 「먼지가 되어」 영상이 각종 동영상 사이트를 통합해 1억이라는 조회 수를 기록한 것은 이제 시청자들이 굳이 생방송으로 무대를 보지 않더라도, 혹은 정해진 시간에 재방송으로 보지 않더라도 내가 원할 때면 언제든지 지나간 방송을 볼 수 있다는 것을 의미한다. 방송 3사를 비롯한 지상파 TV 채널은 인터넷으로 사업영역을 확장함과 동시에 이 사이트들에 못지않은 콘텐츠를 개발하는 것에 대한 고민에 빠질 수밖에 없다.

상황이 이렇다 보니 음악을 기획하고 구성하는 사람들로서는 시각적인 요소를 다루는 것이 어느새 필수가 되었다. 앞서 언급했듯이 이제는 사람들이 다양한 형태의 미디어로 보기를 원하기 때문이다. 그런데 이런 변화는 주객이 전도된 듯한 느낌을 지울 수 없다. 시청자의 수요와 시대적 흐름에 발맞추어 '보는 음악'에 중점을 두는 것에 공감할 수는 있으나, 지금의 모습은 음악 이외의 것에 너무 큰 비중을 두고 있는 것 같다. 시각적인 요소에 공을 들이는 것이 음악의 예술성 혹은 장르적 특성을 기반으로 해 시너지 효과(A+B)를 이끌어내는 것이 아니라 보이는 것에만 주력하는 형태(A>B)가 되고 있다는 것이다. 현재 지상파 음악 방송의 출연진 대부분이 퍼포먼스 위주의 아이돌 그룹이라는 점과 아이돌 그룹 간 스페셜 무대가 과도한 점은 이런 형태의 대표적인 사례이다. 음악방송을 볼 때 음악을 감상한다기보다는 시청한다는 느낌을 받는 것도 이런 현실로부터 나오는 것이다. 또한 시각적인 요소를 강조한 음악을 즐기는 대상이 대부분 20~30대의 젊은 층이기 때문에 다양한 음악을 담아내질 못하고 있다는 점도 보는 음악의 열풍에서 우리가 놓치고 있는 것 중 하나이다.

최근 우리 문화의 가장 큰 특징 중 한 가지는 상품으로서의 소비 주기가 점점 짧아지고 있다는 것이다. 공전의 히트를 기록한 음악이 아니면 차트 상위권을 차지한 음악들이 3~4주 후에도 상위권을 기록하는 것은 보기 드문 현상이 되었다. 히트를 기록한 음악도 대부분 특정 가수의 앨범 전곡이 차트를 차지하는 것이 많아지고 있다. '차트 싹쓸이'라는 말의 이면에는 순위를 밀어내고 소비되는 음악이 그만큼 많다는 것을 뜻한다. 그리고 이처럼 소비 주기가 짧아지는 현상은 보이는 것만을 추구하는 사회적·문화적 흐름에 의해 더욱 가속화되는 중이다. 소비를 이끌어내기 위해 보이는 것을 추구하다 보니 이제 사람들은 1주일 전에 나온 음악을 기억하기보다는 1주일 후에 나올 음악만을 기다리고 있다.

듣는 것으로서의 음악

<유희열의 스케치북>(이하 <스케치북>)은 <노영심의 작은 음악회>, <이문세 쇼>, <이소라의 프로포즈>, <윤도현의 러브레터>, <이하나의 페퍼민트>를 잇는 KBS의 심야 음악 프로그램이다. KBS 심야 음악 프로그램은 MC의 이름을 프로그램명과 함께 사용한다. 이는 가수들이 자신의 무대를 보여주고 음악을 들려주는 단순한 음악 방송들과는 달리, MC들의 성격과 음악을 대하는 태도 등이 어우러져 각각의 MC가 보여주는 '쇼'적인 성격을 드러내기 위함이다. 그중 <스케치북>은 가장 '쇼'적인 면이 강하다. 유희열은 '토이'를 통해 보여준 뛰어난 음악성과 서울대학교 출신의 엘리트라는 점과는 거리가 있어 보이는 유쾌하고 재치 있는 입담으로 이 프로그램을 자신만의 쇼로 만들었다.

지난 11월 2일 <스케치북>은 "Thanks to 유재하" 편으로 꾸며졌다. 봄·여름·가을·겨울, 김건모, 이적, 정엽, 스윗소로우 등 다양한 장르에서 우리나라를 대표하는 가수들이 등장해 단 한 장의 앨범으로 높은 평가를 받는 고(故) 유재하의 음악을 들려주고, 각자 가지고 있던 유재하의 음악에 대한 추억을 시청자들과 공유했다. "Thanks to 유재하" 편은 <스케치북>이 다른 음악 방송과 가장 차별화된 것이 무엇인지를 보여줬다. 먼저, 무대 구성에서 <스케치북>은 음악 이외의 것을 최소화시키고 가수의 노래에 집중할 수 있게 한다. 물론, 음악 이외의 것을 전혀 보여주지 않는 것은 아니다. 그러나 그런 것은 어디까지나 관객들, 시청자들이 이 음악에 더욱 몰입할 수 있게 도와주는 보조적인 수단에 불과했다. 이적이 유재하의 앨범을 보며 처음 그의 음악을 접했던 기억을 얘기한 것, 김종진이 유재하와 같이 밴드로 활동하던 시절에 사용하던 기타를 사용한 것 모두 이 맥락에서

이해할 수 있다. 이날 출연한 가수들은 못 듣고 지나가기에는 너무 아쉬운 유재하의 주옥같은 곡들을 관객들과 시청자들에게 들려주는 것만 생각했다. 이날 무대에서 다른 것들은 없었다. 오직, 목소리만이 있었을 뿐이다.

그렇기 때문에 <스케치북>은 매우 도전적이다. 모든 방송사가 방송 환경의 변화에 발맞춰 보이는 것에 치중하는 와중에 그들만의 방법으로 대처한다. 변화에 맞추느라 다른 음악 방송이 놓치고 있는 것들을 <스케치북>은 그들만의 방법으로 대중에게 제공한다. 그것은 바로 '음악은 듣는 것이다'라는 기본적인 명제에 충실히 따르는 것이다. 그래서 <스케치북>은 변화하는 환경에 끊임없이 도전하는 프로그램이 되고 있다. 다른 음악 방송들과는 다르게 유희열이 유독 음악을 "들려주겠다"는 말을 많이 하는 것은 그를 포함한 이 프로그램의 음악을 대하는 태도, 그들이 지향하는 철학을 가장 직접적으로 드러내는 말일 것이다. 그리고 이는 <스케치북>을 다른 음악 방송과는 다르게 인식하게 하는 가장 큰 특징이다. 가수들의 무대영상이 끝남과 동시에 각종 동영상 사이트에 올라오는 여타 음악 방송과 비교해보면 <스케치북>의 영상은 그 수가 현저하게 적다는 것을 알 수 있는데, 바로 이 특징이 미디어에 어떻게 드러나는지를 보여주고 있다.

이런 관점에서 <스케치북>은 다양한 음악을 담아내질 못하는 우리 음악방송의 현실에 공감하고 세상에 빛을 보지 못한 보석의 원석과도 같은 음악, 그렇지만 비주류로 인식되는 그런 음악을 꾸준히 소개하고 있다. 인지도, 외모, 인기 등 음악 외적인 것에는 상관없이 오직 좋은 음악을 들려주는 모든 이들을 무대로 부르는 것을 멈추지 않고 있다. 특정 계층의 사람들만 보는 것이 아닌 모든 사람들이 보고 듣고 공감하고 추억할 수 있는 음악을 끊임없이 들려주고 있다. 그뿐만 아니라 <스케치북>의 들려주고자 하는 의도는 색다른 형태의 특집으로 꾸며지기도 한다. 방송시간의 한계로 편집할 수밖에 없었던 무대를 모아서 '감춰진 무대'라는 이름의 특집을 구성해 시청자들에게 조금이라도 더 좋은 노래를 들려주고자 한다.

듣는 것과 보는 것, 그 경계에서

하지만 <스케치북>이 내세우는 가치는 디지털 미디어 환경에서는 힘을 발휘하기 힘든 것이 사실이다. 지상파와 케이블 방송사까지 시청자를 확보하기 위해서 보는 것의 비중을 더욱 높이고 있기 때문이다. '전쟁'으로까지 비유되는 지금의 방송 현실에서 <스케치북>이 보여주고 들려주고자 하는 가치와 철학은 초라하게 느껴진다. 그럼에도 <스케치북>은 멈추지 않는다. 꾸준히 자신들의 길을 걸어간다. 가수의 목소리에 집중할 수 있는 무대를 만들고, 사람들이 접하지 못했지만 좋은 음악을 들려주는 가수들을 무대로 모시는 일을 멈추지 않고 있다. 그것이 <스케치북>이 존재하는 이유이기 때문이다.

디지털 미디어에 노출된 우리가 아직 아날로그 감성에 열광하고 있다는 것은 영화 <써니>와 <건축학 개론>의 흥행과 더불어 <응답하라 1997>의 인기를 통해 확인할 수 있었다. 사람들은 디지털 미디어를 이용해 새로운 콘텐츠를 즐기는 것만큼이나 예전의 문화를, 그 시대의 정서를 그리워하고 있다. 그리고 <스케치북>은 이처럼 아날로그적 감성을 그리워하는 이들에게 디지털 시대에도 그 감성을 잊지 않고 느낄 수 있게 해주는 몇 안 되는 소통의 장으로서 역할을 하고 있다. 이제는 점점 사라져가고 있는 듣는 것으로서의 음악. 오늘도 <스케치북>은 듣는 것과 보는 것의 경계에서 묵묵히 자신들의 꿈을 들려주고 있다.

입선

유령이 지배하는 사회

<유령>과 <추적자>가 보여주는 시장권력의 힘

이소영

<추적자>와 <유령>은 기획의 힘이다

그간 한국 드라마의 고질적 문제점 가운데 하나로 지적되어온 것이 이른바 '거세된 사회성'이다. 과거 <논픽션 드라마>나 <땅>, <여명의 눈동자>, <모래시계> 등 격동하는 한국 현대사를 배경으로 한 사회성 드라마가 방영된 적도 있고, 최근 들어 현실을 소재로 한 드라마가 적지 않게 등장하긴 했지만 한국 드라마 시장의 주류는 멜로드라마다. 멜로드라마를 비판하고자 하는 의도가 아니다. 각다분한 현실을 살아가는 사람들에게 적지 않은 카타르시스와 대리만족을 제공한다는 점에서 멜로드라마가 가지고 있는 효용성을 무시할 수 없다.

문제는 다양성과 과유불급이다. 편식은 몸에 해롭다. 초등학생도 아는 이치다. 드라마 역시 마찬가지다. 모든 드라마가 멜로물이어야 할 이유는 없다. 멜로드라마에 대한 편식은 오히려 드라마의 발전에 도움이 되지 않는다. 같은 이유로 모든 드라마에 꼭 사회성을 담아낼 필요도 없다. 멜로물의 독주를 멀리해야 하듯, 사회성만 강조하는 드라마도 경계해야 한다. 사회성만 지나치게 강조하다 보면 드라마가 제공하는 중요한 가치 가운데 하나라 할 오락 기능은 축소되고 특별한 목적을 달성하기 위한 이른바 '목적극'만 범람할 가능성이 크기 때문이다.

오락성과 사회성을 절묘하게 버무린 드라마를 만나는 경험은 흔치 않다. 그런 두 마리의 토끼를 모두 잡을 수 있는 드라마가 탄생하기 위해선 여러 가지가 필요하다. 탄탄한 이야기 구조, 연출의 힘, 배우의 상품성과 연기력, 시청자가 몰입할 수 있는 캐릭터의 현실성 등 드라마를 둘러싼 다양한 요소가 조화를 이루어야 이른바 '명품 드라마'가 탄생한다.

빼놓을 수 없는 것이 또 있다. 바로 '기획의 힘'이다. 새로운 드라마 방영을 앞두고 드라마 제작진이 기획 의도를 상세하게 설명하는 것이야말로 기획의 중요성을 웅변해주는 것이리라. 기획 의도와 어긋나게 용두사미로 끝나는 드라마도 적지 않기에, 기획의 힘만이 드라마의 성패를 결정짓는 결정적인 요소라고 할 수는 없다. 그럼에도 기획의 힘은 드라마 제작의 시발점이자 드라마에 대한 전체적인 안내를 제공해주는 로드맵이라는 점에서 소홀히 할 수 없다.

그런 관점에서 봤을 때, <유령>과 <추적자>는 주목할 만한 드라마다. 거칠게 말해 <유령>과 <추적자>의 성공은 기획력의 승리라 해도 크게 틀린 말이 아닐 정도로 탁월한 기획력을 자랑한다. <유령>과 <추적자>가 보여주는 기획의 힘은 무엇인가? 그건 그동안 한국 드라마에서 쉬이 접하기 어려웠던 이른바 '사회성'을 절묘하게 담아냈다는 것이다.

시장으로 넘어간 권력에 대한 보고서

교통사고로 억울하게 죽은 딸의 범인을 잡기 위해 고군분투하는 아버지의 부정을 다룬 <추적자>와 사이버 범죄에 맞서 싸우는 사이버 수사대의 이야기를 다룬 <유령>이 궁극적으로 겨냥하는 것은 권력집단과 우리 삶의 상관관계이다. 아무 일 없이 평온하던 일상이 갑자기 망가지는 배경에 거대한 권력집단이 자리하고 있다는 문제의식은 사실 그리 새로운 시각은 아니다. 그럼에도 <유령>과 <추적자>는 오늘날 한국사회의 작동 방식에 대한 날카로운 통찰력을 제시하고 있다.

특히 <유령>과 <추적자>에서 눈여겨보아야 할 점은 두 드라마에서 막강한 영향력을 행사하고 있는 권력의 성격이다. 사극이건 현대극이건 그간 드라마가 주요한 소재로 삼았던 권력은 주로 정치권력이었다. 특히 선거철이 다가오면 현실을 은유하고 풍자하는 정치 사극이 경쟁하듯 쏟아졌던 것이 우리의 현실이다. 하지만 <유령>과 <추적자>에서 정치권력은 중심이 아니다. 주변부에 위치한다. <추적자>의 경우 대권을 둘러싸고 치열하게 벌어지는 암투와 마키아벨리즘에 입각한 권력투쟁을 적지 않게 다루고 있긴 하지만, 그럼에도 정치권력은 이른바 '슈퍼 갑'으로 묘사되지 않는다.

<유령>과 <추적자>는 '슈퍼 갑'의 자리에 정치권력 대신 시장권력, 그러니까 자본권력을 배치한다. 이런 내러티브는 기존 드라마에서 볼 수 없었던 그야말로 파격적인 문제의식이다. 그런 내러티브는 시장권력과 정치권력의 관계에 대한 해박한 지식과 혜안, 그리고 드라마 기획단계에서부터 이를 드라마에 적용시켜보겠다는 취지와 의지가 없었다면 불가능한 프로젝트라 할 수 있기 때문이다.

<유령>과 <추적자>가 보여주는 시장권력의 힘은 은유가 아니다. 정치권력에서 시장권력으로의 권력이동은 우리가 직면한 현실이다. 잠시 시간을 거슬러 올라가보자. 2005년 5월 노무현 대통령은 정치권력과 시장권력의 역학관계가 바뀌었다면서, 이제 시장권력이 정치권력을 능가하는 위력을 보이고 있다는 취지에서 “이미 권력은 시장으로 넘어간 것 같다”고 말했다. 이 말은 사회적으로 커다란 논란과 반향을 불러일으켰지만, 냉정하게 따져보면 노무현 대통령의 말은 사실이었다. 그런 징후는 이미 곳곳에서 나타나고 있었기 때문이다.

예컨대 1997년의 IMF 구제금융사태는 국가의 경계마저 허물며 시장의 힘을 관철시키는 초국적자본의 위력을 실감하게 한 사건이었다. 갑자기 불어닥친 이른바 구제금융 한파는 한국 사회를 공황으로 몰고 갔으며, 시장권력의 힘 앞에서 한국사회는 무장해제당했다. 초국적 금융자본이 세계 경제 질서의 헤게모니를 장악했다면 재벌기업을 필두로 한 시장권력은 한국 사회에서 지배력을 확보했다. 오늘날 시장권력은 경제는 물론 정치·사회·문화 등 사회 각 영역에 지배적인 영향력을 행사하고 있다. 최근 한국 사회의 화두로 떠오른 ‘경제민주화’ 논란의 핵심에도 빵집과 커피숍 등 골목 상권까지 자신의 손안에 넣고자 하는 재벌의 무한 질주 논리가 있다.

그런 맥락에서 말하자면 <유령>과 <추적자>는 정치권력의 통제를 벗어나 무한 질주할 뿐만 아니라 시장권력이 정치권력을 능가할 만큼 막강한 권능을 지닌 집단으로 성장했다는 것을 보여주는 보고서이기도 하다.

생생한 시장권력의 파워

<유령>에서 국가 공권력을 행사하는 위치에 있는 인물들이 망가지는 주요한 이유는 다름 아닌 돈이다. 사이버 수사대 팀장 소지섭이 엄기준에게 이용당할 수밖에 없는 이유는 전직 경찰로 부적절한 돈과 연루된 그의 아버지 때문이고, 엄격하게 법을 집행해야 할 검사가 음모를 꾸며 사이버 수사대를 궁지로 몰아넣는 이유도 과거 그가 받았던 돈이 부메랑이 되었기 때문이다. 명확하게 드러나지 않긴 하지만 사이버 수사대의 팀원이 배신을 저지르고 엄기준의 스파이 노릇을 하는 이유도 돈을 받은 대가로 보인다. 국가 공권력마저 시장권력에 포섭되어 있다는 설정은 허구가 아니다. 검찰 인사 때마다 터지는 이른바 '스폰서 검사' 논란은 대표적인 사례이며, 이와 비슷한 일들은 수시로 신문과 방송을 장식하고 있다.

<추적자>는 시장권력의 위력을 보여주는 데 <유령>보다 훨씬 더 직접적이다. 유력한 대통령 후보 김상중(강동윤 역)의 최종 목표는 청와대가 아니라 한국 최고의 재벌로 묘사되는 한오그룹의 총수 자리다. 김상중에게 대통령직은 종착역이 아니다. 궁극적으로 한오그룹의 총수자리를 차지하기 위해 반드시 거쳐야 하는 간이역일 뿐이다. 대권을 자신이 목표로 정한, 한오그룹의 오너 자리에 오르기 위한 수단으로 간주하는 김상중의 태도야말로 시장권력의 힘을 상징적으로 웅변해주는 것이라 할 것이다.

김상중은 때론 정치적 수단과 공권력을 동원해 한오그룹의 총수 박근형(서 회장 역)과 대결하기도 하지만 둘 사이의 팽팽한 대결에서 주도권을 쥐고 있는 사람은 박근형이다. 막강한 자본권력의 힘을 활용해 정치권력마저 이미 손안에 쥐고 있기 때문이다.

박근형의 힘은 그야말로 무소불위로 묘사된다. 김상중이 차기 총리직을 제안하며 포섭해놓은 대법관을 자기편으로 돌려놓고, 자신의 목적을 이루기 위해 잠자던 검찰총장도 전화로 깨운다. 급기야는 김상중의 대통령 당선을 막기 위해 막대한 자금을 동원해 정당을 급조하고 대통령 후보마저 만들어낸다. 그리고 그렇게 급조한 대통령 후보를 낙마시키는 것도 박근형의 말 한마디다. 박근형이 친구 송재호와 나누는 대화는 시장권력의 힘을 생생하게 보여주고 있다.

시장권력의 유령화 묘사는 '지독한 역설'

'죽은 사람의 혼령'을 뜻하는 유령은 존재하는지 존재하지 않는지 알 수 없는 존재로, 실체가 명확하지 않기 때문에 두려움과 공포의 대상이다. 흥미로운 사실은 시장권력의 상징인 <유령>의 엄기준(조현민 역)과 <추적자>의 박근형 모두 유령 같은 존재로 묘사되고 있다는 점이다. 이는 시장권력의 영향력을 상징적으로 설명하기 위한 장치로 보인다. 세상에서 가장 상대하기 어려운 적은 실체가 명확하지 않은 존재다. 공포 영화의 클리셰처럼 존재의 여부조차 모르는 상대만큼 공포감을 주는 대상은 없기 때문이다. 그건 낭떠러지를 앞에 두고 안갯속을 헤매는 것과 다를 바 없다. 그런 맥락에서 말하자면 현실세계에 막강한 영향력을 행사하고 있는 시장권력을 유령으로 묘사한 것은 '지독한 역설'이다. 시장권력의 위력을 더욱 생생하게 말해주는 장치라 할 수 있기 때문이다.

<유령>의 엄기준이 사이버에서 사용하는 닉네임은 '팬텀', 즉 유령이다. 팬텀은 비록 가상공간에서 사용하는 닉네임이긴 하지만 그가 베일에 싸여 있는 비밀스러운 존재라는 것을 암시하기에 충분하다. 엄기준이 유령이라는 점을 강조하기 위해서인지 몰라도, 실제 <유령>에서 그가 본격적

으로 모습을 드러내는 것도 극 중반부터이다. 엄기준과 달리 극 초반부터 비중 있게 등장하긴 하지만 박근형 역시 유령의 이미지가 강하다. 그는 자신의 개인 집무실에 은둔한 채 사실상 거의 외부 활동을 하지 않지만 그의 힘이 미치지 않는 곳은 없다.

엄기준과 박근형이 행사하는 권력의 작동방식에서도 유령의 흔적이 보인다. <유령>의 엄기준과 <추적자>의 박근형이 권력을 행사하는 공간은 광장이 아니라 밀실이다. <유령>의 해커들은 몇 평 되지 않는 허름한 공간이나 폐업한 PC방, 움직이는 대형 트레일러 등 세상과 철저하게 단절된 장소에서 국가 공권력과 대형 로펌, 개인의 일상까지 지배하고 통제한다. 박근형이 권력을 행사하는 곳인 그의 개인 집무실도 밀실이긴 마찬가지다. 박근형은 회사에 출근하지 않는다. 아니, 정확하게 말해 그의 개인 집무실이 곧 회사요, 박근형이 회사다. 필요한 일이 생길 때마다 개인 집무실에서 전화 한 통화로 간단하게 문제를 해결하거나 회사 중역들을 개인 집무실로 불러 모은다. 물론 그의 집무실은 외부 세계와 철저하게 격리되어 있기 때문에 그 안에서 무슨 일이 벌어지고 있는지 알 수가 없다.

밀실은 내부인에게는 광장이지만 외부인에겐 경외감과 공포의 대상이다. 누구나 함부로 출입할 수 없기에 대체 그 안에 누가 있는지, 무슨 일이 벌어지고 있는지 도통 알 수가 없기 때문이다. 두려움과 공포심의 대상이라는 점에서 밀실과 유령은 친화성이 강하다. 결과적으로 밀실과 유령은 이른바 결합 효과를 발휘하며, 시장권력자로서의 엄기준과 박근형의 위상을 생생하게 보여주고 있는데, 이는 대단히 효과적인 극적 장치로서의 역할을 수행하고 있다.

<유령>과 <추적자>의 미덕

"드라마는 저널리즘이다." 노비 사냥꾼의 이야기를 통해 사극의 지평을 확장했다는 평을 얻은 <추노>의 곽정환 PD의 말이다. 드라마가 허구이긴 하지만 현실을 반영하고 모델링하는 역할을 하는 만큼 드라마를 통해서 사회를 향해 메시지를 전달해야 한다는 의미를 담고 있는 발언이다.

곽정환 PD의 발언이 오랫동안 내 기억의 창고 속에 저장되어 있는 이유는 간결한 표현에 담겨 있던 함축적 의미 때문이었을 것이다. 그의 발언에 상당 부분 동의한다. 물론 모든 드라마가 저널리즘 기능에 충실할 필요는 없을 것이다. 앞서 말한 것처럼 무지개보다 더 다양한 드라마가 많이 생산되는 것이 한국 드라마의 발전을 위해서도 바람직한 일이 될 것이기 때문이다.

그런 맥락에서 <유령>과 <추적자>의 미덕은 확연하게 드러난다. 그건 바로 한국 드라마의 다양성의 지평을 확장시켰다는 점이다. 과거보다 비교적 나아지긴 했지만 여전히 '사회성 드라마'가 희소한 우리의 현실에서 <유령>과 <추적자>는 사회성을 놓치지 않으면서도 오락적 기능에도 충실한 작품이었다고 할 수 있기 때문이다.

입선

예능의 '사자'와 '양'이 만났을 때

이영은

사자의 탄생

내 어렸을 적 기억 중 하나는 매주 저녁 TV 속에서 이홍렬 꼬마 아저씨를 본 것이다. 그리고 TV 시청자로 살아온 지 22년이 된 지금, 토크쇼 프로그램의 형식과 특성도 크게 변했음을 느낀다. 1990년대의 <자니윤 쇼>, <주병진 쇼>, <이홍렬 쇼> 등의 토크쇼 프로그램은 1인 MC의 개인 역량이 프로그램 평가에 크게 영향을 미칠 수밖에 없었고, 또 편안한 분위기에서 초대 손님들의 이야기를 이끌어내는 것이 프로그램의 기본 형식이었다. 그런데 이후의 토크쇼 프로그램 <상상플러스>, <무릎팍도사>, <강심장> 등이 여러 MC들이 출연 연예인들에게 딴죽과 태클을 걸기 시작하더니, <라디오스타>는 그야말로 '짓궂고 독한 토크쇼', '내거티브'의 전형이 되었다.

개인의 영역이 중시되고 경쟁을 부추기는 사회에서 <라디오스타>는 화자에게 순응적이지 않은 담화와 자극적인 어투, 소재를 추구했고, 이것들이 시청자들에게 묘한 재미를 주었다. 한때 다른 프로그램에 밀려 방송시간 5분이라는 굴욕적인 편성을 당하기도 했으나, 지금 <라디오스타>는 지상파 대표 예능 프로그램 중 하나로서 지속적인 인기를 얻고 있다.

야생에 들어온 양 한 마리

그리고 토크쇼 프로그램에 또다시 새로운 변화가 찾아왔다. 토크쇼 프로그램이 순해졌다. 마음의 아픔을 가지고 살아가는 사람들이 늘어나면서 '치료 내러티브'가 큰 반향을 일으키고 정신적인 '힐링'은 우리 사회의 큰 화두가 되고 있다. 그리고 <힐링캠프, 기쁘지 아니한가>는 바로 이러한 시류에 올라탄 대세 프로그램이 되었다. 동경의 대상인 스타들의 아픔을 힐링해주고, 시청자 역시 스타들도 느끼는 아픔에 자신의 아픔을 동일시하여 마음의 치유를 받아가는 프로그램이 바로 <힐링캠프>다. <라디오스타>와 <힐링캠프>는 물론 시간대와 방송취지가 상이한 프로그램이다. 하지만 <힐링캠프>의 인기 요인과 특성을 기존의 토크쇼 프로그램들 중에서도 가장 색깔이 다른 <라디오스타>와 비평, 분석해 볼 가치가 있다고 생각한다.

착한 심성으로 인기를 얻는 양

예능 프로그램을 가장 많이 시청하는 연령층 중 하나인 대학생 50여 명을 대상으로 한 설문조사에서 두 프로그램의 선호도는 현재의 시청률 양상과는 다르게 <힐링캠프> 36%, <라디오스타> 32%로, <힐링캠프>

를 조금 더 선호하는 것으로 나타났다. 재미요소에 더 치중한 프로그램인 <라디오스타>보다 신생 프로그램인 <힐링캠프>에 대한 대학생들의 선호도가 높다는 점이 흥미롭다. <힐링캠프>는 스타들의 인생에서 아픔과 치유를 이끌어내면서 시청자들에게 많은 감동을 주고 있다, <라디오스타>가 가지고 있지 않은 <힐링캠프>만의 강점을 물어보는 질문에서도 '연예인들의 아픔을 시청자들이 공유하고 함께 힐링할 수 있다'라는 답변이 58%로 가장 많았고, '출연한 인사들을 최대한 배려하고 존중하는 MC들의 태도가 강점이다'라는 답변이 18%로 그 뒤를 이었다.

독(毒)을 독(獨)으로 만들어버린 사자

여기에서 우리는 라이벌 프로그램으로 언급된 <라디오스타>와 관련해 오랫동안 시청자들의 입에 오르내린 비평 중 하나인 'MC와 초대 손님들의 거친 언행과 비신사적인 태도'에 대한 문제를 논의할 수 있다. 2009년 당시 국회 문화체육관광방송통신위원회 소속이었던 진성호 전 의원(새누리당)은 "어린이와 청소년 보호차원에서 방송사 및 관계기관은 막말 연예인에게 퇴출 등 강도 높은 제재가 필요하다"는 지적과 함께 <라디오스타> 진행자인 김구라(1회 평균 42.3건)와 윤종신(1회 평균 32.8건)이 지상파 3사 심야 예능 프로그램 진행자 중 가장 많은 막말을 쏟아냈다고 밝혔다. 또한 지난 10월 3일 방송에 출연한 배우 류승수는 '후까시, 지라시, 야리다' 등의 방송에 부적합한 비속어를 사용했지만 MC들은 별다른 제재를 하지 않았으며, 제작진은 오히려 자막으로 출연자가 언급한 부분을 강조하기까지 했다. 한 프로그램 안에 방송의 오락성과 교양성이 공존하기에는 현실적으로 어려운 부분이 있는 것이 사실이나, 그저 재미를 위해서 자극적인 언어나 행동을 그대로 방송에 노출시키는 것은 시청자, 특히 어린 시청자들의 정서에 악영향을 미칠 수 있다는 사실은 늘 강조되어온 부분이다.

이러한 언행뿐만 아니라 MC들의 도덕적이지 못한 태도도 출연진과 시청자들, 더 넓게는 사회에 부정적으로 작용한다. <라디오스타>에서 MC들은 특정 초대 손님에 비해 상대적으로 재미있게 이야기하지 못하는 초대 손님들을 무시하고 조롱하는 태도를 보이는 경향이 다른 예능 프로그램에 비해 강하다. 초대 손님들이 자유로운 분위기에서 자신의 이야기를 방송에 표현하기에 <라디오스타>는 너무나 거친 야생 환경이다. MC들의 편협한 태도 또한 문제이다. 슈퍼주니어가 출연한 6월 방송분에서 김구라는 "슈퍼주니어에서 신동이 중국에서 인기가 많죠? 약간 왕 서방 느낌"이라는 발언을 했다. 중국에도 많은 시청자가 있다는 사실을 감안했을 때 이 같은 사소한 언행 하나가 중국인들에게는 자신들에 대한 비하로 다가올 수 있다. 방송의 파급력이 점점 광범위해지고 있는 지금, 거친 매력의 <라디오스타> MC와 초대 손님들도 더욱더 공인으로서의 사회적 책임감을 가지고 방송에 임해야 한다.

선(善)으로 선(先)이 되다.

<라디오스타>가 가지고 있는 이러한 문제점들과 비교해보았을 때 <힐링캠프>는 사뭇 다른 양상을 보인다. 이 프로그램은 초대 손님과 MC 사이의 정서적인 교감을 중시한다. MC들이 초대 손님에게 반말을 사용하는 순간이 거의 없으며, 모든 상황마다 MC들이 초대 손님의 말에 집중하고 공감해주며, 때로는 눈물도 보인다. 그뿐만 아니라 제작진은 초대 손님들을 위한 힐링 선물까지 사전에 준비해 전달한다. 초대 손님들에 대한 철저한

인터뷰와 사전 조사가 돋보인다. 최근 방송에서 제작진은 학력 위조 논란으로 마음고생이 심했던 출연자 타블로를 위해 사랑하는 아내 강혜정을 그에게 깜짝 힐링 선물했다. 물질만이, 또 꼭 비싸야만 좋은 선물인가. 그렇지 않다. 인간 대 인간으로서 정신적인 힐링을 추구하는 이 프로그램에 대해 시청자들은 좋은 평가를 내리고 있다.

강(强)을 만나 강해지다.

다른 프로그램들과 달리 대선 후보들을 섭외, 촬영, 방영했던 것으로도 <힐링캠프>는 많은 화제가 되었고, 그것이 현재 인기의 시발점이라고도 볼 수 있다. 실제로 TV의 파급력은 막강했다. "문재인", "안철수" 편은 두 대선 주자의 사회적인 신드롬을 일으키기에 충분했다. 실제로 시청자들은 대선 후보의 <힐링캠프> 출연, 정치인의 예능 프로그램 출연이라는 새로운 흐름에 대해 어떤 입장을 가지고 있을까? 일부 정치인의 이미지 공세에 한몫했다는 부정적인 의견도 다수 있었다. 또 민감한 사안이기는 하지만 개인적으로는 "박근혜 편"과 "문재인 편"에서 정치적인 색깔이 다소 뚜렷한 MC의 태도가 중립적이지 못했다는 의견도 있었다. 하지만 실제로 대선과 정치인에 대해 국민들의 관심을 불러일으켰고 선거참여를 독려했다는 긍정적인 의견이 우위를 차지했다. 정치인 TV 프로그램 출연의 옳고 그름을 판단하기에는 많은 논의가 필요하다. 하지만 그에 앞서 해당 프로그램은 공정성과 균형성을 그 어떤 방송보다도 유지해나갈 책임이 있고, 그러한 점에서 예능 프로그램인 <힐링캠프>는 꽤 높은 성공을 이루었다고 감히 평가해본다. 사실 김구라의 독설, 윤종신과 유세윤의 깐족거림, 김국진의 이혼남 컨셉이 있는 독한 프로그램에서 정치인들을 집중

조명하기에는 조금 무리가 아닐까?

사자의 반격

설문조사에 따르면 <힐링캠프>와 차별되는 <라디오스타>만의 강점으로, 공격적이고 빠른 진행방식으로 초대 손님들이 적극적으로 토크에 참여한다는 점과 매주 새로운 조합의 초대 손님들을 불러 색다른 재미를 준다는 점이 있었다. <힐링캠프>와는 달리 MC와 초대 손님이 일대일 관계가 아니라 여러 사람들과 함께 어우러지는 관계 속에서 이야기를 풀어나가기 때문에 <라디오스타>는 같은 주제라도 재미있는 이야깃거리를 다양하게 방송할 수 있다는 장점이 있다. 이처럼 <라디오스타>가 5년 동안 시청자들의 사랑을 받았던 데는 오랜 방송에 걸쳐 형성된 나름의 가장 재미있을 법한 MC들의 캐릭터, 방송 스타일이 존재하기 때문이다.

윤종신: 그럼요. 하지만 지금까지 해오던 패턴으로 승부해서는 안 되겠다는 생각을 하던 참이었어요. 스스로 변화가 필요한 시점이었죠. 막연하긴 해도 '이쪽은 뭔가 다르구나!' 싶더라고요. 처음에는 다들 당황해서 이것도 해보고 저것도 해보고 우왕좌왕했는데 그 속에서 우리도 모르게 우리들만의 방식이 만들어진 겁니다. 참고 기다려주신 시청자들이 정말 고맙죠. <라디오스타>는 뭔가를 들으려 하는 것이 아닌, 알아가는 프로그램이에요. 보통 다른 토크쇼라면 작가가 출연진을 미리 인터뷰하고 준비해 온 이야기를 풀어가잖아요. 그런데 우리는 어떤 이야기를 할지 모르고 나오는 거예요. 모여 앉아, 이야기를 하다 보니 그 사람에 대해 알게 되는 것이고요. 그게 더 자연스럽잖아요? 물론 제작진의 철저한 준비가 따르기에 가능한 일입니

다. 시간이 오래 걸리기는 했어도 누가 함부로 따라 하기는 어려우리라는 자부심이 있어요.

내면의 카리스마가 부족한 양

바로 이 부분에서 <힐링캠프>의 한계가 드러난다. <힐링캠프>는 예능 프로그램으로서 아직 시청자들에게 호소할 만한 이 프로그램만의 오락적 요소가 부족하기 때문에 초대 손님의 섭외에 전적으로 의존하는 경향을 보인다. 실제로 "안철수" 편은 18.7%의 높은 시청률을 기록한 반면, 최근 "장기하", "김용만" 편은 6.1%, 7.4%로 비교적 낮은 시청률을 기록했다. 그렇기에 제작진은 자연스럽게 좀 더 대중에게 인기 있는 인사들을 섭외하는 데에만 급급할 수밖에 없다. 그뿐만 아니라 콘텐츠의 질적인 면에서도 문제점이 있다. 물론 연예인들의 사랑, 연애, 가십거리만큼 시청자들의 관심을 사로잡는 소재도 없지만, 최근 방영된 "하정우" 편에서는 프로그램 후반부 내내 하정우의 연애에 대한 이야기에만 초점을 맞추었다는 느낌을 많이 받았다. 그리고 다음 날 인터넷매체는 하정우의 전반적인 삶에 대한 내용보다는 그저 연애에 초점을 둔 기사를 마구 쏟아냈다. <힐링캠프>가 기존에 스타들의 자극적인 가십만을 부각해서 나타내려는 경향이 강한 <강심장>과 차별화되기 위해서는 '힐링'이라는 큰 틀 안에서 출연진들의 인생사를 치우침 없이 정직하게 서술해야 한다. '누가 나오니까 보는' 프로그램이 아니라 '매주 보고 싶은' 프로그램이 되어야 할 것이다.

감동과 위안이 있는 힐링 프로그램들이 큰 인기라는 사실은 그만큼 힘들고 피로한 사람들이 많다는 증거다. 인간들은 함께 부대끼면서 오해와 질투, 선망, 이런 것들로 서로 힘들어한다. 학교에서는 따돌림, 직장에서는 시기와 음해, 인터넷 환경에서는 악플 등으로 우울증이 늘어난다. 그럴수록 우리는 소통을 갈구한다. 세상에서 고립되었다는 느낌이 드는 사람이 많으면 사회는 불행해진다. 하지만 방송에서의 힐링 프로그램들이 힐링은 되지 않고 당사자 간의 문제점만 부각되어 선정적이고 자극적으로 흘러가며, 문제를 단순한 흥밋거리로 만드는 경향도 있다. '힐링'이 아니라 '쇼잉'이 아니냐는 말도 나오고 있다.

함께 살아가기

<힐링캠프>와 <라디오스타>. 현대 사회가 선과 악(무조건 악하다고 표현할 수는 없지만), 조화와 경쟁 사이의 경계선에 놓여 있음을 보여주는 대표적인 프로그램이다. <라디오스타>와 비교한 <힐링캠프>, <힐링캠프>와 비교한 <라디오스타>, 어떤 측면에서 보든지 간에 모두 시청자들의 비평에서 자유로울 수 없는 것이 사실이다. 이 두 프로그램 모두 서로의 프로그램이 가지고 있는 강점을 수용하고 방송의 공익성에 걸맞은, 질 높은 프로그램을 만들어야 할 것이 요구된다. 사자와 양이 '상부상조'의 관계로 야생을 살아가는 것처럼.

입선

'아버지'의 십자가

SBS 드라마 <추적자>가 그려낸 현실과 아버지의 의미

이유미

'아버지의 눈에는 눈물이 보이지 않으나/ 아버지가 마시는 술에는 항상 보이지 않는 눈물이 절반이다/ 아버지는 가장 외로운 사람이다/ 아버지는 비록 영웅(英雄)이 될 수도 있지만…….' 김현승의 시 「아버지의 마음」에서 아버지는 조용하지만 강한, 슬프지만 용감한 존재다. 아버지의 눈물은 뜨겁다. 하나뿐인 자식의 억울한 죽음을 외면하는 부조리한 세상과 대면했을 때 아버지의 눈물은 분노와 함께 더욱 뜨거워진다. 2012년 SBS에서 방영된 드라마 <추적자>는 그 엔딩마저 시 속의 아버지와 닮았다. '아버지의 때는 항상 씻김을 받는다/ 어린것들이 간직한 그 깨끗한 피로…….'

자식에 대한 사랑과 처절한 복수는 동서고금을 막론하고 인간의 본성을 가장 민감하게 건드릴 수 있는 소재로, 수많은 작품의 주된 재료로 자리매김해 왔다. 억울하게 닥친 비극에 분노한 주인공은 복수에 착수하고, 그 과정에는 서로 적대 관계인 인물들 사이의 갈등이 자연히 따른다. 이러한 갈등을 조미료 삼아 이야기는 더욱 감칠맛을 더한다. 아버지의 사랑은 어머니의 사랑보다 서툴고 투박한 느낌이지만, 소리 없이 자녀를 위해 희생하는 숭고함과 격정적인 남성성이 공존한다. 섬세하게 표현하진 못해도 그 어떤 사랑보다 순박하고 우직한 아버지의 사랑이 갈 곳을 잃었을 때, 아버지의 슬픔은 폭발적인 분노로 변한다. 2010년 미국에서 개봉한 영화 <엣지 오브 다크니스(Edge of Darkness)>, 같은 해 캐나다에서 개봉한 영화 <7 데이즈(7 days)>도 딸의 억울한 죽음에 분노한 아버지의 복수를 다루었다. 2012년 한국에서 방영된 SBS 월화드라마 <추적자>도 억울하게 딸(백수정)을 잃은 아버지(백홍석)가 펼치는 눈물겨운 복수극을 주제로 한다.

하지만 <추적자>는 한 개인의 복수심과 그의 감정선에만 집중하지 않는다. <추적자>가 '뻔한 복수 드라마'와 차별되며 올해의 수작으로 꼽히는 이유는 2012년의 대한민국에 팽배한 강자와 약자의 논리, 정의와 권력의 관계를 사실적으로 묘사해 극의 완성도를 높이는 동시에 시대의 화두를 제시했다는 데 있다. 현실세계의 복잡함, 인간이라는 존재의 애매모호함은 분명한 선을 그어 정리하거나 몇 마디의 설명으로 끝내버릴 수 없다. 인간 내면의 심리와 인간 사이의 갈등의 복잡미묘함을 몇 마디의 말로 압축할 수 없게 현실처럼 그려내는 드라마가 진정한 수작이다. 드라마는 있는 그대로의 현실을 포착해내는 '사진'이 아니라 최대한 현실에 가깝게 그려내는 의도된 '그림'이기에, 작중 인물들과 사건들은 실제처럼 치밀하고 작중 메시지는 분명해야 한다. 그 묘사가 사실적일수록, 전달하려는 메시지가 분명할수록 시청자들은 드라마에 몰입할 수 있고 종영 후에도 여운이 길게 남는다. <추적자>의 인물들은 '착한 사람', '나쁜 사람'의 잣대로만 평가할 수 없는 입체적인 면모를 지녔다. 또 <추적자>는 대한민국의 현실을 날카롭게 꼬집어 시의성 있게 녹여냈다. 여기에 '아버지'라는 존재가 갖는 의미가 각 등장인물들이 지닌 각자의 상처와 뿌리 깊게 연관되며 드라마 전체를 관통한다.

선과 악의 매직아이

흔히 '막장 드라마'로 불리며, 흥행에는 성공하지만 작품성이나 완성도 측면에서는 인정받지 못하는 복수극들은 선과 악의 구분이 너무도 뚜렷하고 단순하다. 선한 사람은 바보같이 여리고 약하며, 주변 사람들의 사랑과 보호를 받는다. 악한 사람은 맹목적인 탐욕에 의해 단세포적인 행동과 의사결정을 내리는 인물로 그려지며, 악행과 폭언을 직접적으로 드러내고, 그 감정을 고스란히 표정으로 나타낸다. 시청자들이 한눈에 봐도 알 수 있게 '나 나쁜 사람이야'라고 광고하는 듯하다.

<추적자>에서 악의 축은 그리 뚜렷하게 제 색깔을 드러내지 않는다. 교묘하게 숨어 있는 그림 속의 '매직아이' 같다. 매직아이는 전체 배경과 완벽한 조화를 이룬 하나의 그림 같지만, 매우 집중해서 봐야 언뜻언뜻 그 정체가 구별되어 보여서 우리의 눈을 혼란스럽게 만든다. 강동윤, 서회장, 서지수, 신혜라 등 주인공 홍석과 대척점에 서 있는 인물들은 재계와 정계의 핵심 인물들로 현실 세계에서 유리되지 않는다. 누구보다 안정적으로 사회의 틀 안에 자리하고 있으며, 오히려 이러한 규범에서 벗어나 범죄자가 되고 도망자 신세가 되는 것은 억울하고 착실한 주인공 백홍석이다.

또한 이 반동 인물들은 그들의 악한 감정과 행동, 표정을 일차원적으로 드러내지 않는다. 살인을 교사한 강동윤이 누구보다 점잖은 표정과 말투로 "큰 마차가 먼 길을 가다 보면 깔려 죽는 개미가 있기 마련"이라 말하고, 만면에 웃음을 가득 띤 서 회장이 동윤에 대한 경고로 "커다란 황소도 하찮은 모기에 물려 죽었다"고 말하는 식이다. 악한 인물들은 표독스러운

눈빛과 표정, 격앙된 말투로 독설을 내뱉는다는 공식을 <추적자>는 보기 좋게 비틀어 깨버렸다. <추적자>의 시청자들은 인물들의 가면 뒤에 감춰진 진짜 표정을 꿰뚫어보고, 대사를 여러 번 곱씹어 봐야 한다. 보이는 것이 전부가 아니라는 사실, 허울 좋은 거짓 뒤에 숨겨진 잔인함과 파렴치함의 실체를 파악했을 때 시청자들이 느끼는 경악과 분노는 극적으로 배가된다.

2012년 대한민국의 현실이 그렇다. 비상식적이고 불법적인 일들이 수없이 일어나지만, 기득권의 울타리 안에 속한 사람들은 법률의 보호를 받고 돈과 권력의 힘으로 진실을 지배한다. 동윤이 백수정을 죽인 홍석의 친구 의사나 동료 형사를 돈으로 매수하고 언론을 통제하는 일, 차기 총리 자리를 두고 장병호 변호사와 결탁하는 일 등은 현실에 존재하지 않는 판타지라고 보기 어렵다. 돈 앞에서는 우정도, 사람의 도리도 무너지는 물질주의 사회, 진실을 추구해야 하는 언론과 정의를 추구해야 하는 법률이 권력에 의해 제 기능을 상실하는 사회, 대한민국을 살아가고 있기에 시청자들은 드라마 <추적자>가 그려낸 부조리한 사회와 표리부동한 인물들에 현실처럼 몰입하고 분노할 수 있다. '정의란 무엇인가?' 백홍석과 그 주변 인물들을 통해 시청자들은 끊임없이 이러한 의문을 품고 좀 더 냉철한 시선으로 현실을 바라본다. <추적자>는 현실을 미화하지도, 판타지로 왜곡하지도 않는다. 이러한 <추적자>의 사실성은 드라마의 치밀함과 완성도를 높이는 데 기여할 뿐 아니라 시청자들로 하여금 현실에 대한 문제의식과 참여의식을 갖게 한다는 점에서 그 의의가 크다.

'아버지', 그 존재의 의미

<추적자>의 주인공은 '아버지'로서의 백홍석이지만 이 드라마에는 다

양한 모습의 아버지들이 등장한다. 이 아버지들은 서로 다른 역사를 가지고 <추적자> 주요 인물들의 삶에 투영되어 있다. 강동윤, 신혜라, 최정우, 서지원 등의 인물들이 각자 살아온 삶과 추구하는 가치는 다르지만 그 기저에는 서로가 가진 '아버지'라는 공통분모가 있다. "사람은 저마다의 십자가를 지고 인생을 살아간다"고 레프 톨스토이(Lev Tolstoy)는 말했다. <추적자>에서 각 인물들이 진 십자가는 '아버지'다. 이 드라마의 원제가 <아버지>였던 만큼, '아버지'라는 존재가 가진 의미는 무겁고도 복잡하다.

홍석과 가장 직접적으로 대립하는 인물인 강동윤에게 아버지는 닮고 싶지 않은 자신의 또 다른 상이자 아픈 상처다. 그는 가난한 이발사였던 아버지 밑에서 스스로도 '힘없는 뼛가루'였다고 고백한다. 세 든 건물 주인 집을 의식해 아버지는 아들의 상장을 숨겨야 했고, 동윤이 주인집 아들과 싸움을 해서 더 많이 다쳤을 때에도 아버지는 그와 함께 두 시간을 기다려 무릎 꿇고 빌었다. 가난 때문에 약자가 되고, 자존심을 잃어야 했던 그의 과거는 아버지와 떼려야 뗄 수 없는 운명공동체처럼 연결되어 있다. 휠체어를 타고 다니는 건물 주인 앞에서 늘 무릎을 꿇어야 했던 아버지를 보며, '세상에서 가장 큰 장애는 가난'임을 깨달은 강동윤의 의식 속에는 가난을 벗어나겠다는 일념, 무릎 꿇은 아버지의 모습을 보고 싶지 않다는 강한 의지가 자리하고 있다. 젊은 시절 서지수와 함께 작은 교통사고를 겪으며, 강동윤은 '부'가 결정하는 현실의 차이와 인간의 차이를 실감한다. 누이의 죽음에도 그 보상금으로 자신의 학비를 낼 수 있겠다는 안도감을 느껴야 했던 강동윤과 수천만 원의 차량 수리비보다 강아지의 생명을 염려했던 서지수의 모습은 극명한 대비를 이룬다. '그때 생각했다. 지수가 사는 세상에 들어가고 싶다고…….' 강동윤은 서지수를 통해 돈에 연연하지 않고 그 무엇도 거리낄 것 없이 살고 싶다는 욕망을 이루고, 가난과 연결된 아버지의 과거에서 벗어나 강해지고자 한다.

강동윤의 보좌관 신혜라의 아버지는 몸통이 아닌 '꼬리'의 운명을 상징한다. 한오그룹에 충성을 다했지만 그룹의 비리를 뒤집어쓰고 버림받아야 했던 아버지 인생의 연장선상에 신혜라는 놓여 있다. '공평'한 세상을 꿈꾼다고 자신을 속이고, 그것이 자신의 정치 신념이라고 내세우지만 신혜라의 진짜 목표는 강동윤을 대통령으로 만들어 아버지의 죄를 사면하고 스스로도 떳떳해진 뒤, 강동윤의 최측근으로서 권력을 얻고자 하는 욕망과 맞닿아 있다. 그래서 그녀는 진실을 은폐하고, 권력과 결탁하며, '공평'하지 않은 방법을 택한다. 강동윤과 서 회장 사이에서 그녀는 스스로 몸통이 되고자 하지만 결국 이용당하고 버림받으며, 아버지의 운명을 답습할 뿐 '꼬리'라는 꼬리표를 떼어내지 못한다.

홍석의 조력자 역할을 하는 최정우는 검사였던 아버지에게 제 손으로 수갑을 채웠다. 그는 정의를 구현한다는 미명으로 아버지에게 오명을 씌웠다는 죄책감과 권력 싸움에 이용당했다는 자괴감을 동시에 갖고 있다. 누구보다 법의 가치와 원칙을 중시하지만 자신의 신념을 내세워 아버지를 희생시켰다는 과거는 최정우의 내면에 낙인처럼 존재한다. 아버지를 희생시키면서까지 잃지 않으려 했던 법에 대한 가치와 그의 신념이 옳았음을 최정우는 확인하고 싶다. 그래서 그는 세상을 지배하는 룰과 원칙에 대한 분노와 불신이 극에 달한 홍석에게 '법을 믿으라'고 종용하고, 법과 정의가 실종된 부조리한 현실에 대해 홍석이 느끼는 분노와 무력감을 이해하면서도 법의 원칙대로 싸우며, 진실을 밝히고 싶어 한다. 백홍석이 '절망'의 끝에 다다라 있는 현재형 인물이라면, 최정우는 이 시대와 사회에 아직 '희망'이 존재함을 대변하는 미래형 인물이다.

<추적자>에서 유일하게 캐릭터의 성장을 보여주는 인물은 서 회장의

막내딸 서지원이다. 오빠나 언니와 달리 가장 나이 어린 막내인 그는 아버지를 두려워하지도, 미워하지도 않고 무한한 사랑을 받으며 자랐다. '싯다르타'의 이야기에 자신을 빗대어 얘기하듯, 서지원은 아버지를 통해 풍요롭고 아름다운 세상만을 경험했다. 하지만 세상의 눈을 통해 아버지를 바라보게 되면서, 자애로운 '딸바보'였던 아버지의 또 다른 추악한 면을 발견하게 되고, 그녀는 갈등한다. 아버지로 인해 고통받는 사람들을 도우며 죄책감을 느끼면서도, 한편으론 아버지에 대한 연민과 애정이 그녀를 괴롭힌다. 아버지 서 회장은 딸을 보호하는 울타리이자 세상을 가리는 벽이었다. 그녀가 믿고 의지하던 '아버지'라는 세상이 무너지자, 서지원은 새로운 '진짜' 세상과 부딪히며 성장해나간다.

<추적자>와 대한민국

극 중에서 백수정을 죽여 사건의 발단을 제공하고 진실을 은폐하며, 백홍석과 드라마의 중심축을 형성하는 강동윤은 대통령의 자리를 향해 달려가지만, 실상 그가 노리는 것은 한정된 임기의 정치권력이 아니라 무한한 '부(富)'를 거머쥔 절대 권력이다. 이러한 강동윤의 야심을 꿰뚫어보고 그와 또 다른 갈등의 축을 이루는 인물이 서 회장이다. 강동윤과 서 회장은 가난한 과거를 딛고 자수성가했다는 공통점을 갖고 있으며, 계산과 거래에 능하고, 목적을 위해서는 수단을 가리지 않는 냉혹함도 서로 닮았다. 또한 이 두 사람은 한국이라는 사회의 과거와 현재를 가장 잘 보여주는 인물들이기도 하다.

팔순을 앞둔 서 회장은 과거 절대적인 빈곤이 지배했던 시기, 급격히 일어났던 개발 붐에 악착같이 기회를 잡아 막대한 부를 일구었다. 강동윤은

'교육'을 통해 가난으로부터의 탈피를 꿈꾸었고 주류 사회에 편승했다. 이들이 살아낸 대한민국은 능력 위주의 경쟁 사회, 돈이 곧 힘이라는 자본주의 논리가 팽배한 사회였다. 절차나 수단의 정당성이나 도덕, 윤리보다 경제적인 부와 권력이 '성공'의 척도가 되었다. 격변하는 사회에서 부와 권력을 기반으로 한 새로운 계급구조의 지배 계층이 된 이들은 부의 편중과 상대적인 빈곤을 정당화하고, 뿌리 깊은 계급의식을 고착시키려 한다. 이 과정에서 법과 인권은 무시된다. 인간의 가치보다 물질적 '힘'의 가치를 더 중시하며, 자신들의 이익에 불리한 진실을 은폐하고 각종 불법행위와 로비를 통해 사리사욕을 추구한다.

이들과 다른 한편으로 대한민국의 현실을 보여주는 인물은 황 반장이다. 홍석과 마찬가지로 그는 소신과 신념을 지키는 떳떳한 경찰이자 자랑스러운 아버지가 되려고 노력하지만 10년째 반장 딱지를 떼지 못하고 적은 월급과 빚에 쪼들린다. 학비를 벌기 위해 대리운전을 하는 아들과 다 큰 딸에게 가난밖엔 줄 것이 없는 아버지로서 황 반장은 10억 원을, 돈이 가진 액수보다 더 큰 현실적인 위력을 외면하지 못한다. "난 죽어서 지옥에 가겠지만 자식들은 세상 살면서 지옥처럼 살게 못 하겠다"던 그는 아버지이기에 동료와 정의를 저버리는 배신을 할 수밖에 없었던 슬픈 인물이자, 이 시대 평범한 가장들의 눈물을 대변하는 인물이다. 누구보다 열심히 살아보려고 노력하지만 돈이 돈을 벌고 빚이 빚을 낳는 사회에서 부와 빈곤은 대물림되고 가난한 아버지는 죄인이 된다.

<추적자> 속의 인물들은 선과 악을 가리기에 앞서 자신의 처지에 가장 충실한 행동들을 보인다. 때론 그러한 행동들이 법과 윤리의 틀을 벗어날지라도, 그들의 인격과 세계관을 형성해온 과거가 '아버지'와 얽혀 충분히 설명되면서 시청자들은 그들이 왜 그랬는지 이해할 수 있다. 부와 권력을

손에 쥐고 법과 정의를 무시하며, 범죄조차 방조하는 악인들일지라도, 그저 불쌍한 한 인간이라는 연민도 할 수 있다. 이렇게 <추적자> 속 인물들은 가상의 드라마를 벗어나 실제 현실 속에 살아 숨 쉬듯 존재한다. 사람의 성격, 선함과 악함이 어디 그렇게 희고 검게 분명히 구분되던가. 부와 권력에 대한 강동윤과 신혜라의 욕망, 황 반장의 배신, 서 회장의 교활함은 어떤 관점과 처지에서 보느냐에 따라 지극히 인간적인 면모일 수도 있고, 마냥 비난할 수만은 없는 양면을 지녔다.

'시청률'을 성공한 드라마, 잘 만든 드라마의 지표로 놓고 봤을 때 <추적자>는 1위가 아니다. 하지만 미슐랭 가이드에 소개된 음식점의 요리가 10명의 입맛을 사로잡았고 분식집의 떡볶이가 100명의 선택을 받았다고 해서 전자가 후자보다 결코 못하다고 평가할 수는 없다. <추적자>는 '복수'라는 장치를 활용해 극을 긴장감 있고 치밀하게 풀어나가는 동시에 복잡한 현실의 권력관계와 인간상을 사실적으로 묘사하며, 뻔한 복수극 드라마의 틀을 벗어났고 그 중심에 '아버지'의 의미를 심도 있게 배치했다. <추적자>는 화해와 용서의 드라마가 아니다. 한 개인의 성장 드라마도 아니다. 현실에서 출발해 현실에서 끝나는, 지극히 현실적인 드라마다. 아버지의 이름으로 불의에 맞서 싸웠던 백홍석은 영웅이 되지도 않았고, 해피엔딩을 맞이하지도 않았다. 마지막 결말에서 동윤보다 많은 실형을 선고받고 '아빠 무죄야'라고 말하는 딸 수정의 환영 앞에 눈물 어린 웃음을 짓는 홍석의 모습을 보여주는 이 드라마는 '죄'의 의미가 무엇인지, 대한민국의 법과 정의 그리고 권력과 현실에 관해 끝까지 고찰하게 만드는 숙제와 같다. <추적자>의 끝은 2012년의 현실 속에서 아직 현재진행형이다.

입선

언 땅에는 꽃이 피지 않는다

EBS <선생님이 달라졌어요>*

이희도

'같이'의 가치, 선생님이 달라졌어요

지난 5년간, 실용으로 상징되는 이명박 정부의 화두는 자본주의 논리에 따른 '경쟁'이었다. 승자와 패자의 명확한 구분, 약육강식 속 살아남는 자가 강한 자라는 무한 경쟁의 분위기가 사회 전반적으로 형성되었다. 방송매체들 또한 발 빠르게 경쟁이란 화두에 집중하기 시작했다. 그 결과로 수많은 오디션 프로그램들이 '경쟁'적으로 앞다투어 제작되기 시작했다. <슈퍼스타K>(M.net)를 필두로 <위대한 탄생>(MBC), <K팝스타>(SBS), <보이스코리아>(M.net), <기적의 오디션>(SBS)과 같은 꿈을 가진 유망주

* 방송일시: 2011년 9월 1일~22일(1~4부)/ 2011년 11월 24일~12월 22일(5~8부, 특집)

들의 경쟁. 그뿐만 아니라 <불후의 명곡>(KBS), <내 생의 마지막 오디션>(KBS), <탑밴드>(KBS), 그리고 <나는 가수다>(MBC)로 대표되는 기성 프로페셔널 예술가들 또한 경쟁에서 자유로울 수 없었다. 누가 더 잘하고 못하는지 가늠하고, 구분 짓는 것을 요구했고, 대중은 열광하고 즐겼다. 물론 모든 방송이 이런 경향을 보인 것은 아니었다. 이런 방송의 전반적인 경향 속에서 '경쟁'이 아닌 '같이의 가치'를 외치며, 변화를 시도한 방송이 몇몇 있었는데, 그 중 하나가 EBS <선생님이 달라졌어요>라는 프로그램이다.

선생님이 사라졌다

어렸을 적, 우리는 부모님 다음으로 선생님을 보고 배우며 자란다. 현재 대한민국에는 6,000여 개의 초등학교, 3,000여 개의 중학교, 2,200여 개의 고등학교가 존재한다(2011년 교육통계연보 기준). 그리고 그 속에 수많은 선생님이란 존재가 있다. 초·중·고를 거치는 12년의 공교육 과정 속에서 부모만큼이나 자주 만나고 영향을 주는 사람은 선생님들이다. 그런데 선생님이 교실에서 사라졌다. 제도권 교육은 입시와 진학을 목표로 달려가고 있고, 신문과 방송은 연일 끊임없이 교권이 추락하고 있고 공교육이 몰락하고 있다고 한다. 교실은 18년 전에 이미 서태지와 아이들이 「교실이데아」에서 노래한 것처럼, 여전히 "옆 친구를 밟고 올라서서 좀 더 비싼 내가 되어서 대학이란 포장지로 멋지게 싸버리기" 위해 존재하는 공간이 되어버린 듯하다. 학교라는 공간이 상징하는 공교육의 문제점은 알고는 있지만 쉽게 건드리기 어려운 환부(患部)였다.

선생님, 용기를 내다

하지만 선생님들은 “남이 바꾸길 바라고만 있지” 않고 용기를 내어 달라지기에 도전했다. 선생님은 가르치는 사람이지 배우는 사람이 아니라는 그릇된 인식은 아이들과의 소통의 벽을 막았고, 소통하지 못하는 선생님들의 교권은 추락했고, 관심 받지 못한 학생들은 선생님을 신뢰하지 않기 시작했다. “요즘 애들 말을 안 들어”와 “선생님은 우리를 이해 못해” 사이의 간극, 교사와 학생 사이 소통의 단절은 사회적 문제로 대두되었다. 공교육 무용론이란 말까지 나도는 것이 현실이었다. 이런 상황에서 선생님들의 달라지겠다는 도전은 솔직한 자기반성이었고, 용기였다. 변하지 않을 것 같은, 혹은 변화가 필요 없을 것 같은 선생님이란 존재를 변화에 주체로 내세웠다는 점은 EBS <선생님이 달라졌어요>가 가진 경쟁이 아닌 상생이라는 가치의 중요성을 보여주었다고 할 수 있다.

변화, 수평적 위치로

이 용기 있는 도전은 승자와 패자를 가르는 것, 즉 내가 다른 동료 교사보다 더 잘 가르치는 교사가 되는 것에 있지 않았다. “나는 교육의 주체다”라는 사명감과 그러므로 “학생들을 위해 변화할 수 있다”는 배움의 자세가 그 용기의 중심에 놓여 있었다. <나는 가수다>로 대표되는 서바이벌 경쟁 프로그램 속, 참가 가수들의 변화시도(편곡, 의상, 퍼포먼스 등)가 대중에게 어필하고 선택받아서 더 높은 자리로 올라가기 위한, 즉 “혼자서 살아남기” 위한 수직적 층위 변화라면, <선생님이 달라졌어요> 속 참가 선생님들의 변화 시도(소통과 교감, 학생들에게 도움 구하기 등)는 “함께 살자”라는 공생과 상생을 위한 수평적인 위치변화이다.

선생님이 달라진다는 것이 주는 의미

카메라는 우리에게 익숙하지만 불편한 공간, 경쟁으로 내몰린 초·중·고등학교, 그중에서도 교실 속의 학생과 선생님의 모습을 비춘다. 그리고 그 변화의 초점을 '선생님'에게 둔다. 이 변화의 초점은 상당히 신선하고 충격적이다. '달라졌어요'의 포맷을 가진 대표적인 프로그램인 SBS <우리 아이가 달라졌어요>가 교육을 통해 변화가 가능하다고 간주되는 "어린아이"를 주체로 내세우는 데 비해, EBS <선생님이 달라졌어요>는 더 이상 배울 것이 없다고 여겨지는 존재, 즉 뭔가를 가르칠 권위를 부여받은 존재에게 배움을 통해 변화할 것을 요구한다. 또한 SBS <우리 아이가 달라졌어요>가 출연자 – 자녀 교육에 어려움을 겪는 초보 부모들 – 에게 조언과 도움을 주면서 동시에 공감과 재미를 통해서 아이들의 교육 방법에 대한 지식을 시청자들에게 전달하는 것이 목적이라면, EBS <선생님이 달라졌어요>는 사회화의 첫 관문인 학교, 그리고 그 공동체 속에 속한 선생님이라는 주체자의 변화 시도와 과정을 보여줌으로써, 공교육이 겪고 있는 시대적 고민과 교사의 고뇌를 보여줄 뿐만 아니라, 출연자 선생님들이 각자의 해답을 찾아가는 과정의 성장통을 통해 선생님은 왜 존재하는가 하는 시대적 질문을 시청자에게 던지고 있다. 방송은 5~8개월에 이르는 선생님들의 지속적인 변화 시도와 좌절을 관찰함으로써 학교, 특히 교실로 대표되는 공교육의 현실 속에 발을 디디고 서 있는 교육 주체인 선생님과 학생들을 면밀히 관찰했다.

전문가의 정확한 분석, 선생님 스스로 성찰

이 프로그램은 '코칭'이라는 시스템 속에서 총 6명의 전문가들이 선생님들의 어려움과 문제점 들을 분석하고 멘토링 해준다. 특이한 것은 이들 전문가들은 더 나은 교수법이나, 학생들 통제방법 같은 해결책을 직접적으로 제시하지 않는다. 전문가들은 선생님들에게 문제점들을 분석하고 알려줄 뿐 직접적인 답을 주지 않는다. 2002년 한국 국가대표 축구팀을 맡았던 히딩크 감독은 한국 선수들을 살펴보고 "기술은 세계적인 수준이다. 다만 체력이 문제다"라고 분석했다. 다들 의아해했다. 우리 선수들은 체력은 뛰어나지만 기술이 부족하다고 판단되었기에 히딩크라는 선진 축구의 지도자를 모셔온 상황이었다. 하지만 전문가인 히딩크의 분석은 정확했고, 우리는 놀라운 결과를 보았다. 참가자 중 정승재 선생님은 아이들과의 관계가 어긋나 있다고 지적하는 전문가들에게 "아이들과의 관계는 이미 좋다. 수업기술과 교수법이 문제인 것 같다"고 털어놓는다. 하지만 그는 수업시간에 재미와 웃음을 주는 강의가 아이들과의 관계도 좋아지게 할 것이라고 착각하고 있었다. 전문가들은 각 선생님의 문제점을 객관적인 시각에서 정확하고 면밀하게 분석한다. 문제점의 정확한 분석은 선생님 스스로 성찰하고 변화할 수 있는 계기를 제공했다. 분석 후에는 끊임없이 자기 성찰을 요구하고, 선생님 스스로 깨닫기를 기다린다. 이것은 방송에 출연한 선생님들의 문제점, 그리고 그 문제에 대한 해결책과도 맞닿아 있는데, 선생님들의 문제점은 학생을 지적하고 가르치려 한다는 것이다. 지적, 즉 개입하고 정답을 던져주는 순간 아이들은 스스로 생각하기를 포기한다. 선생님들도 전문가들이 개입하고 정답을 알려주는 순간 스스로 생각하고 성찰하기를 포기했을 것이다. 선생님들이 답을 찾아가는 과정 자체(끊임없는 성찰과 생각하기)가 학생들과의 관계 개선과 좋은 수업 만들기에 똑같이 적용되는 것이다. 여유를 주는 것, 스스로 생각하고 판단할 수 있도록 학생의 자리를 내어주는 것. 전문가들의 '코칭'시스템은 일방적인 지시와 간섭이 얼마나 소통에 어려움을 주는지 선생님들 스스로 깨닫게 한다. 프로그램은 선생님들의 변화 과정 속에서 참 선생님, 교사란 무엇인가를 시청자들에게 함께 고민해보게 하고 그 해답을 넌지시 제시한다. 결국, 선생님이란 머리가 똑똑한 사람(지식전달)이 아니라 가슴이 따뜻한 사람(상호교감)이고, 잘 일러주는 사람(감시통제)이 아니라 잘 알아주는 사람(관계와 소통)이라는 그림자를 보여주면서 말이다.

솔직한 선생님의 고백

학생들과의 소통의 어려움 때문에, 일요일 밤이 되면 "아~ 내일 월요일이네. 학교 가기 싫다"라는 이은정 선생님의 고백은 어쩌면 많은 교사들의 심정을 대변하고 있는 고백일지 모른다. 또한 수업 '진도'를 나가야 한다는 현실과 '배움의 즐거움'을 알려주고 싶다는 이상 사이에서 고민하고 있는 박소형, 정승재 선생님의 고백은, 일선 교사들이 고민하고 있는 지점과 다르지 않을 것이다. 아이들과 문학으로 소통하고 싶다는 문학교사(정승재 선생님)의 외침과 수학의 재미를 알려주고 싶다는 수학교사(배갑기 선생님)의 바람은 입시교육과 수업진도 앞에서 요원해 보인다. 잘 가르쳐야 한다는 부담감(정이든 선생님), 지적인 것을 전달하려는 욕심(박상민 선생님), 아이들을 통제하고 규율을 가르쳐야 한다는 압박감(이은정 선생님), 대학입시에서 살아남도록 도와줘야 한다는 고민(정승재, 배갑기 선생님)은 모두 학생들을 사랑하고 아끼는 마음에서 시작된 고민이었다.

'갑'의 위치 내어주기

방송 속의 선생님들은 '가르치는' 위치에 있고, 학생들은 '배우는' 위치에 있었다. 이는 학생보다 선생님이 상위에 있는 관계, 즉 선생님이 '갑'이 되고, 학생들이 '을'이 되는 관계였다. 이러한 수업 속에서 수업의 주인은 선생님이었다. 이는 수업에서 학생을 동등하지 않게 바라보고 있다는 뜻이다. 이러한 수업 속에서 학생들은 선생님과의 교감과 소통을 잃어버렸고, 일방적인 강의(인터뷰에서 한 학생은 이런 수업이 인터넷 강의와 다를 바 없다고 했다)는 교실에 활기를 사라지게 했다. 수업 내내 선생님의 목소리만 울려퍼지는 교실 속에 학생들은 하나둘 잠에 빠져들었다. 변화는 갑의 위치에 있던 선생님들이 내려와서 아이들을 갑의 위치 놓기 시작했을 때 일어났다. 아이들에게 질문을 던지고, 대답에 칭찬해주며, 눈을 맞추고 이름을 불러주었을 때, 아이들은 존중받는다고 느꼈고, 수업의 주인이라고 생각하고 스스로 참여하기 시작했으며, 선생님은 학생들에게 배움의 즐거움을 알려줄 수 있었다.

애들아! 나 좀 도와줄래?

방송에서 출연자 선생님들을 '갑'의 위치에서 내려와 학생들에게 도움을 구한다.

"선생님이 부탁이 있는데 들어줄 거야?"(박소형 선생님), "선생님 좀 도와줄래?"(박상민 선생님), "나 좀 도와줘 애들아"(허현 선생님)라는 선생님들의 자기 고백은 학생들을 감시, 통제하는 위치에서 내려와 학생을 동등한 입장에서 바라보고, 소통하고 교감을 통해 학생들에게는 존중받고 있다는 느낌을 주었다. 학생들은 대답한다. "쌤~ 어떻게 도와드리면 돼요?" 이 장면은 근본적인 관계의 변화를 보여주는 중요한 지표라 할 수 있다. 부탁하는 선생님과 기꺼이 도우려는 학생들의 모습은 교육의 중심은 교과 내용이 아니라, 아이들이라는 것을 상징적으로 잘 보여주는 장면이었다.

학생과 교사, 그 이외의 요인

또한 프로그램은 선생님들이 아이들과 거리를 두게 된 원인에 대해서도 세심하게 보여주는데, "이 반은 통제가 안 돼"라는 말에 상처를 입은 이은정 선생님의 눈물 어린 고백이나, 학부모가 찾아와서 "교사로서 잘하고 있는 줄 알았는데 별로네요"라고 했다는 말에 자존심이 상했다는 허현 선생님의 고백, NEIS(National Education Information System)라 불리는 교육행정정보시스템 처리 때문에 수업 준비를 충실히 할 수 없고, 아이들과 함께 이야기 나눌 시간이 부족하다는 정이든 선생님의 고백은 학생과 선생님 관계에 다른 외부적인 요건, 즉 학생의 부모나 행정시스템의 문제 등이 심각한 영향을 끼친다는 것을 보여주고 있다. 개인적으로, 이런 외부적인 요건에 대한 문제 제기와 해결책에 대해서 조금 더 심도 있게 다루지 못한 점은 EBS <선생님이 달라졌어요>의 아쉬움으로 남는다.

소통과 교감의 관계 형성

악수를 건넨다, 이름을 부르며 아침인사를 한다, 안아준다, 서로 눈을 맞추고 웃는다, 소통을 위해 방송에서 제시된 것들이기도 하지만 이미 우리가 알고 있는 것이기도 하다. 하지만 실천하지 못하고 있는 것이기도 하다. 스위스의 교육자 페스탈로치는 "교사는 학생의 개성을 존중하고, 훈육은 애정에 의해서 실시되어야 한다"라고 했다. 애정 어린 훈육은 곧 아이들에 대한 존중이다. 아이들은 선생님을 존경하고 선생님은 아이들을 존중하는 것. '존중'은 '존경'이 되어서 되돌아온다는 것을 방송에서 볼 수 있었다. "정승재 선생님" 편에서 나왔던 도종환 시인의 시, 「흔들리며 피는 꽃」의 시구처럼, 대한민국 학교와 교실은 흔들리며 줄기를 세워가고, 젖으면서 희망의 꽃잎을 따뜻하게 피워가고 있다. EBS <선생님이 달라졌어요>는 사회에 생산적인 담론을 던져주었다. 학생과 교사는 갑과 을의 관계, 리더와 부하의 관계가 아닌, 소통과 교감이 필요한 동반자적 관계임을 방송을 통해 모두가 공감했다.

웃음과 소통을 잃어버린 교실에는 배움의 싹이 트지 않는다

언 땅에는 꽃이 피지 않는다. 그리고 사랑을 잃어버린 가슴에는 눈물이 흐르지 않는다. 또한 아이들의 웃음과 소통을 잃어버린 교실에는 배움의 싹이 트지 않는다. 그래서 방송에 나온 7명의 선생님들은 그렇게나 울었고 아이들의 웃음을 찾아주기 위해 부단히 노력하고 달라졌나 보다. 학생과 교사 모두 "아! 학교 가고 싶다"라는 기쁨의 탄성이 절로 나오는 교실을 꿈꾸며, 달라진 선생님의 한마디를 전해본다. "너희가 선생님 좀 도와줄래?"

입선

피로 사회의 안부를 묻다

KBS <안녕하세요>

정다운

리얼리티 토크쇼의 등장

예능 프로그램의 트렌드는 리얼 버라이어티 쇼에서 리얼리티 쇼로 변화했다. 대표적인 리얼 버라이어티 쇼인 MBC <무한도전>과 KBS <해피선데이>의 "1박 2일"이 주말 예능의 큰 축을 담당하고 있는 가운데, 리얼리티 쇼 시대를 연 Mnet <슈퍼스타K> 시리즈는 지금도 압도적인 인기를 누리고 있다. 트렌드는 여전히 유효하다. 그러나 2012년의 예능 프로그램을 되짚어보면, 이러한 트렌드와는 조금 다른 지점에 놓인 프로그램도 발견할 수 있다. 2012년 주목받은 SBS <힐링캠프, 기쁘지 아니한가>(이하 <힐링캠프>), KBS <대국민 토크쇼 안녕하세요>(이하 <안녕하세요>), KBS <김승우의 승승장구>는 모두 버라이어티와 리얼리티보다는 MC와 게스트의 '이야기'를 중요하게 다루는 토크쇼다.

이들 프로그램은 기본적으로 토크쇼의 형식을 취하고 있지만, 정통 토크쇼를 변주한 각자의 개성을 가지고 있다. 이 중에서도 <안녕하세요>가 최근 동 시간대 시청률 1위를 차지하며 인기를 얻고 있다는 사실은 매우 매우 흥미롭다. <안녕하세요>는 기존의 토크쇼와 차별화되는 몇 가지 특징을 지니는데, 우선 '대국민 토크쇼'라는 제목에서 알 수 있듯이 일반인이 토크의 주인공으로 등장하는 점이 첫 번째 특징이다. 스타를 메인 게스트로 초대하는 다른 토크쇼들과는 달리 사연을 보내온 일반인이 출연해 MC들과 토크를 하는 방식으로 진행된다. 투표를 통해 최고의 고민을 뽑는 경연의 형식을 띠고 있다는 점도 독특하다. 주로 일반인들이 나와서 경합을 벌이는 리얼리티 쇼 프로그램들과 상당히 유사한 형식을 채택한 것이다. 그러나 누구도 <안녕하세요>의 고민 투표를 경연이나 오디션이라고 생각하지 않는다. 말하자면 <안녕하세요>는 리얼리티 쇼 형식을 차용하면서도 토크쇼라는 정체성을 확고히 하는 '리얼리티 토크쇼'라고 볼 수 있다. TV 프로그램의 시대상이나 대중의 욕망을 반영한다는 관점에서 볼 때, 이러한 새로운 토크쇼 프로그램의 등장은 지금의 트렌드로는 충족되지 않는 어떤 종류의 욕망이 이 시대에 존재하고 있음을 암시한다.

피로사회, 앓는 사람들

그렇다면 이 시대는 과연 어떤 모습인가. 트렌드로 자리 잡은 리얼리티 쇼에서도 알 수 있듯이 지금은 무한 경쟁 사회다. 경쟁과 성과가 지배하는 사회에서 살아남기 위한 가장 이상적인 인간상은 공격적인 인간이 아니라, 오히려 항상 긍정적으로 생각하며 애쓰고 노력하는 인간이다. 서점의 한구석을 자기계발서가 차지하게 된 것도 이미 오래된 이야기다. 청춘은 당연히 아프니 그 아픔을 열심히 이겨내야 한다는 내용, 긍정적인 생각은 우주의 에너지를 끌어온다는 내용은 유행처럼 번져갔으며, 우리는 뭐든지 할 수 있다고 믿게 해주는 이 무한한 긍정성에 매혹되었다. 물론 긍정적으로 생각하는 것은 좋은 일이다. 하지만 긍정성이 반드시 바람직함을 의미하지는 않는다. 사실 긍정적인 생각은 '옳은 것'보다는 '생산적이고 효율적인 것'에 가깝다. 부정적인 생각에 사로잡혀 있는 것보다 긍정적으로 생각하는 것이 훨씬 더 많은 일을 해낼 수 있기 때문이다. 생산을 최대화하고자 하는 사회의 은밀한 욕망 속에서, 이 시대는 빠르게 긍정 과잉의 사회로 변모해갔다. 이 사회에서 의문이나 질문은 필요 없으며, 고민을 나누는 것은 비효율적이다. 그보다는 문제 상황을 빨리 벗어나려고 노력하는 것이 훨씬 생산적이다. 휴식을 취하는 것은 점점 나태하다고 여겨졌다. 사람들은 여가시간에 쉬는 것이 아니라 짬을 내서라도 자기계발에 몰두하는 것을 미덕으로 여기게 되었다. 이 미덕은 이미 자기계발서라는 이름으로 베스트셀러 자리를 차지했고, '성공하는 사람들의 습관' 따위의 이름으로 강의되고 있다. 모두가 같은 방향을 보고 숨차게 달리고 있으니 낙오자가 생기기 마련이다. 모든 문제는 열심히 안 하는 내 탓이었다. 치열한 경쟁이 계속되는 가운데 한번 페이스를 잃은 사람들은 점점 설 자리를 잃고 우울과 좌절감에 빠질 수밖에 없다.

이런 흐름은 방송에도 적용되었다. 리얼리티 쇼가 예능의 트렌드로 자리잡으면서 시청자들은 경쟁으로 더 멋지고 훌륭한 결과를 만들 수 있는, 다시 말해 더 생산적인 이 새로운 방식에 열광했다. 하지만 그 열광이 피로감을 불러오기까지는 그리 오랜 시간이 걸리지 않았다. 리얼리티 쇼는 여전히 예능의 주요 경향이지만 그 속에서 '리얼'한 경쟁은 더 이상 예전만큼의 주요 관심 대상이 아니다. <슈퍼스타K 4> 참가자들의 열정적인 무대보다 심사위원 이승철의 패러디 사진에 더 많은 관심이 쏟아진다. 리얼 버라이어티 쇼에서 친근함과 훈훈함을 찾게 되었고, 오디션 프로그램이 만드는 각종 가십거리와 논란을 냉정하게 바라보는 시선이 생겨났다. 그 과정에서 앞서 언급한 리얼리티 토크쇼들이 등장했고, 2010년부터 방송된 <안녕하세요>도 주목받기 시작한 것이다.

'고민함'을 사유하다

<안녕하세요>는 평범한 사람들이 가지고 있는 걱정과 고민에 대해 묻는다. 치열한 경쟁 위주로 재미를 이끌어내던 최근의 예능 프로그램 사이에서 브레이크 타임(쉬는 시간) 같은 역할을 하는 셈이다. 그 과정에서 투표를 받아 우승을 정하는 리얼리티 쇼의 형식을 빌렸지만, 결코 경쟁의 느낌은 아니다. 득표수로 상금을 받을 수 있는 승자를 가리지만 방송에서 연승이나 상금의 획득은 크게 다루어지지 않는다. 고민의 주인공들은 저마다 자신의 고통을 경쟁하려고 나온 것이 아니라 답답한 이야기를 털어놓기 위해, 혹은 따뜻한 말 한마디와 응원을 받기 위해 나온 것이다. MC들은 능숙한 솜씨로 사연을 읽고 흐름을 유도하며, 방청객들은 공감하고 지지하는 사연에 투표한다. 여기에서 현실적인 조언이나 해결 방법은 논외로 다뤄진다. 그 때문에 전반적으로 편안하고 유쾌한 분위기가 지속된다.

<안녕하세요>에 등장하는 사연 대부분은 가까운 주변 사람들과 관련된 고민이다. 즉, 사연의 주인공들은 그들과 소통하는 방법을 고민하고 있다. 그런 관점에서 보자면 역설적으로 등장하는 모든 고민은 심각한 수준이 아니라는 결론에 이르게 된다. <안녕하세요>에 등장하는 고민은 부정적인 의미로 인식되지 않는다. 적어도 이들은 문제를 잘 해결해보고자 사연을

보내고, 누군가와 소통하고 싶어서 스튜디오에 함께 나온 사람들이기 때문이다. 내 아내를, 남편을, 자식을, 부모를, 친구나 직장 동료를 이해하고자 하는 노력의 하나로 난생처음 보는 사람들 앞에서 자신과 주변의 이야기를 조심스레 꺼내놓는 것이다. 언뜻 보기에는 비슷한 분위기와 맥락을 가지고 있는 <힐링캠프>와 같은 목적을 지니고 있는 것처럼 보이지만 그렇지 않다. <힐링캠프>는 몸과 마음을 치유하는 신개념 토크쇼를 표방하면서, 초대된 스타가 자신의 인생에 관한 이야기를 털어놓으며 '힐링'될 수 있기를 바란다. 반면 <안녕하세요>는 고민을 안고 있는 주인공들을 치유하려고 하지 않는다. 다만 그들을 주인공으로 초대해서 고민의 이야기를 나누는 토크쇼의 자리를 만드는 것뿐이다. 이러한 접근은 고민이 있다는 사실을 치유해야 할 질병으로 생각하지 않는 태도에서 비롯된다. 다시 말해 <안녕하세요>는 고민의 시간을 존중한다. 고민을 나누는 시간이 비효율적이거나 헛된 시간이 아님을 말해주고 싶은 것이다.

'리얼'이 난무하는 시대의 진정성

<안녕하세요>를 리얼리티 토크쇼로 볼 수 있는 것은 사연에 대한 이야기를 나눈 후 투표가 이루어지기 때문이다. 이 투표의 원조 격인 다른 리얼리티 쇼들은 '리얼'을 강조하면서도 편집을 통해 드라마를 만들고 긴장감을 높이는 방법을 자주 사용한다. 그리고 그 과정에서 만들어진 논란들은 대중들에게 엔터테인먼트로 소비된다. 반면 리얼 버라이어티 쇼는 오히려 '리얼'이기 때문에 죽어라 노력하지 않으면 재미를 보장할 수 없다. 얼마 전 방송된 <무한도전> 300회 특집에서 유재석 역시 예능 프로그램에서 살아남기가 점점 버거워짐을 고백했다. "작년, 재작년처럼

일을 해낼 수 없고, 추격전 때도 숨이 차고 버겁다. 아슬아슬하게 하려면 내가 그 사람만큼 아슬아슬하게 잡아야 하니까, 내가 담배 피우는 게 좋아도 끊어야지." 재미있는 프로그램을 위해 노력하는 방송인의 진심이었지만, 리얼 버라이어티 쇼에서 살아남는다는 것이 얼마나 어려운지를 단적으로 보여주는 말이다.

하지만 <안녕하세요>는 냉혹한 서바이벌 게임을 하는 대신, MC들과 방청객들이 각자의 역할에 충실함으로써 적절한 재미를 이끌어낸다. 가장 놀라운 것은 MC와 스타 게스트, 방청객, 그리고 일반인 주인공까지 그 누구도 부담스러울 필요가 없음에도 재미를 놓치지 않는다는 점이다. MC들은 라디오 방송처럼 어떤 사연이라도 재미있게 읽을 수 있는 능력을 지녔다. 자칫 무거운 분위기를 조성할 수도 있는 사연에 MC와 스타 게스트들의 예능감이 더해져 적절한 분위기를 조성한다. 상대적으로 가벼운 사연들이 등장해도 스튜디오에 있는 모두가 그 이야기를 경청해줄 준비가 되어 있다. 주인공들은 토크의 과정에서 때로는 상대방이나 자신에 대해서 미처 알지 못했던 부분을 깨닫기도 한다. 야한 소설을 쓰는 아들을 걱정하던 어머니, 방을 치우지 않는 친구가 고민이었던 친구도, 서로의 이야기를 듣고 고민의 무게를 조금씩 내려놓을 수 있게 된다. 출연자들이 애쓰지 않아도 각자의 역할에 충실한 사이 자연스럽게 드라마가 만들어지고, 바로 그 지점에서 <안녕하세요>만이 가진 '진짜 진정성'이 발현된다. 억지로 힘내라고 강요하지 않아도 고민을 나누는 과정에서 드러나는 진심이 있다. <안녕하세요>는 그것이 진짜 위로고 힐링임을 보여준다.

고민하는 힘, 사색하는 힘

성과와 생산성을 따지는 사회에서 고민이 환영받지 못하는 이유는 문제 상황에 깊게 생각하고 집착하는 시간을 쓸모없다고 여기기 때문이다. 그러나 『피로사회』는 창조적 삶을 가능케 하는 것으로 '사색'을 언급한다. 문제와 고민은 다르다. 문제를 해결하기 위해서는 그 문제가 왜 문제인지, 어떻게 문제가 되는지 깊이 생각하고 이치를 따지는 고민의 시간이 반드시 필요하다.

<안녕하세요>는 우리에게 지금 고민이 있는지를 물어오고, 그 고민을 나누자고 말한다. 억지로 긍정적으로 생각하고 힘을 내서 앞으로 더 나아가지 않아도 괜찮다고 다독인다. 많은 사람들이 고민을 공감해주고 응원해주는 것도 좋고, 나보다 더 심각한 고민을 가진 사람들을 보면서 힘을 내는 것도 좋다. 우울함으로 물든 '피로사회'를 살고 있는 우리들은 <안녕하세요>를 보면서 어떤 방식으로든 위안을 얻는다. 그것이 제아무리 '먼지 같은 사연'이라 할지라도 허투루 넘기지 않는 <안녕하세요>의 미덕이다.

입선

개그맨, 새로운 가면을 쓰다

KBS <개그콘서트> "네가지" 분석

정용창

페르소나의 변화: 융에서 개그맨까지

"인간은 누구나 천 개의 페르소나(가면)를 가지고 있어 상황에 따라 적절한 것을 골라 쓰고 관계를 이루어간다." 심리학자 카를 구스타프 융(Carl Gustav Jung)의 말대로 원래 페르소나라는 단어는 인간이 의식적으로 연기하는 '외적 인격'을 뜻하는 학술적 용어였다. 그러나 이제는 본래의 영역보다 연극/영화의 영역에서 더욱 많이 사용되고 있다. 감독이 원하는 캐릭터의 가면을 배우에게 씌울 때나, 극 중 배우가 연기하는 인물을 지칭할 때 사용하는 만큼 '실제 인격이 아닌 가면'이라는 본뜻에서 크게 멀어지지는 않았다. 차이가 있다면, 연기의 영역에서는 '뛰어난 페르소나'에 대한 요구조건이 명확하다는 점이다.

관객에게 인정받는 페르소나란, 배우의 본래 인격은 사라지고 그가 연기하는 역할을 하나의 새로운 인격으로 받아들일 정도가 되어야 한다. 이처럼 배역에 완전히 물드는 배우는 '메소드 배우'라 불리며 칭송받는다. 뛰어난 배우는 아주 짧은 시간에도 자신의 캐릭터를 관객들에게 설명할 수 있다. 1,000만 관객을 돌파한 <광해>에서 이병헌은 1인 2역을 수행했다. 광해군과 광대 하선, 동일인임에도 눈빛과 표정만으로 관객은 두 명의 캐릭터를 완전히 분리해낼 수 있었다.

배우들처럼 관객에게 보일 가면을 써야 하지만 훨씬 엄격한 기준이 적용되는 집단도 있다. 개그맨들은 5분 안팎의 시간에 관객들에게 자신들의 캐릭터를 납득시켜야만 한다. 인기 없는 코너들이 몇 주 가지 못하고 사라진다는 것을 감안할 때, 개그맨들에게 주어지는 시간은 모두 합쳐도 30분 정도에 불과하다. 약간의 세트를 제외하면 오로지 자신들의 연기만으로 모든 것을 설명해내야 한다. 이런 제한 속에서 등장한 방법 중 하나는 가면을 벗어 던지고 개그맨 본래의 모습으로 무대에 오르는 것이다. 관객에게 설명할 시간을 최소화할 수 있다는 점에서 경쟁력을 가질 수 있다. 많은 개그맨이 자신의 특징을 코너에 활용했지만, 완전히 가면을 벗어던지고 무대에 오른 사람들, 개그콘서트의 "네가지"만큼 자신들을 온전히 드러낸 코너는 드물다.

우리를 즐겁게 하는 루저들: 맘 편히 웃으셔도 괜찮습니다

"네가지"를 이끌어가는 네 명의 등장인물은 매번 서두에서 밝히듯 여자들이 싫어하는 특성 하나씩을 가지고 있는 사람들이다. 한동안 유행했던 표현을 빌리자면 네 명 모두 '루저'들이다. 인기 없는 김기열, 촌놈 양상국, 키 작은 허경환, 뚱보 김준현. 이들이 가진 특성은 극을 위해 연출된 것이 아니라 실제로 가지고 있는 열등함이다. 이들의 모자람은 시각화되는 순간 무대에서 강력한 무기가 된다. 얼굴부터 시골 느낌이 물씬 풍기는 양상국과 두툼한 지방을 자랑하는 김준현, 그 사이에 작달막한 허경환이 끼어 있다. 마지막으로 존재감 약한 김기열이 구석에 서 있는 모습은 묘한 조화를 이루어, 시작부터 관객들이 웃을 준비를 하게 만든다.

코미디에서 웃음을 이끌어내는 방식은 크게 두 가지다. 관객의 예상을 뒤엎는 상황전개와 대상을 희화화하기. 물론 "네가지"에서는 두 가지 방식이 혼용되지만 주도적인 역할을 하는 것은 희화화다. 상황을 통해 웃음을 만들어내는 쪽(콩트)이 더 높게 평가받는 것은 확실하지만 경력이 오래된 개그맨에게도 콩트는 어렵다. 이에 비해 누군가를 조롱해 웃음의 대상으로 만들기는 훨씬 쉬운 일이다.

주의할 것은 웃음과 공격의 영역이 정확히 구분되지 않는다는 사실이다. <미녀들의 수다>에서 "키 180cm 이하는 루저"라는 말이 나왔을 때, 방송에서 의도한 것은 웃음이었을 것이다. 그러나 대한민국의 키 작은 남자들은 이를 치명적인 공격으로 받아들였고, 이내 출연자와 방송국에 대대적인 반격을 하기 시작했다. 이 정도까지는 아니더라도 웃음거리가 되는 일을 꺼리는 사람들은 많다. 그렇기에 수많은 개그맨들은 나름대로 안전책을 강구한다. 가장 안전한 것은 정치인·연예인처럼 웃음거리가 되어도 상관없는 사람들을 노리는 것이다. 이들은 다소 희화화되더라도 대중의 입에 오르내리는 쪽이 더 이득이기 때문에 자신에 대한 조롱에 비교적 관대하다. 불특정 다수를 노릴 때에는 좀 더 주의해야 한다. 특정 집단에게 공격적으로 느껴지지 않도록 양 집단을 모두 희화화하거나(두분토론), 공격하는 쪽을 열등한 존재로 설정함으로써 분노보다는 동정심을 유발한다(남보원). 마지막 방법은 "네가지"가 선택한 것처럼, '자기 자신'을 웃음거리로 만드는 것이다.

네 명의 모자란 남자들이 스스로를 웃음거리로 만드는 순간 관객들도 마음껏 웃을 자유를 얻게 된다. '타인과 쉽게 친해지는 방법은 함께 제3자를 욕하는 것'이라는 말이 있을 정도로 '뒷담화'는 사람들을 즐겁게 하지만 결코 바람직한 일은 아님을 모두가 잘 알고 있다. 그렇기 때문에 타인을 조롱하는 내용이 공개적으로 무대에 오를 때, 우리는 웃음과 함께 불편함을 느끼게 된다. 그러나 개그맨들이 자기 자신을 조롱할 때 우리는 모두 당당해진다. "네가지"는 결코 뚱뚱한 사람과 키 작은 사람을 조롱하지 않는다. 웃음의 대상이 되는 것은 '뚱뚱한 김준현'과 '키 작은 허경환'이라는 개인일 뿐이다. 물론 신체적 약점이 있는 개인을 놀리는 것도 올바른 일은 아니지만, 그들이 자기 자신을 '디스'하기 때문에 관객들은 도덕적 책임에서 벗어난다.

관객에게 면죄부를 주기 위해 "네가지"의 출연자들은 끊임없이 '개인성'을 강조한다. 코너가 진행되는 내내 출연자들은 "개그맨 OOO이랑 가는데……", "OOO이랑 밥을 먹는데……"라는 식으로 자신이 직접 겪은 사연임을 고백한다. 심지어 인터넷 검색 결과를 공개해 자신의 인기 없음을 증명하기도 한다. 그들이 무대에서 하는 말은 이제 연기가 아니라 관객 앞에서 하는 고백이다. 실제 "네가지"의 무대에서도 연기자들 간의 상호작용은 거의 이루어지지 않는다. 이는 개그콘서트의 다른 코너에서 찾아보기 힘든 파격이다. 다행히 관객들은 한 발짝 더 다가온 개그맨들에게 친근감을 느낀 것 같다. 코너 시간은 12분까지 늘어났고, 개그콘서트의 마지막을 담당할 정도로 위상이 높아졌다.

가면의 실체: 우리는 속고 있다

관객의 도덕심까지 걱정하는 세심한 배려에도 "네가지"를 시청하다 보면 불편해지는 때가 있다. 무대 위에서 자신이 루저임을 고백하는 사람들이 사실은 승리자임을 깨닫는 순간이다. 우리의 웃음에 일조하는 것은 약자인 모자란 남자들이 세상에 분노를 터뜨리는 '적반하장'의 구조다. 이들이 세상에 맞설 수 있는 무기를 부여하기 위해 무대에는 몇 가지 장치가 마련되어 있다. 이런 요소들을 통해 코너 안에서 등장인물들은 당당한 남성으로 재탄생한다.

가장 먼저 눈에 들어오는 것은 개그맨들의 복장이다. 네 사람이 입고 있는 옷은 몸에 딱 맞는 검은색 정장이다. 정장은 일종의 성공과 권위를 의미한다. 공고한 시스템 안에 편입되어 일할 '자격'을 얻었다는 인증서다. 시스템으로부터 인정받지 못한 사람들은 결혼식이나 장례식 같은 중요한 행사가 있을 때나 입을 수 있는 옷이다. 일반적으로 생각하는 루저는 정장과 어울릴 만한 존재가 아니다. 물론 정장을 입은 루저도 있다. 개그맨 박성광이 출연했던 코너 "성공시대"에서 성공한 직장인과 패배한 직장인을 구분해주는 요소는 복장과 태도였다. 같은 정장을 입었어도 성공한 직장인은 넥타이를 셔츠의 칼라 부분까지 조여 매고, 재킷이나 바지도 주름 없이 팽팽하다. 반면 실패한 직장인은 넥타이의 매듭도 내려와 있고, 옷은 주름투성이다. 이런 공식에 대입해보자면 네 명의 남자들은 틀림없는 승리자다. 심지어 몸에 딱 들어맞는 정장은 살집이 있는 김준현마저도 상대적으로 날렵한 남자로 보이게 한다.

무대 중앙에 놓인 단상은 루저들의 권위를 강화하는 장치다. 개그콘서트의 무대는 앞줄의 관객석보다 높게 설치되어 있다. 특별한 도구 없이도 개그맨들은 관객보다 높은 곳에서 연기를 펼치게 된다. "네가지"는 이런 무대에 굳이 단상을 옮겨놓고, 한 명씩 순서대로 올라가 분노를 토해낸다. 관객의 시선은 당연히 단상에 올라선 사람에게 집중된다. 키가 가장 작은 허경환이라도 땅꼬마의 설움에 대해 이야기하는 순간만큼은 무대에서 가장 큰 사람이다.

당당한 분위기를 만들어주는 강한 음악, 출연자들의 강력한 어조가 위의 요소들과 결합되면 무대 위에 서 있는 사람들은 더 이상 패배자가 아니다. 다른 코너와 달리 약자를 구박하는 배역이 빠져 있기 때문에 이들의 당당함을 막을 수 있는 사람은 없다. 발언 순서가 끝나갈 때쯤 "내가 좀 뚱뚱하긴 해"라는 식으로 자신의 약점을 일부 수용하지만, 루저의 투정이라기보다는 승자를 좀 더 인간적으로 보이게 하는 장식물에 가깝다는 느낌이 든다.

무대 바깥쪽으로 시선을 돌리면 이런 인상은 더욱 강해진다. 끊임없이 자신의 약점과 주변 사람들의 부당한 대우를 성토하는 출연자들이지만, 무대 밖에서는 그 부족한 요소들이 다른 화려한 요소들에 가려 보이지 않는다. 허경환의 단점은 키가 작다는 것'뿐'이다. 그는 작은 키를 커버할 만한 얼굴과 몸매의 소유자다. 그뿐 아니라 '허닭'이라는 브랜드를 운영하는 사업가이기도 하다. 닭가슴살 제품만으로 2011년 하반기 40억 원의 매출을 달성, 이후 '허캔'을 만들어 시장을 공략하고 있는 수완가다. 촌놈 양상국 역시 '개그맨 중에 가장 좋은 차'를 몰고 다닐 정도로 성공했다. 김기열은 항상 인기가 없다고 투덜대지만 100대 1 이 넘는 경쟁률을 뚫고 KBS에 들어온 사람이다. 인상이 약해 주목받지 못한 것은 사실이지만, "두분토론", "이별에 대처하는 우리의 자세" 등 많은 코너에 출연해왔다. 뚱보 김준현 역시 큰 인기를 끌고 있으며, 아버지가 KBS 고위직이었고, 드럼과 피아노에 능한 '엄친아'라는 사실이 알려져 화제가 되었다.

이런 현실에서 키가 작고, 뚱뚱하고, 인기 없고, 시골 출신이라는 정도의 단점은 아주 작은 부분이다. 심지어 그들이 무대에 오르는 순간, 이런 모자람은 관객을 웃게 하는 최고의 무기로 바뀐다. 직업적인 성공, 약점을 강점으로 바꾸는 역발상, 어느 모로 보나 그들은 완벽한 승리자다. 허경환의 표현을 빌리자면 '이 정도로 성공했으면 그런 단점은 충분히 용서할 수 있는' 것이다. 축하받아 마땅한 성공이지만 여기까지 오면 관객은 조금 허탈해진다. 무대서 본 개그맨들의 솔직한 모습이 결국 연출의 결과임을 깨달았기 때문이다. 물론 "네가지" 출연자들의 단점은 모두 '사실'이다. 그러나 그보다 큰 성공이 숨겨져 있기 때문에 그들의 분노가 '진실'로 다가오기는 힘들다. 결국 우리는 융의 발언으로 돌아가게 된다. "네가지" 출연자들이 설정이라는 가면을 벗은 것은 사실이다. 하지만 그 가면은 천 개 중 하나에 불과하다. 새로운 가면은 마치 진짜 얼굴처럼 정교하지만, 우리는 결코 그들의 본모습과 마주할 수 없다.

새로운 가면의 부작용: 가면도 닳습니다

비록 가면에 불과하더라도, 본인의 특성을 사용하는 것은 큰 모험이다. 관객들은 TV에 나오는 인물들의 이미지를 끊임없이 소비한다. 맛있는 음식도 계속 먹으면 물리듯이, TV 속 이미지도 지나치게 반복되면 흥미를 잃게 된다. 이 때문에 배우들도 끊임없이 변신을 꾀하거나, 휴식기를 가져 이미지의 '신선함'을 최대한 유지하려 한다. 반면 개그맨들은 한 명이 여러 코너에 출연하는 경우도 많고, 프로그램 내 코너의 순환이 빠르기 때문에 배우들처럼 쉽게 이미지를 관리할 수가 없다. 배역이 아닌 본인의 캐릭터를 활용할 경우에는 대중이 싫증 낼 때 새로운 대안을 제시하기도 어렵다.

이런 위험에도 네 명의 남자들은 자신의 캐릭터를 쉽게 포기하지 못한다. 관객이 지금의 이미지를 자연스럽게 받아들이기까지 상당한 시간이 필요했기 때문이다. 허경환은 "봉숭아학당"을 비롯한 다양한 코너에서 잘생긴 얼굴과 작은 키를 소재로 삼았고, 양상국 역시 "서울메이트" 때부터 촌사람 캐릭터를 유지해왔다. 김준현은 코너와 배역에 상관없이 자신의 뚱보 캐릭터를 최대한 이용하고 있다. 오랫동안 적응기간을 가져왔기 때문에 "네가지"에서 캐릭터성을 극대화시켜도 관객들이 쉽게 받아들일 수 있었다. 만약 지금 와서 새로운 가면을 쓰더라도 관객들은 오히려 어색해할 확률이 높다.

이런 상황이 지속되다 보니 자신의 캐릭터에 '갇히는' 현상이 나타난다. 특히 외형적 특성을 이용하는 사람들은 정도가 더 심하다. 얼마 전 김준현은 <남자의 자격>에 출연해 "살을 빼면 인기가 떨어질 것 같아 빼지 못하겠다"라고 말한 바 있다. 비슷하게 뚱보 캐릭터를 활용했던 정형돈 역시 체중을 줄였을 때 '살 빼니까 재미가 없어졌다'는 말을 들었다. 체중이 줄었다는 이유만으로 이들의 실력이 줄어들 리는 없다. 다만 데뷔 초부터 어필해왔던 캐릭터가 바뀌자 관객들이 어색함을 느껴 개그맨의 연기에 집중하지 못했을 뿐이다. 문제는 새로운 캐릭터가 받아들여지는 데 걸리는 시간이다. <개그콘서트>의 경우 이번 주 방송에 대한 반응이 바로 다음 주 편성에 반영될 정도로 피드백이 빠르다. 한 주라도 반응이 부정적일 때 개그맨들이 느끼는 부담은 클 수밖에 없다. 결국 대부분의 개그맨들은 현상유지를 선택한다.

하지만 현상유지도 쉽지 않다. 이들의 이미지가 소비되는 곳이 너무 많기 때문이다. "네가지"가 히트한 후 출연자들과 관련된 인터뷰나 예능 프로그램에서는 항상 해당 코너와 관련된 내용을 화제로 삼았다. 이들의 캐릭터와 이야기는 실생활에 기반하고 있는 만큼 소재의 양에 한계가 있다. 출연자들이 인기를 얻을수록 캐릭터가 소모되는 속도는 점점 빨라진다. 개그 프로그램뿐 아니라 모든 예능 프로그램에서 출연자의 이미지가 완전히 소모되는 것은 큰 위협이 된다. 그렇기 때문에 끊임없이 다른 게스트를 섭외하고, 리얼 버라이어티에서는 캐릭터보다 상황에 집중하게 만들어 이미지 소모를 최소화하려 한다. 하지만 이는 제한 시간을 연장할 뿐, 지속적으로 프로그램에 출연하는 한 위험은 사라지지 않는다.

지금 필요한 것은 스피드와 테크닉

"네가지" 팀은 두 가지 과제를 해결해야 한다. 자신들이 만들어낸 '가짜 얼굴'을 관객이 진짜 얼굴로 믿게 하는 것과 새로운 가면이 식상해지지 않도록 하는 일이다. 앞서 말했듯이 가장 확실한 방법은 휴식이지만 '잠깐 쉬다가 계속 쉴 수도 있는' 예능계에서 택하기는 어려운 방법이다. "네가지" 출연자들 역시 다른 돌파구를 찾고 있다. 허경환은 "거지의 품격"으로, 김준현은 <남자의 자격> 같은 예능 프로그램 출연을 통해 확장된 모습을 보이려 한다. 물론 기존의 이미지에서 완전히 벗어나지는 못한다. 관객들이 기대하는 모습이 있는 만큼, 변화를 주더라도 그 폭은 넓지 못할 것이다. 그럼에도 살아남기 위해서는 계속 움직여야만 한다.

허경환과 김준현이 택한 길은 옳다. 그러나 변화가 급격할 경우, 관객은 그들이 가면을 쓰고 있음을 깨달을 것이고, 그렇지 않더라도 새로운 캐릭터에 적응하지 못해 등을 돌릴지도 모른다. 중요한 것은 변신의 속도와 기술이다. 노력에 따라서는 같은 무대 위에서도 조금씩 다른 모습을 선보일 수 있을 것이다.

중국의 '변검(變臉)'은 관객들 앞에서 빠르게 가면을 바꿔가며 극을 진행한다. 가면을 바꾸는 방법은 크게 세 가지다. 특정 부위에 분장용 분을 묻혀 놓았다가 변신이 필요한 순간 문질러 분장을 바꾸는 말검(抹臉), 무대에 설치된 작은 상자에 입김을 불어 안에 든 분말을 얼굴에 묻히는 취검(吹臉), 분장이 그려진 비단 조각들을 조금씩 뜯어내어 가면을 바꾸는 차검(扯臉)이다. 각기 난이도와 변화 정도는 다르지만 공통적인 목표가 있다. 연기자의 가면을 조금씩 바꿔가며, 마지막에는 전혀 다른 얼굴이 되어야 한다는 것. 어쩌면 변검이야말로 "네가지" 팀이 벤치마킹할 대상일지도 모른다.

다행히 "네가지"의 출연진은 제법 인기를 끌고 있으며, 그 덕에 상당한 출연기회를 확보하고 있다. 무대에서 다양한 실험을 진행할 기회는 충분하다. 지금의 캐릭터를 유지하면서 아주 조금씩, 자신의 다른 부분을 드러내야 한다. 새롭게 방영되는 버라이어티 <인간의 조건> 예고편에서 김준현은 드럼을 연주했다. 이것도 자신의 엄친아 이미지를 가면에 덧씌우기 위한 전략으로 볼 수 있다. 변검과 같이 가면 위에 조금씩 다른 색을 덧씌우고, 불필요한 부분을 떼어내다 보면 어느 틈엔가 새로운 가면이 완성될 것이다. 조만간 등장할, 새로운 가면을 쓴 "네가지"를 기대해본다.

입선

찰리 채플린과 달인

SBS <생활의 달인>이 우리에게 말하지 않는 것들

조성준

희극인가, 비극인가

찰리 채플린은 "삶은 멀리서 보면 희극이고, 가까이서 보면 비극이다"라는 유명한 말을 남겼다. 이 말을 조금 바꿔보면, 현대인들은 TV를 통해 멀리 있는 세상을 내다본다. 그렇게 내다본 풍경은 부조리한 현실의 모습들이 대부분 제거된 밝은 세상이다. 그러한 이미지들은 끊임없이 우리에게 '세상은 아무 문제 없이 잘 돌아가고 있다'고 말한다.

<생활의 달인>은 2005년부터 현재까지 SBS에서 방송되고 있는 인기 장수 프로그램 중 하나다. "수십 년간 한 분야에 종사하며, 부단한 열정과 노력으로 달인의 경지에 이르게 된 사람들의 삶의 스토리!" 이것은 <생활의 달인> 공식 홈페이지에 적혀 있는 제작진의 기획의도다. 옷 포장의 달인, 신문 배달의 달인, 과일 깎기의 달인 등 <생활의 달인>에 등장하는

주인공들은 놀라운 기술로 사회의 다양한 노동 분야에서 고군분투하고 있는 사람들이다. 프로그램은 달인들의 신기에 가까운 노동을 예찬하며, 그 과정까지 이르게 된 개인의 노력을 아름답게 그려준다. 즉, TV브라운관 속의 세상만 본다면 <생활의 달인>은 노동의 가치를 재고하고, 개인의 부단한 노력을 불러일으키는 바람직한 프로그램으로 보일 수도 있다.

그러면 다시 찰리 채플린으로 돌아와서 이야기해보자. 영화 <모던 타임즈>를 보며, 우리는 익살스러운 찰리 채플린의 몸짓에서 희극적 요소를 발견하지만, 그가 그려낸 풍자로 씁쓸한 기분 또한 함께 느낄 수밖에 없다. 즉, 영화가 끝날 때까지 맹목적으로 나사를 돌리는 찰리 채플린의 모습을 통해 많은 사람들은 기계와 다를 바 없는 산업사회의 인간에 대해서 고민했었다. 그런데 <모던 타임즈>에서 그려진 찰리 채플린과 <생활의 달인>에 등장하는 달인의 모습은 과연 얼마나 다르다고 말할 수 있을까.

누가 더 빠른가, 누가 더 많이 생산하는가

<생활의 달인>에 등장하는 달인들 중 대부분은 비정규직이거나 피나는 노력에 비해 턱없이 부족한 대우를 받고 있는 육체노동자들이다. 달인이라는 칭호를 얻을 만큼 한 분야에서 최고의 기술을 가지고 있다 하더라도, 사회적으로 그들에 대한 인식이나 대우는 턱없이 부족할 뿐이다. 그러나 <생활의 달인>은 열악한 노동 환경에 대해서는 별로 다루지 않고, 달인들의 높은 효율성만을 최고의 미덕인 것처럼 보여주고 있다. 즉, 달인들의 노동은 공통적으로 최단 시간 최다 생산이라는 가치를 목적으로 하고 있다. 그들의 손과 발은 하나의 기계처럼 한 치의 오차도 없이 몇 사람의 몫을 해낸다. 이런 모습을 보며, 그들이 달인이 되기까지 얼마나 오랜 시간 동안

같은 작업을 단순하게 반복해왔는지 가늠할 수 있다. 하지만 단순하고 반복적인 성격의 노동에서 인간적인 면은 분리되어 있다. 달인들의 작업 대부분에는 인간의 창의성이 개입할 여지가 없다. 수십 년 동안 같은 자리에서 같은 일을 반복하다 보니 달인들의 몸 자체가 기계화된 것이다. 아마 시청자들이 달인들의 묘기에 놀라는 이유는 묘기 그 자체뿐만이 아니라, 단순하고 재미없는 일을 수십 년 동안 해온 그들의 인내력인지도 모른다.

또한 <생활의 달인>에 등장하는 사람들을 보면 마치 직업병의 달인이 아닐까 싶을 정도로 몸을 혹사시킨다. 빠르게 돌아가는 조립 라인에서 장갑조차 착용하지 않고 불량 제품을 골라내는 검수의 달인부터 10m 위 철골 구조를 아무런 안전장비 없이 걷는 무대 설치의 달인들은 그야말로 위험한 곡예를 연상시킨다. 게다가 주로 특정 신체부위만을 이용해 반복적인 일을 하는 달인들은 알고 보면 극심한 직업병을 앓고 있을 수도 있다. 근본적으로 사무직 환경과는 달리 육체노동자들이 일하는 현장은 곳곳에 산업 재해의 위험이 도사리고 있다. 실제로 달인들 중 특히 공장 노동자 중에서는 손가락이나 발가락이 절단된 아픔을 가지고 있는 사람들이 자주 등장한다. 방송은 그들이 그렇게까지 위험한 환경에서 노동을 해왔던 것에 대해서는 진지하게 다루지 않는다. 대신 손가락과 발가락이 절단되었음에도 이렇게 달인이 되지 않았는가라며, 개인의 인간승리에만 초점을 맞출 뿐이다.

이 모든 영광을 가족에게 돌립니다

달인들의 재미있는 묘기는 프로그램에 주인공의 가족들이 나오면서부터 숭고한 대상으로 바뀐다. 주로 달인의 자녀들이 등장해 아버지 혹은 어머니가 일터에서 고군분투하는 모습을 보고 눈물을 흘리는 장면으로 시작된다. 자신들을 위해 쉴 새 없이 일하는 부모의 모습에서 미안함과 고마움을 동시에 느끼는 자녀들의 모습은 <생활의 달인>을 금세 가족 휴머니즘 다큐멘터리로 만든다. 다시 말해, 달인의 길고 긴 노력과 고통은 알고 보면 다 가족을 위해서라는 감동적인 서사로 연결되는 것이다. 사실 가족이라는 소재는 방송에서 흔히 사용되고 있다. 예를 들어, 토크쇼 같은 예능 프로그램에서 연예인들이 본인의 가정사에 대해서 이야기하기 시작하면 여지없이 스튜디오는 눈물바다가 된다. 물론 연예인 당사자의 가족에 대한 발언이 그 나름대로 진정성이 있을 수도 있겠지만, 프로그램 입장에서는 눈물과 신파 그 자체가 중요하다. 눈물과 감동은 시청률로 이어지고, 시청률은 다시 돈으로 환산되기 때문이다.

<생활의 달인>에 나타나는 가족 이데올로기는 조금 더 복잡한 문제점을 지니고 있다. 육체노동자들이 견디고 있는 살인적인 업무량과 열악한 노동 구조가 가족이라는 가치 아래에서는 충분히 견뎌야만 하는 것으로 보일 수도 있기 때문이다. 물론 가족의 가치를 폄하하고자 하는 것은 아니다. 하지만 일반 대중이 휴머니즘 드라마에 취해 <생활의 달인>이 외면하고 있는 현실들을 보지 못하게 하는 것이야말로 노동을 착취하는 주류 계급의 이해관계와 맞아떨어진다. 방송이 재현하는 현실과 실제 우리가 살아가고 있는 현실의 간극을 냉정하게 읽기에는 방송은 치밀하게 감동적이다.

대한민국은 쉬고 싶다

한국전쟁 이후 쑥대밭이 되었던 한반도는 짧은 시간에 기적과 같은 경제성장을 일궈냈다. 그 과정에서 달인들의 미덕이 주요 원동력이었던 것은 명백한 사실이다. 그때는 먹고사는 것 자체가 사회의 보편적인 문제였기 때문에, 퍽퍽하기만 한 노동 환경에 대해서 쉽게 의문을 제기할 수가 없었을 것이다. 하지만 절대적 빈곤이 사라진 현재, 대한민국은 그만큼 행복해졌을까? 이 질문에 대해 어쩔 수 없이 수치로서 대답해본다면, 한국은 여전히 OECD 국가 중 연평균 근로시간 1위, 자살률 1위를 기록하고 있는 퍽퍽한 나라다. 한국의 우울함은 어쩌면 수단과 목적이 뒤바뀐 순간부터 예견된 불행일 수도 있다. 한국은 노동이라는 수단적 가치를 허리가 휘어질 정도로 성실히 수행하는 동안 행복이나 재미, 여가와 같은 단어들은 자신에겐 과분하다며, 손사래를 쳐왔던 것이다.

한때 달인들의 근면함과 성실함은 분명 대한민국을 빈곤의 늪에서 구제해주었다. 하지만 우리가 지금보다 한 단계 더 발전하기 위해서, 조금 더 행복한 사회를 만들기 위해서는 수단과 목적을 제자리에 놓아야 할 때가 왔다. 즉, 밥벌이라는 수단으로 무엇을 이룰 것인가에 대해 고민을 할 때다. 휴식의 철학이 필요한 시기다. 우리는 <생활의 달인>을 보며, 묘기에 가까운 달인들의 노동에 박수를 보내기보다는, 그들이 그 과정까지 이를 수밖에 없었던 수십 년의 세월에 대해서 같이 아파해야 한다. <생활의 달인> 또한 달인들에게 미션까지 내주며, 그들이 감당하는 노동의 무게를 시험하기보다는, 그들의 어깨에 올려진 짐들을 조금이나마 내려놓으라고, 그래도 괜찮다고 말해줄 수 있는 프로그램이 되어야 한다.

입선

교육 불가능 시대의 <도전! 골든벨>

조재성

골든벨 울리는 소리

매주 일요일 저녁, 어김없이 찾아오는 똑똑하고 바람직한 모범생 때문에 부모에게 잔소리를 들어야 하는 학생들이 있다. '바람직한 모범생'은 <도전! 골든벨>(이하 <골든벨>) '최후의 1인'의 자리에, 나머지는 자기 집 소파에 앉아 있다. 소파에 앉아 있는 학생들에게 주어진 정체성은 다양하다. 결코 1등이 될 수 없는 2등, 그럭저럭 하지만 빼어나지는 않은 중위권, 예체능계 입시생, 공부와는 거리가 먼 문제아까지. 같은 소파에 앉아 TV를 보던 학부모는 안타까움과 핀잔을 뒤섞은 가시 같은 잔소리를 늘어놓는다. "넌 지금까지 뭐했니?" "재네들 반만이라도 한다면 소원이 없겠다." 학생들은 억울해도 양팔 저울에 올려진 이상 비교분석을 피할 도리가 없다. <골든벨>은 시청자에게도 미리 답을 공개하지 않기에 무능력은 바로바로 증명된다. 궁색한 변명은 무능의 표지일지어다.

잔소리에 토라진 학생들에게 '최후의 1인'의 탁월한 문제풀이 능력은 부러움의 대상이라기보다는 상대적 박탈감의 요인이다. 학부모의 눈에는 '학업의 롤모델'로 제격인 그들이 정작 당사자에게는 '열등감 유발자'로 보인다고 할까? 분명 최후의 1인은 '오답 시 탈락'이라는 간단 명쾌한 규칙 아래에서 살아남아 여럿에게 박수를 받았고, 교사들과 학부모들은 그들을 기특하게 여긴다. 그러나 토라진 자들은 왠지 모르게 씁쓸하다.

물론 <골든벨>은 바람직하다고 여겨지는 장면들로 가득하다. 이 프로그램이 교육적인 청소년 교양 프로그램으로 분류된다는 것에 이의를 제기할 사람은 아무도 없다. 최후의 1인이 위기에 빠지면 친구와 교사는 합심해 '학교의 명예'라는 대의명분을 지켜낸다. 주로 대중문화 답습으로 채워진 장기자랑 코너에서 학생들은 '우리가 공부밖에 모르는 것은 아니다'를 몸소 보여준다. 세대 차 극복을 위해 몸을 흔들며 애쓰는 교사에게 학생들은 진심 어린 환호로 답한다. 무엇보다도 절정은 최후의 1인이 50번 문제에 도전할 때인데, 이는 시청자까지도 숨죽이게 한다. 이렇게 <골든벨>에는 열정, 패기, 도전, 젊음, 우정 등의 표현이 어울리는 장면이 가득하다.

'사제지간의 사랑은 역시나 아름다웠고 선후배의 단결은 역시나 감동적이었으며, 우리 아이를 맡겨놓은 학교는 역시나 제 기능을 하고 있었으며, 역시나 열심히 공부한 학생들에게는 합당한 보상이 주어진다.' 이것이 <골든벨>의 핵심 메시지다. 이 메시지는 수신자에 따라 해석이 달리 되겠지만, 주류 교육 시스템에 자녀를 위탁한 학부모 집단에게는 교육의 정상성을 확인시켜주는 방향으로 기능한다.

골든벨 울리는 소리에 묻힌 소리

그러나 일주일마다 찾아오는 이 생생한 교육 현장은 사실 인위적으로 연출된 교육 극장에 가깝다. 제도에 착실히 순응한 모범생을 인재로 추켜세우는 <골든벨>의 낡은 포맷으로는 교육 현장의 싸늘한 그늘을 밝힐 수 없고 더 이상 외면할 수도 없다. 학교 폭력, 청소년 자살, 학업 스트레스, 왕따, 교육 불평등, 청소년 성매매 등 우리 제도교육의 폐부에 새겨진 글자들은 인위적으로 구성된 정상성을 파고들지 못한다.

어제의 소란은 정상적인 장면에 치여 분쇄된다. 예외라는 사각지대에서, <골든벨>과 같은 축제의 장소에서는 출입통제 혹은 추방당한, 버려진 장소에서, 낙천적 망각의 의례가 벌어지는 곳의 외부에서 교육의 구조적 결함으로 인한 희생자가 발생한다. 프레임 밖으로 내쫓긴 문제 학생들은 암담한 사건의 주연이 되어서야 제 존재를 세상에 알린다. 이마저도 망각의 낭떠러지로 떠밀리는 건 시간문제지만.

물론 <골든벨>에 전적으로 책임을 묻겠다는 이야기가 아니다. <골든벨>은 원인이 아니다. 차라리 현상유지에 기여하는 부식토에 가깝다. 한국의 교육 문제는 고질병과 같았고, 교육 정성화의 노력은 오히려 새롭고 낯선 문제의 발견으로 이어졌다. 그럼에도 여전히 교육 일정은 수능을 위한 것으로 보이고 수능은 핵심 인재를 솎아내는, 그들만을 위한 기나긴 분류 과정으로 보인다. 대학 진학 이외의 교육적 가치를 회복하려는 노력도 더러 있지만 학벌의 중요성에 비할 바 아니다. '존엄한 생존' 바깥의 삶의 고달픈 모습은 이미 각인되어 있기에 경쟁은 치열하며, 문제를 바로잡고 대안을 상상할 여유는 없다. 그것은 '희망찬 미래'를 위한 유일한 통과의례가 되었다. <골든벨>은 이 적자생존의 서바이벌에서 살아남을 수 있는 탁월한 능력의 본보기를 제시한다. 그의 이름은 '최후의 1인'이다. 암기식 퀴즈 대결에 논쟁과 질문의 여지는 없다. 답을 모르는 자, 공부나 더 하고 오라! 그들은 공정한 규칙의 게임을 통해 자신의 능력을 증명해 보인다. 주입식 교육의 기본 원리인 정답 주입 – 정답 확인의 폐쇄회로, 지식의 도구적 활용, 갈등과 딜레마의 제거 등으로 집약되는 철 지난 방식은 개별 학생들의 배움의 깊이를 가늠해 정답자와 오답자를 양분하는 절대 원리로 작동한다. 이는 분명 가르침과 배움의 속뜻과는 거리가 멀지만 무관용으로 탈락자를 가려내야 하는 이 자리에는 한없이 적합해 보인다.

시청자가 <골든벨>을 통해 확인할 수 있는 또 하나의 가치는 '출발선이 동등한 즐거운 경쟁'이다. 현실은 여전히 공정함과 거리가 멀기에 <골든벨>을 통해 시연되는 능력 겨루기, 다른 말로 '줄세우기의 공정성'이라는 가치는 매혹적으로 다가온다. 이러한 열망에 응답하는 골든벨의 능력주의는 그에 걸맞은 인재를 발굴하고 송출해 '모범학생'의 규준을 제공한다. 자녀들과 함께 <골든벨>을 시청하는 학부모는 자녀에게 적절한 타이밍에 저런 유형의 학생들과 유사해질 것을 요구하면 그만이다. 그들은 잔소리 말라며, 성질을 부리겠지만. 그러나 이 공정성은 '대부분의 학생'이라 지칭할 수 있는 결과적 무능력자에게는 결코 공정하지 않다. 승자독식에다 능력에 따라 차별하는 것을 정당화하는 방식의 공정성이니까.

교육 불가능 시대의 <도전! 골든벨> 상상하기

교사들은 치열한 경쟁에서 승리한 '최후의 1인'에게 '학교의 명예를 드높였다'며 칭찬을 늘어놓는데, 이 상투적인 모습에서 교문 앞에 내걸린 요란스러운 합격 알림 현수막(그것은 모범생을 위한 명예의 전당과 다름없다)의 모습이 교차한다. 그러나 자랑스럽고 화려한 현수막 이면에는 우리 교육의 구조적 문제점이 빼곡하게 적혀 있다. 이것을 외면하는 교육 관례는 분명 망각의 기획이고, 같은 이유로 <골든벨> 역시 우리 교육 현실의 병든 모습을 치장해주는 코디네이터이다. 하지만 이러한 미디어의 환각 기능은 살아 있는 과거로서 자연스러운 일상일 따름, 전혀 의심받지 않는다.

긍정적 가상으로 학생과 학부모 그리고 교사와 시청자 모두를 안심시키는 일이 자녀들에게 주어진 암울한 미래의 조건을 변경시키는 것에 도움을 주는 것은 아니다. 이미 교육 문제의 사슬은 견고한데 우리가 그 연결고리를 파악하는 시간은 자꾸만 지연되고 있다.

<골든벨>에 스며든 기만적 요소는 물론 이 프로그램 고유의 결함이 아니다. 동일한 형식이 현재와는 다른 사회조건을 마주한다면 이 프로그램의 기능은 지금보다 긍정적일 것이다. 즉, <골든벨>의 한계는 우리 교육 현실의 한계라는 말이다. 다만 '교육 불가능'을 암시하는 동시다발적 사건이 일어나는 오늘, 금칠한 가짜 종에서 울려 퍼지는 종소리는 어딘지 어색할 따름이다. 잡음이 제거된 음향효과는 매끄러운 음색을 과시하지만 매일같이 뉴스에 등장하는 수많은 잡음의 흔적들은 깨끗이 지워버렸다. <골든벨>이라는 탐조등이 비추는 열광의 장면 속에는 '청소년의 본보기'만 있을 뿐 청소년의 실재는 부재한다.

문제 해결은 이 괴리에 대한 인식에서 시작된다. 하나의 프로그램이 새로운 교육 패러다임의 리허설이 되지 못할 이유는 없다. <골든벨>이 낡은 교육의 잔영을 몰아내고 우리 교육이 나아가야 할 방향을 예견하는 프로그램으로 체질이 개선되기를 기대해본다.

입선

깨어 있는 이성이 TV 속으로 들어오다

tvN <대학토론배틀>을 돌이켜보며

조재현

텔레비전은 놀라운 미디어이다. 1956년 한국에서 처음으로 텔레비전 방송이 시작된 이래로 남녀노소 사회적 지위 계층을 넘어 모두가 보편적으로 이용하는 미디어로 발돋움했다. 빠른 산업화와 공업화로 뒤돌아볼 새 없이 바쁘게 달려온 한국 국민들에게 텔레비전은 삶 속에서의 여유 그 자체였고, 지친 삶을 위로해주고 웃게 해주는 또 하나의 가족이었다. 그렇다. 지금까지의 텔레비전은 감성적 매체였다. 하지만 정보화사회에 도달하며, 텔레비전은 인터넷과 함께 정보를 전달하고, 지성을 제공하는 중요한 매체가 되었다. 21세기 들어 급격히 늘어난 다큐멘터리 및 보도 형식의 시사프로가 그 대표적인 예가 될 수 있다. KBS <역사스페셜>, EBS <다큐프라임>은 장기간 시청자들에게 꾸준히 사랑받고 있다. 감성으로 가득 찬 텔레비전에 지성이 유입되기 시작한 것이다. 하지만 단면적·일방적 지성의 주입은 대중들에게 '지식'을 제공할 순 있을지라도 세상을 바라보는 올바른

'이성'을 길러주진 못한다. 오히려 위와 같은 시사·다큐 프로그램이 만든 정보의 홍수 속에서 대중의 이성은 '박식함'이라는 미명 아래에서 매몰되고 있다.

시사토론 프로그램의 등장: 이성의 등장?

세상을 바라보는 올바른 시각을 갖고 사고할 수 있는 힘을 가지는 것은 공공선이고, 개인의 소망이다. 급히 흘러가는 사회의 물결 속에서 개인은 위치감각을 상실한다. 사회의 흐름을 절대적 진리로 인식하고 자신의 주체적인 삶을 잃어버리는 것이다. '박학다식'은 더 이상 중요한 문제가 아니다. 정보통신기술의 발달로 개인은 정보의 홍수에 빠져 있다. 누구든 쉽게 정보를 얻을 수 있다. 그렇기 때문에 우리의 삶에는 '얼마나 많은 정보가 우리에게 있느냐?'가 아닌 '그 많은 정보를 우리는 어떻게 활용하고 바라볼 것인가?'라는 사고의 힘이 더 중요해졌다. 이러한 시청자들의 의식 변화로 인해 텔레비전의 프로그램에도 변화가 일었다. 그것은 바로 '토론' 프로그램의 등장이다. SBS <시사토론>, MBC <백분토론>이 대표적이다. 그 해를 뜨겁게 달구었던 시사 문제들을 주제로 각 분야의 전문가들이 뛰어난 학술적 소양과 식견을 바탕으로 치열한 토론을 벌인다. 이 과정을 지켜보는 시청자들은 시대의 지성인이라 일컬어지는 전문가들의 화려한 언변에 압도된다. 장시간 토론 프로그램을 시청 후 시청자에게 남는 것은 항상 뉴스에서 보이는 틀에 박힌 주장 혹은 알아듣지 못할 어려운 이야기의 잔상들뿐이다. 이것이 기성 토론 프로그램의 한계였다. 대중적 시사 문제를 다루면서도 시청자들의 공감을 얻어내지 못했다. 뛰어난 몇 사람의 '그들만의 리그'로 전락해버린 것이다. 즉, 기성 토론 프로그램은 시청자들이 갈망하던 '세상을 바라보는 올바른 시각, 사고의 힘 제공'이라는 목적을 이루지 못한다.

토론은 논제를 둘러싼 여러 관점에 대한 이해를 넓히는 과정이라고 정의된다. 토론을 통해 상대의 입장을 받아들이고 이를 통해 진정한 대화가 이루어지게 하는 과정이란 뜻이다. 분명 대한민국 주요 방송사에는 시사토론 프로그램이 존재하지만, 진정한 토론은 존재하지 않는다. 토론이 벌어진다 해도 상대방의 이야기에 귀 기울이는 모습을 찾기 어렵고 합의에 이르는 절차는 생략되며, 자신의 주장을 관철하려는 일방적 주장이 거듭되는 경우가 많다. 지금 대한민국은 올바른 토론 문화가 부재한 것이다.

새로운 토론 문화의 등장

2010년 케이블 방송사 tvN에서는 <대학토론배틀>이란 프로그램을 방영하기 시작했다. <대학토론배틀>은 '최초의 대학 인문교양 서바이벌' 프로그램으로 20대 토론 문화가 바뀌면 대한민국의 토론 문화가 바뀐다는 모토를 가지고 야심 차게 시작되었다. <대학토론배틀>은 2012년 세 번째 시즌을 맞았다. '대토배'라는 신조어를 만들어낼 정도로 청소년 및 대학생 사이에서 예능 프로 못지않은 인기를 누리고 있다. 지금껏 토론 프로그램은 많이 존재했지만 <대학토론배틀>이 이같이 폭발적인 인기를 끄는 이유는 무엇일까. 그것은 바로 '신선함', '경쟁 구도' 그리고 '예능적 요소'라 할 수 있다.

지금껏 토론은 기성세대의 전유물로 인식되어왔다. 토론은 식견과 학식을 갖춘 성인만이 할 수 있다는 선입견은 청년들이 토론이라는 사회 공론장으로 진입하는 것을 막았다. 현대 사회에서 토론이라는 공론장의 역할은 자유로운 주체들이 평등한 토론과 참여가 가능한 '소통의 공간'을 제공하는 데 있다. 소통을 통해 사회 문제를 해결하는 과정에서는 각 주체들이 평등하고 조화롭게 공존해야 한다. 지난 토론 역사를 살펴본다면, 분명 연령별·계층별로 불균형적으로 토론의 기회가 제공되었다. <대학토론배틀>은 지금껏 토론의 장에서 배제되었던 대학생들을 위한 프로그램이다. 또한 학벌이라는 구세대적 기준으로 기회를 박탈하지 아니하고, 모두에게 공정한 기회를 제공한다. 즉, TV에 '뉴 페이스'들이 등장한 것이다. 이러한 신선한 얼굴의 등장 자체가 <대학토론배틀>의 경쟁력이다.

<대학토론배틀>의 토론 주제는 매우 다채롭다. 몇 가지 살펴보자면, '자식이 부도덕한 부모를 고발하는 것이 옳은가 감싸는 것이 옳은가', '서울대 없어져야 한다', '대학생들의 스펙 쌓기, 대한민국의 경쟁력을 높이는가', '걸그룹의 섹시코드, 사회의 음란성을 부추기는가' 등이 있다. <대학토론배틀>의 강점은 토론의 형식보다는 주제에 있다. 지금껏 기성 토론 프로그램은 주요 정치권의 담론들만 다루었다. 토론이라는 공론의 장에서 다루어야 할 주요 논제들이 존재하는 것은 분명하지만, 그 필요성에 대해서는 의문이 있다. 토론의 필요성은 사회적으로 이견이 있는 논제들에 대해 대화와 소통을 통한 절충적 해법을 찾을 수 있다는 데 있다. 그렇다면 토론 프로그램의 역할은 단순히 정치의 수단이 아닌, 소통이 실종된 현대인들에게 직간접적인 대화의 창을 열어주는 데 있어야 한다. 그래서 토론 프로그램은 다양한 사회적 현상에 집중해야 할 필요성이 있다. <대학토론배틀>은 이 역할을 충실히 수행하고 있다. 기성세대와 현대인의 문화적 괴리 '걸그룹 문화', 대한민국 모든 청년들의 고민 '스펙', 도덕과 사회 정의에 물음을 던지는 '법제도', 60만 고등학교 수험생의 고민 '서울대 입학' 등 정치권 이슈뿐 아니라 다양한 사회적 현상에 이목을 집중함으로써 진정한 소통의 장의 가능성을 열고 있다.

<대학토론배틀>의 또 하나의 강점은 흥미롭다는 것이다. 시사 교양 프로그램의 낮은 시청률이라는 한계는 '흥미의 실종'에서 비롯되었다. <대학토론배틀> 역시 '배틀'로서 승패가 나뉘는 경쟁 프로그램이다. 하지만 20대만이 가진 '위트, 패기, 신선함'은 경쟁 속에서도 재미를 준다. 특히 '연고전'과 같은 대학별 전통적 경쟁 구도는 흥미를 증대시킨다. 또한 토론의 형식도 토론자에게 최대한의 자율성을 제공하면서 기존에 보지 못했던 창의적인 토론이 진행되었다.

<대학토론배틀>은 '대한민국 청년이, 전 국민의 고충에 대한, 신선한 형식에 의한' 새로운 토론 문화의 정착에 앞장서고 있는 것이다.

초심을 되찾아야 할 때

<대학토론배틀>은 '토론' 프로그램이다. 프로그램 중간에 제작자의 재량에 따라 다양한 요소를 가미시킬 수 있지만, 그 무엇보다도 중심은 토론에 있어야 한다. 시즌을 거듭해가며, 토론의 생산성과 토론자의 수준은 높아져 가지만, 반면 프로그램 자체의 정체성은 점점 상실하고 있다. 글을 시작하기 전에 <대학토론배틀>의 근본적 목표는 '20대 담론 형성과 지성의 축제를 만들자'였다는 것을 상기시켜본다.

현재 <대학토론배틀 3> 홈페이지 메인화면에는 '총상금 2,000만 원! Best Speech 3인 입사 특전!'이라는 문구가 있다. 2011 <대학토론배틀> 홈페이지 메인화면에 있던 '20대 지성의 축제! 20대의 토론 문화가 바뀌면, 대한민국 토론 문화가 바뀐다!'라는 문구와는 사뭇 다른 느낌이다.

<대학토론배틀 3>의 프로그램을 직접 시청한다면 문제점을 명확히 인식할 수 있다. 기존의 프로그램과 달리 <대학토론배틀 3>에는 "강용석

과의 맞짱"과 "브레인 티저"라는 코너가 신설되었다. 최근 '강용석'이라는 인물은 각종 언론의 화두가 된 인물로 각종 '고소' 사건으로 많은 비난을 받았다. "강용석과의 맞짱"이란 코너를 강용석의 고소와 잘못들을 주제로 토론하는 프로그램이라 소개하고 있다. 과연 토론일까? 취조실 분위기에서 피조사자의 잘잘못을 따지는 것이 과연 토론일까? 그들이 진행하는 대화는 말싸움에 불과했고, 어떠한 생산적 담론을 형성하지 못했다. 단순히 강용석이라는 문제적 인물을 투입해 예능적 요소만 부각시켰을 뿐이었다. 토론이라는 본질을 잃어버린 코너였다. 또한 "브레인 티저"라는 코너는 취업 프로그램에 가까웠다. 심사위원으로 각 기업의 면접관들이 등장해, 대학생들에게 취업/면접에 필요한 창의력을 테스트했다. 토론자들은 토론으로 평가받지 못했다. 또한 대학생들의 토론은 또 다른 취업의 도구로 전락했다. 'Best Speecher에 대한 CJ 입사 특전 제공' 이것이 바로 이 프로그램의 목적일까? 분명 취업에 목마른 청년에게 이 프로그램이 또 다른 활로가 될 수 있다는 점은 긍정적이다. 하지만 <대학토론배틀>이 20대의 지성의 축제를 만들고 대한민국 토론 문화가 바뀌길 원한다면 다른 어떤 가치보다 '토론'이 중심이 되어야 한다.

이제는 판을 넓히자

위에서 살펴봤듯이 아직 <대학토론배틀>에는 문제점이 존재한다. 하지만 20대들의 토론은 기성세대가 풀지 못했던 사회적 문제 해결의 단초를 제공하고 있다. 깨어나고 성장하고 있는 밝은 지성은 사회의 어두운 면을 밝게 비추고 있다. '고대 아테네의 아고라' 민주주의의 시초이자 근본이라 할 수 있다. 모두가 평등하게 자신의 주장을 밝히며, 사회에 참여할 수 있었던 모습은, 우리가 지향해야 할 민주주의 형태이다. '토론'은 아테네 아고라의 형태와 가장 유사하다. 하지만 지금껏 토론의 기회는 평등하지 못했고, 자유롭지 못했다. 정치권, 기성세대의 전유물이었던 것이다. <대학토론배틀>은 이러한 토론 문화에 카운터펀치를 날렸다. 토론에 20대가 등장한 것이다. 또한 날카롭고 신선한 20대의 통찰력은 사회에 다양한 시사점을 제공하고 있다. 새로운 토론 '판'이 생긴 것이다.

새로운 토론 '판'의 형성, 여기서 멈추어선 안 된다. 이제는 판을 넓혀야 할 때이다. <대학토론배틀>의 모토와 같이 '대한민국 토론 문화의 변화'가 있어야 한다. 사회적 문제를 해결하는 데 어떤 한 집단에게만 역할이 집중되어서는 안 된다. 모두가 참여할 수 있는, 성숙한 담론을 나눌 수 있는 토론의 장을 형성하는 것이 필요하다. 그것이 바로 민주주의 사회에서 TV 토론 프로그램의 역할이다. <대학토론배틀>을 시작으로 앞으로 더욱 더 신선하고 성숙한 토론의 장이 열리길 소망해본다.

입선

소통의 완성

<SBS스페셜: 나는 한국인이다-만사소통>

최유리

어느새 대선이 한 달도 남지 않았다. 후보들의 말이 쏟아진다. 신문과 인터넷은 그들이 사용하는 단어 하나하나에 의미를 부여하고 분석한다. '저부터 대화합을 위해 앞장서겠습니다', '소통과 화합의 리더십을 발휘하겠습니다', '진정한 공동체는 조금 속도가 더디더라도 소통하면서 만들어가는 것입니다' 정당도 다른 후보들이 하나같이 소통을 말한다. 젊은 층과 소통하기 위해서라면 찢어진 청바지라도 입겠다고 한다. 유행처럼 번지기 시작한 소통이라는 단어는 이제 시대정신이 되었다. 오히려 우려되는 것은 남발되는 이 말에 대한 거부감이다. 여기저기 말은 넘쳐나는데 정작 실현 가능성에 대해서는 의심쩍다. 이렇게 되면 소통이라는 단어 자체가 싫어질 수 있다.

그런 맥락에서 <SBS스페셜>이 2012년 새해 벽두에 방송했던 <만사소통> 시리즈는 구호가 되다시피 한 소통을 실천해보려 한 것만으로도 뜻깊은 프로그램이었다. 진정한 소통이라면 대척점에 서 있는 사람들 사이에서 이루어져야 의미가 있지 않을까? <만사소통>은 총 3부작으로 축구선수 차두리와 정대세가 만난 제1부 "지금 말해도 될까요?", 직함을 버리고 진짜 소통을 하고 싶은 도지사 안희정과 사장들의 이야기를 담은 제2부 "계급장을 떼라", 대한민국 어버이연합과 자식연합, 한나라당 원희룡 의원과 '진보지식인' 조국 교수의 만남을 다룬 제3부 "적과의 동침"으로 구성되었다.

과연 나와 다른 생각을 가진 사람과 통한다는 것이 가능할까?

자세히 보아야 예쁘다

'자세히 보아야 예쁘다/ 오래 보아야 사랑스럽다/ 너도 그렇다' 나태주 시인의 시 「풀꽃」이다. 길가의 흔한 풀꽃들. 그러나 어느 풀꽃 하나를 자세히 들여다보면 그 풀꽃 하나도 시시각각 얼마나 다른 모습인지 알게 된다. 아침저녁의 모습이 다르고, 비를 맞을 때 바람에 흔들릴 때가 다르다. 알고 나면 다르게 보이고 그때는 이미 나에게 특별한 의미를 지닌 '예쁜' 풀꽃이다.

<만사소통> 시리즈는 먼저 갈등을 겪는 관계는 서로에 대한 '앎'이 부족하다는 문제의식에서 출발한다. 가장 가까우면서도 멀고, 서로에 대해 많이 알 것 같으면서 모르는 관계에는 어떤 것이 있을까?

제1부 "지금 말해도 될까요?"에서 만난 차두리와 정대세. 서로의 여권을 신기하다는 듯이 들여다보는 모습은 남북의 관계를 압축적으로 보여주는 장면이다. 차두리는 북한 선수들이 경기에서 지면 감독이 어디로(?) 끌려간다는데 사실이냐고 소문의 진위를 확인한다. 사실은 전혀 그렇지 않다는

정대세의 말. 이렇게 상대방은 어떠어떠할 것이라는 기존의 편견은 소통되지 않고 소문만 무성할 때 더욱 강화된다. 궁금한 것은 물어보며, 터놓고 이야기하니 '이미지'에 가려 보이지 않던 서로의 '민얼굴'이 보인다. 자세히 보아야 예쁘다.

남북은 긴장된 관계이지만 차두리와 정대세라는 두 선수는 그렇지 않다. 축구선수인 둘은 갈등으로 엮일 일이 없으며, 다른 것은 국적뿐이다. 이 때문에 둘의 관계는 서로 다른 것에 대한 호기심을 풀어가는 과정이고, 분위기도 부드럽다. 그에 비해 제3부 "적과의 동침"은 한층 독해(?)졌다. 대한민국의 뇌관과도 같은 이념을 건드린다. 진보는 모두 빨갱이라고 몰아붙이는 어버이연합과 '자식 이기는 부모 없다'를 모토로 삼는 자식연합의 만남. 같은 학교, 같은 학번 동기지만 다른 진영을 대표하게 된 두 사람, 원희룡과 조국. 이들 사이에도 소통의 첫걸음은 역시 서로 알아가는 것에서 시작한다. 수구꼴통과 빨갱이로 서로를 극단화시키는 두 집단, 바늘 들어갈 틈도 없을 것 같은 이들이 과연 소통할 수 있을까?

결과적으로는 미적지근했다. 어버이연합 측에 안전한 시위에 대해 알려주기 위해 갔던 '민주사회를 위한 변호사모임'의 한 회원이 욕만 듣고 쫓겨난다. 각각 박정희 생가와 한진중공업 농성 현장을 찾은 원희룡과 조국의 여행은 맥주 한 잔을 함께하며 끝이 난다. 그러나 새로 보게 된 것들이 있었다. 말이 통하지 않을 것 같던 '수구꼴통' 어버이연합은 알고 보니 이명박 대통령의 잘못된 정책에 몇 번이나 청와대 앞에서 시위를 했다고 한다. 원희룡 의원은 하늘 위에서 가족을 땅에 두고, 겨울의 칼바람을 맞으며 농성하는 이들의 절박함을 두 눈으로 보게 된다. 수십 년을 역사 속에서 엉켜온 이념이 한 편의 프로그램 안에서 해결될 리는 없다. 서로 모르고 오해했던 것을 하나라도 알게 되는 것, 그리하여 '바늘 들어갈 틈'이라도 열어준 것만 해도 이 프로그램의 성과가 작다고 할 수 없을 것이다.

동물의 눈을 자주 마주치는 사람들은 채식주의자가 될 확률이 높다고 한다. 우리는 눈을 바라보며 공감하고 때로는 동일시한다. 소통의 기본은 이렇게 서로 상대방을 제대로 바라보는 것이다.

이제 소통의 다음 단계를 이야기해보자. 인간이 소나 돼지를 생명이 아닌 '고기'로 보게 된 것은 도시가 확대되며, 도축장이 인간의 삶으로부터 멀리 떨어지면서부터다. 사실 우리가 부족한 것은 고기에 대한 정보가 아니다. TV 프로그램과 책 등 수많은 미디어로부터 우리는 고기가 만들어지는 과정의 비윤리성에 대해서 보고 들었다. 현대인이 고기를 끊지 못하는 것은 알지 못하기 때문이 아니라, 느끼지 못하기 때문이다. 아는 것만으로는 완전한 소통이 이루어지지 않는다는 증거이다.

영혼을 바꾸어서라도 느끼고 싶은

우리는 몸으로 세상의 모든 감각을 받아들이고 그것을 경험으로 쌓아놓는다. 사람들은 내 겉모습을 통해 나를 알아보고 그에 맞게 나를 대한다. 나를 알아보는 사람들에 의해 나는 사회적 좌표 위에 놓인다.

<만사소통> 시리즈의 제2부 "계급장을 떼라"는 사회에서 붙여준 이름표를 떼고 국민과 직원들과 소통을 하고 싶은 도지사와 사장들의 이야기이다. 사장들은 직원들이 알아보지 못하게 변장을 한 채 고된 하루의 노동을 한다. 항공 회사의 사장은 비행기부터 닦고, 주류 회사의 사장은 영업팀과 함께하며 납품 계약을 따기 위해 아쉬운 소리를 한다. 드라마처럼 영혼이 바뀐다면 좋겠지만 그럴 수는 없으니 소통을 하고 싶은 이들과 같은 처지의

역할로 등장해보는 것이다.

그런 맥락에서 드라마의 '영혼 바뀜'은 사실 소통하고 싶은 인간의 욕망을 그대로 드러낸다고 할 수 있다. KBS의 드라마 <울랄라부부> 역시 영혼이 바뀐 부부의 이야기를 코믹하게 그려냈다. 극 중 수남과 여옥은 결혼 12년 차 부부다. 남편의 불륜을 눈으로 확인한 여옥과 집에서 벌어다주는 돈으로 살림도 제대로 못한다고 구박했던 수남은 영혼이 바뀌고서야 서로가 겪었을 힘든 점들을 이해하게 된다. 살림이 힘들다는 것을 아무리 듣고 또 자기가 알고 있다고 생각해도, 부당한 시집 식구들의 요구와 포기해야 했던 여자로서의 삶은 영혼이 바뀌고서야 진정으로 알게 된다. 타인의 인생은 이렇듯 온몸으로 부딪혀야 깨닫게 되는 것이다.

사장들은 회의에서는 들을 수 없었던 현장의 문제들을 직접 보고 듣는다. 항공 회사의 직원들은 인력 부족으로 인한 초과근무로 지칠 대로 지쳐 있었고, 주류 회사의 직원들은 본사의 무리한 목표매출 책정으로 스트레스를 받는다.

'영혼 바뀜'은 이렇게 관계맺기의 경계이자 한계가 되는 '몸'의 영역을 넘어 상대방을 이해하기 위한 시도이다.

소통의 완성

<만사소통> 시리즈는 커뮤니케이션을 소통의 핵심으로 본다. 즉, 그동안 우리 사회가 소통의 부재를 겪었던 것은 서로 터놓고 말을 하지 못해서라는 것이다.

하지만 갈등에도 양상은 다양하다. 제1부의 차두리와 정대세처럼 서로 이야기만으로 오해를 풀고 가까워질 수 있는 관계가 있다. 두 사람 간에는

아무런 권위도 권력관계도 없다. 권위적인 야구감독 아래의 선수들은 어떨까? 감독은 선수들을 기용하고 배치할 수 있는 권력도 있다. 그러나 이 경우에도 대척점에 서 있다고 보기는 어렵다. 선수들은 엄격한 감독을 무서워하지만 팀의 성적 향상이라는 목표를 둔 동기의 정도가 둘 다 강하다. 야구에서는 성적이 높아질수록 돌아오는 몫, 즉 인정받는 부분이 커지기 때문이다. MT에 가서 터놓고 이야기만 해도 관계는 부드러워질 수 있다. 도지사 안희정과 그를 몰라보는 주민들도 마찬가지이다. 교과서적이지만 주권은 국민에게 있으므로 정치인은 국민을 먼저 생각하고 위해야 한다는 명분이 있다. 실제로는 뒤늦게 그의 '계급장'을 보게 된 주민들이 도지사를 격의 없이 대했던 자신들을 돌아보며 어쩔 줄 몰라 할지라도 말이다.

하지만 제2부에서 다룬 사장과 직원들은 어떨까? 사장은 권위도 권력도 있으며, 그 권력은 그들의 생존을 쥐고 흔들 만큼 강력하다. 주류 회사의 직원들은 잦은 영업활동과 음주를 가까이할 수밖에 없는 환경으로 위궤양에 시달린다. 분장을 한 사장이 바로 옆에서 그 모습을 본다. 후에 인터뷰에서 그런 직원들의 모습이 안타깝다고도 이야기한다. 그러나 어쩔 수 없는 일이다. 직원들의 고충을 알고 영혼까지 바꿔서 직접 느껴도 매출 향상이 가장 큰 목표인 사장의 한계는 분명하다. 사장이 변장까지 하며, 그들의 생각을 알고 싶은 이유가 바로 매출 향상과 연관이 있기 때문이다. 직원들의 고민을 듣고 싶은 것은 선의에서 비롯된 것이 아니라 회사의 비효율성을 제거하고 조직을 개선해야 할 필요성이 있기 때문이다.

본질은 변하지 않는다. 진보와 보수는 단순한 권력관계가 아니라 가치관과 역사관이 다르다. 더구나 우리의 역사에서는 일방적인 상처를 받고 희생을 당한 쪽이 있기에 소통은 더욱 쉽지 않다. 제3부 "적과의 동침"의 마지막은 원희룡과 조국이 맥주 한 잔을 앞에 놓고 하지 못했던 이야기들을 털어놓는다. 한진중공업의 농성현장과 사측 입장을 각각 듣고 난 후에 회사가 94명의 정리해고자에 대해 1년 내에 재취업시키기로 했다는 내용이 소통의 성과처럼 나타나며 <만사소통> 시리즈는 막을 내린다. 시청자들은 어떤 관계에도 서로에 대해 알고, 회포를 푸는 자리만 있다면 갈등이 해결될 것이라는 기대감을 자연스럽게 가지게 된다.

그 후 1년간 어떤 일이 있었을까? 회사는 복직 대기자들에게 근무지 변경에 동의하고, 신체검사 및 신원조회에서 부적격으로 판정되면 어떠한 처분도 감수한다는 서약서를 요구했다. 수십 년씩 배를 만들었던, 소음성 난청에 근골격계 질환, 디스크 같은 질병에 만성적으로 시달리는 노동자들은 과연 '적격' 판정을 받을 수 있을까?

소통은 실천이 있어야만 완성된다. 자기가 가진 것을 내어놓을 수 없다면 소통에는 아무 의미도 없다. 모든 것을 커뮤니케이션의 문제로 환원시키는 시도는 그래서 공허해질 수 있다. 진정으로 상대와 소통하길 원한다면 자기가 가진 것을 내어놓을 수 있어야 한다. 가부장적인 아버지는 가족들이 말을 걸지 않아 외로울 수 있다. 그렇다면 자존심을 내려놓아야 한다. 아이들과 소통하고 싶은 선생님이라면 권위를 버려야 할 수도 있다. 가진 것은 하나도 포기할 수 없으면서 소통을 하겠다는 누군가가 있다면 우리는 그의 진정성을 의심할 수밖에 없다.

직원의 지시에 박스를 나르고 청소를 하는 사장들의 모습을 보며, 시청자들은 어딘가 통쾌했을 것이다. 사회의 수직적 권위가 역전되는 데서 오는 짜릿함이었다. 집안일을 무시하던 수남이 여옥의 몸에 들어가서 툴툴거리며 설거지하는 모습을 볼 때처럼 말이다. 그러나 드라마는 결코 영혼이 바뀐 상태에서 끝나는 법이 없다. 조금은 달라진 마음으로 수남과 여옥도 사장님도 결국 원래의 자리로 돌아온다.

실천이 없다면 영혼을 바꾸는 요란한 커뮤니케이션도 결국은 이벤트에 그치고 만다. 잠깐은 즐겁고 통쾌하지만 바뀌는 것은 아무것도 없다. 우리는 더 견고해진 각자의 '몸'으로 돌아온다. 실천이 없다면 소통은 여전히 공허한 메아리처럼 울릴 뿐이다.

입선

보이는 것이 전부는 아니다
오디오드라마 <배한성·배칠수의 고전열전: 삼국지>의 매력 탐구

최정우

세 명이 천하의 패권을 놓고 겨룬다. 한 사람의 세력이 거세지자 나머지 둘은 힘을 합쳐 맞서기로 한다. 그러나 힘을 합치는 과정에서 갈등을 빚고 서로 등지기도 한다. 한국의 대선 후보들 이야기가 아니다. 나관중의 '팩션'인 『삼국지』의 한 대목이다. 한나라 영토의 팔 할을 차지한 조조가 장강 너머의 오나라를 넘보자, 손권과 유비는 촉·오 연합군을 결성해 적벽대전을 치렀다. 조조가 물러나자 촉과 오는 형주 땅을 놓고 서로 반목하다가 결국 이릉대전까지 치달았다.

『삼국지』는 유독 한국에서 남다른 사랑을 받는다. 유명 소설가가 평역한 작품은 학생들의 '논술 필독서'가 되기도 하고, "『삼국지』를 읽지 않은 사람과는 인생을 논하지 말라"는 말도 흔히 들을 수 있다. 중국에서는 "삼국지연의"라 불리며, 진수의 정사 『삼국지』와 구별되는 데 반해 한국에서의 『삼국지』는 대개 소설을 가리키는 경우가 많고, 사실상 '대체 역사서'

로서의 지위를 누리고 있다. 2010년 10월 18일에 시작한 <배한성·배칠수의 고전열전: 삼국지>(이하 <배배 삼국지>)가 프리퀄(prequel)[1]에 해당하는 "삼국지 100배 즐기기" 시리즈를 마지막으로 2012년 10월 13일에 2년 동안의 여정을 끝냈다. 2011년 1월에는 MBC 라디오 전체에서 팟캐스트 다운로드 1위를 기록하기도 하는 등 다시 청취자들을 이야기꾼들에게 귀 기울이도록 한 힘은 무엇일까.

부활한 구술 문화의 전통: 이야기꾼들의 '팟'소리 한 마당

원래 『삼국지』는 소설책이 아니었다. 14세기에 나관중이 정사(正史) 『삼국지』와 저잣거리 이야기꾼들의 이야기들을 재구성해 『삼국지연의』를 엮은 다음에야 소설이 읽히기 시작했다. 삼국시대가 후한 말(2세기 말)부터 진이 통일을 이루기까지(3세기 후반)의 100년간이라는 점을 떠올려보면 『삼국지』는 거의 1,000년 동안이나 입에서 입으로 전해졌다. 나관중이 쓴 『삼국지연의』도 이야기꾼들이 없었다면 지금처럼 재미있는 소설로 탄생할 수 없었을 것이다. 원형이 구전문학인 『삼국지』는 홀로 읽을 때보다 함께 들을 때 제대로 즐길 수 있다.

월터 옹(Walter J. Ong)은 "구술 사회에서는 여러 세대에 걸쳐서 끈기 있게 습득된 것을 몇 번이고 되풀이해서 입으로 말하는 데 대단한 에너지를 투입하지 않으면 안 된다"라고 말했다.[2] 그동안 삼국시대 이야기가 널리 퍼지는 데 말보다 글이 더 크게 이바지할 수 있었던 이유는 인쇄술의 발달

---

1) 전편보다 시간상으로 앞선 내용을 보여주는 속편.

2) 월터 옹, 『구술문화와 문자문화』, 이기우·임명진 옮김(예원출판사, 2004), 67쪽.

덕분이다. 책이 오래 보존할 수 있을 뿐 아니라 휴대하기 쉽다는 점도 한몫했을 것이다. 말은 이야기꾼과 관객, 특정한 시간과 장소가 모두 확보되어야만 전해질 수 있다는 사실에 비해 글은 확실히 더 빠르고 간단하게 전파될 수 있었다.

디지털 미디어와 네트워크 사회가 도래하면서 상황은 역전되었다. 현대의 이야기꾼이라 할 수 있는 성우들의 목소리는 라디오 방송이 끝난 뒤 사라지지 않고 파일로 남을 수 있다. 연출자 중 한 명인 김승월 PD는 "기획할 때 인터넷에서 반복 청취할 수 있게끔 전략을 세워서 라디오 드라마가 아닌 오디오드라마라고 홍보했다"고 밝혔다.[3] 이제 이야기꾼과 관객(청취자)은 서로 기다릴 필요가 없다. 이야기꾼은 언제든 가상의 마당에 소리를 남겨놓을 수 있고, 청취자는 원할 때 소리를 받을 수 있다. 21세기 버전의 판소리 혹은 마당극이라 할 수 있겠다.

물론 책보다 향유하기 쉬워졌다는 사실만으로 오디오드라마의 인기를 설명할 수는 없다. 끼 넘치는 성우들의 물오른 연기력은 빼놓을 수 없는 <배배 삼국지>의 인기 요인이다. 배칠수는 손석희, 이명박, 김영삼, 전두환, 유시민, 최양락, 이상해, 배철수, 이승엽, 안철수, 박원순 등의 목소리 연기를 혼자서 소화하며 웃음과 감탄을 자아냈다. 해설의 다른 한 축을 담당한 배한성 역시 맥가이버를 비롯해 모차르트, 돈 꼴레오네를 더빙했을 때의 독보적인 목소리를 들려주었다. <무한도전> 예고를 하던 이철용이 맡은 장비, 드라마 <CSI>의 그리섬 반장의 목소리를 더빙했던 박일이 맡은 유비의 경우에도 목소리만으로 캐릭터를 그려볼 수 있을 정도로 맛깔스러웠다.

---

3) 김승월, 『라디오 레시피 23』(커뮤니케이션북스, 2011), 89쪽.

이제는 말할 수 있다: 손석희의 시선분산

<배배 삼국지>의 "편독우 사건" 촬영 현장에서 채찍으로 독우를 때리는 역할을 두고 장비와 영화감독은 거래를 한다. 자신에게만 악역을 시킨다고 툴툴대는 장비에게 감독은 후반부에 '장판파 전투' 장면의 주연을 맡기겠다고 제안한다. 장판파 전투에서 장비는 홀로 조조의 백만 대군과 맞서는, 장수라면 누구나 탐낼 만한 역할로 나온다. 이 에피소드는 우리가 『삼국지』를 접할 때 잊지 말아야 할 점을 알려준다. 실칠허삼, 『삼국지』의 사건들 가운데 실제로 있었던 일과 허구로 꾸민 일의 비율은 7대 3이다.

독우를 채찍으로 때린 사람은 바로 유비다. 유비의 인자한 캐릭터를 일관성 있게 유지하기 위해 나관중은 사실과 다르게 서술했다. 이뿐만이 아니다. 소설 『삼국지』에서의 행실만 본다면 유비는 울보, 눈물의 제왕이라는 오명을 뒤집어쓸 수밖에 없다. 그러나 유비는 삼국지 정사에서 동탁과 함께 효웅(사납고 용맹한 영웅)으로 불렸으며, 박망파 전투를 직접 지휘하는 등 전장에서 맹활약했다. 술잔이 식기 전에 화웅의 목을 벤 사람은 관우가 아니라 손견이고 적벽대전을 앞두고 조조의 화살을 얻어온 사람은 제갈량이 아니라 손권이었다.

<배배 삼국지>에서는 이렇게 논란이 되거나 사실과 다른 대목이 나올 때마다 어김없이 <손석희의 시선집중> 시그널 음악이 흘러나온다. 그리고 손석희 교수의 '목소리'로 사실을 알려준다. 물론 적벽대전에서 조조의 피해 규모에 대해 정사 조조 편에서는 역병으로 자진 후퇴했기 때문에 미미하다고 평했듯이, 진수의 정사에도 역사가의 시각이 어느 정도 반영되었을 것이다. 그러나 나관중의 원작을 한 사람이 옮겨 쓴 소설에 비하면 <배배 삼국지>의 청취자는 여러 전문가의 의견을 듣고 왜 다른지 스스로

생각할 기회를 가질 수 있다.

나관중의 편파적인 서술로 피해를 입은 인물들에게도 직접 자신을 변호할 수 있는 시간이 주어진다. 예를 들어 주유는 유비와의 화친을 반대했다는 이유로 소설 속에서 제갈량을 시기하고 모함하는, 속 좁고 어리석은 남자로 실제와 다르게 그려졌다. 이런 사실을 소설에서는 찾을 수 없지만 <배배 삼국지>에서는 주유가 '손석희의 시선분산'에 직접 출연하거나 배한성의 해설 중간에 반론의 기회를 보장받는다. 청취자들은 단순히 소설을 극화한 오디오드라마가 아니라 드라마 밖 실재 인물들의 이야기를 엿듣는 재미도 느낄 수 있다.

타임슬립과 패러디로 기록한 또 하나의 역사

영화 <웰컴 미스터 맥도날드>에는 라디오 드라마에 대한 인상적인 대사가 등장한다. "여기가 우주라고 말만 하면 우주가 된다." 화려한 세트나 컴퓨터 그래픽 기술은 필요하지 않다. <배배 삼국지>의 등장인물들 역시 자유롭게 시공간을 넘나든다. 등장인물들이 전화를 사용하거나 말을 자동차로 비유하는 것은 물론이고 방영 당시에 한국 사회를 뜨겁게 달구었던 사건이나 인물이 이야기 속에 녹아 있다. "도원결의" 편에서는 삼 형제의 맏형을 정하는 과정을 당시 화제의 프로그램이던 <슈퍼스타K>처럼 오디션 형식으로 진행했다. 타블로 사태가 주 관심사이던 기간에 방송된 에피소드에서는 '원소에게 진실을 요구합니다'라는 인터넷 카페가 등장한다. 동탁이 낙양에 입성해 시찰하는 장면에서는 갈라진 광화문 현판이 언급되기도 하고, 관우와 장비가 크리스마스에 데이트하는 장면에서는 손님에게 바가지를 씌우는 악덕 상인들의 세태가 묘사된다.

패러디 대상과 초대 게스트에도 경계가 없다. "관도대전" 편에는 <출발 비디오 여행>을 '출발 삼국지 여행'으로 바꿨는데 실제로 김경식이 등장해 영화를 비교하듯 조조와 원소의 병력을 비교했다. "형주쟁탈전" 편에서는 <박혜진이 만난 사람>에 초대된 주유가 박혜진 아나운서와 나눈 대화를 '악마의 편집'으로 재구성하기도 했다. "조조와 유비" 편에서는 타사 공채 개그맨인 안윤상이 특별 출연해 배칠수 못지않은 성대모사를 선보였고, "의사 길평" 편에 하인 경동으로 등장한 윤도현은 성우들과 전혀 다른 스타일의 연기로 존재감을 확실하게 각인시켰다. 이렇게 자유로운 패러디와 유연한 출연진 구성은, 영화나 소설에서는 맛볼 수 없는 <배배 삼국지>만의 매력이다.

등장인물들의 타입슬립과 패러디는 청취자의 재미를 위한 것인데 방영 당시에 사람들의 입에 오르내리던 사건과 인물, 발언 등을 음성 파일로 남김으로써 2010년에서 2012년까지 한국 사회의 모습을 기록한 사료로서의 가치도 획득하게 되었다. 물론 이것들은 텔레비전 뉴스나 신문, 인터넷 포털 등에도 기록되겠지만, 이런 자료는 사람들이 다시 찾을 때까지는 죽어 있는 자료가 된다. 하지만 <배배 삼국지>의 청취자는 『삼국지』의 이야기를 따라가다가 자연스럽게 현재의 역사적 사건을 떠올릴 수 있다. 모든 방송 프로그램이 꿈꾸는 '재미와 교훈'이라는 두 마리 토끼를 잡게 되는 것이다.

"우리에겐 고전, 그들에겐 고통"

"왜 싸워야 하는지, 왜 총구를 맞대야 하는지 이유도 영문도 모른 채 젊은이들은 오늘도 어디선가 죽어가고 있다." "여포의 최후" 마지막 편에서 흘러나오는 내레이션이다. <배배 삼국지>에서도 지적했지만 나관중의 『삼국지』는 처세서라 하기에는 지나치게 권모술수가 난무하고, 고전이라 하기에는 전쟁과 약탈과 살육이 필요 이상으로 반복된다. 인의(仁義)의 대명사인 유비마저도 개인적인 복수를 위해 이릉대전을 일으켜 무고한 양민을 죽음으로 내몰지 않았던가. "적벽대전" 마지막 편에서 손석희 교수가 "한나라 말 인구 5,000만이었는데, 백 년 동안의 전쟁이 끝난 뒤 삼국이 통일되었을 때엔 880만"이라고 말했을 때 『삼국지』가 얼마나 잔인한 이야기인지 새삼 깨닫는다.

그럼에도 『삼국지』는 영화, 드라마, 게임에 끊임없는 자양분이 되어주고 <배한성·배칠수의 고전열전: 삼국지>라는 명작 오디오드라마를 탄생시키며, 여전히 우리에게 의미 있는 작품임을 방증하고 있다. 앞으로 5년 동안 우리나라를 이끌 지도자를 뽑는 선거가 한 달 앞으로 다가왔다. 누가 되든 유비처럼 백성들을 아끼고 조조처럼 인재를 적절히 등용하며, 동시에 손권처럼 외교 관계에 능하기를 바란다면 너무 큰 욕심일까. 적어도 지금의 <배배 삼국지>가 지도자를 고르는 청취자들의 안목을 키워줬기를 바라는 건 욕심이 아닐 것이다.

입선

가족의 탄생

KBS 주말드라마 <넝쿨째 굴러온 당신>을 보며

하경숙

타인이라는 지옥

저명한 철학자 사르트르는 희곡『닫혀 있는 방』에서 '타인이 곧 지옥'이라는 유명한 말을 남긴 바 있다. 우리들 삶을 통해 되돌아봐도 이러한 명제는 종종 사실이 되곤 한다. 출퇴근길의 붐비는 지하철 안에서 잠깐 동안 타인과 살을 맞대는 것만으로도 참을 수 없다는 생각이 들고, 어쩌다 이런저런 사정 때문에 친구나 친척과 하루라도 같은 방을 써야만 한다면 적잖은 혼란과 불편이 생겨나게 마련이다. 이처럼 타인에게 가까이 다가서는 일은 대개 혼자만의 자유로운 삶에 방해가 될 수밖에 없다. 그러니 만약 누군가 불쑥 내 삶에 끼어들어 오로지 나만의 것이었던 시간과 공간을 오래도록 공유해야만 한다면, 이는 얼마나 불편한 일이 되겠는가.

그럼에도, 우리들 대다수는 그런 불편을 감수하고 타인이라는 지옥을 나만의 세계와 합치시키기 위한 모험을 기꺼이 시도한다. 바로 결혼이다. 결혼은 일시적으로 타인에게 다가서는 것에 그치지 않고, 삶이라는 시간과 공간 전부를 누군가와 – 바로 그 '타인'과 – 계속 공유하기로 하는 일종의 계약이다. 그러니 사르트르의 말이 옳다면 어느 작가의 소설 제목처럼 '결혼은 미친 짓'이라 해도 과언이 아닐지 모를 일이다.

그렇다면 과연 무엇이 이런 모순을 완화시키는 것일까? KBS 주말드라마 <넝쿨째 굴러온 당신>(이하 <넝쿨당>)의 주인공 차윤희는 그 답을 알고 있다. 공중파 방송국 PD로 나름 성공한 전문직 여성이라 할 수 있는 윤희가 사르트르의 말을 모를 리 없고, 결혼이 하나의 지옥을 창조하는 첩경이라는 사실 또한 모를 리 없다. 그래서 그녀는 능력 있는 고아와 결혼하기를 희망한다.

그렇다면 대관절 윤희가 능력 있는 고아를 결혼상대로 바라는 이유는 무엇인가. 그녀 식으로 간단히 이야기하자면, 그것은 '시월드', 즉 시집 식구들과 아등바등 밀고 당기기를 반복하며 살아야 하는 '시집 공동체'로의 편입을 원천적으로 차단할 수 있기 때문이다. 이것은 앞서 언급한 모순의 완화점에 대한 중요한 실마리가 된다. 요컨대 그녀의 남편이 될 '능력 있는 고아'는 '타인이라는 지옥'의 범주에서 일종의 예외가 될 수 있다는 논리다. 말하자면 윤희는 그녀가 사랑할 수 있는 누군가라면 기꺼이 참아줄 수 있다는 생각을 지니고 있는 것이다.

윤희의 생각처럼 – 그리고 우리들이 체험했거나 혹은 곧 체험할 것처럼 – 인간은 타인을 사랑할 수 있다. 그리고 사랑이라는 관계는 타인을 지옥이 아닌 천국으로 만들 수 있는 가능성을 내포하고 있는 것이다. 물론 그녀가 '능력 있는'이라는 전제를 달아 놓았듯이, 그런 사랑조차도 때로는 외부적인 전제조건을 필요로 하는 경우가 적지 않다. 그것은 윤희가 속물이라는 선부른 판단은 결코 아니다. 타인이 지옥으로 느껴지기 위해서는 그러한 시공간의 공유가 나의 쾌적함과 자유를 해친다는 전제가 자연스럽게 포함될 것이기 때문이다. 경제적인 무능력? 그것은 (윤희의 생각대로라면) 당연히 지옥을 만드는 일이다. 왜? 그녀의 경제적 자유가 자연스럽게 침해당할 것이므로.

정리하자면 이렇다. <넝쿨당>의 윤희는 '능력 있는 고아'와의 결혼을 꿈꾼다. 그것은 그녀가 타인이라는 지옥의 존재를 분명히 인지하고 있음을 의미하는 한편, 주체성을 유지할 수 있는 상황에서라면 가족이라는 새로운 지옥에 기꺼이 편입되고자 하는 욕망 역시 지니고 있음을 뜻한다. 바로 이 지점에 우리 시대 결혼의 모순된 현주소가 있다. 현실 속의 수많은 미혼여성들은 바로 이 지점에서 꿈꾸고 좌절한다.

그러나 윤희는 다르다. 윤희 앞에 나타난 꿈의 사나이, 테리강이 있기 때문이다. 존스홉킨스 의대 출신의 훈남 외과의사 테리강은 '스마트한 지적 능력과 스위트한 매너'를 지닌 남자다. 그뿐인가? 윤희가 그토록 바란 고아, 정확히 말하자면 어린 시절 해외로 입양되어 양부모가 있긴 하지만 한국에서 같이 살을 맞대며 살 일이라곤 없는 입양아 출신이다. 윤희는 드디어 타인이라는 지옥의 틈바구니를 아슬아슬하게 벗어나 성공적인 결혼에 골인한다.

무엇이 '시월드'를 지옥으로 만드는가

하지만 불행히도 윤희의 꿈은 순식간에 깨진다. 아니, 정확히 말하자면 산산조각이 났다고 하는 편이 옳을 것이다. 어린 시절 잃어버린 테리강의 부모가 그들 앞에, 더구나 바로 앞집에(!) 나타난 것이다. 부모뿐만이 아니다. '테리강'에서 졸지에 '방귀남'이 되어버린 그녀의 남편에게는 할머니와 작은아버지들, 작은어머니들, 그리고 누나와 두 명의 여동생까지 있다. 게다가 그녀는 일찌감치 그들과 집주인 대 세입자의 관계로 만나 사소한 충돌까지 빚어온 전력이 있다. 그런 타인 아닌 타인들이 그녀의 삶 속으로 별안간 침입해 온 것이다.

이처럼 급변한 상황에서 윤희는 당연히 탈출을 시도하지만, 언제나 드라마 속에 나타나게 마련인 이러저러한 이유 때문에 탈출은 좌절되고 만다. 그녀는 그토록 거부했던 '시월드'의 소명(召命) 앞에 다시 서게 된 것이다. 윤희가 그렇게 '시월드'와의 익숙지 않은 삶 속에서 허우적대는 동안, 그녀의 남편 귀남은 자신을 고아로 만든 미스터리 속으로 발을 들여놓기 시작한다. 그 미스터리 속에는 귀남의 작은어머니인 양실이 있다.

선후의 차이는 조금씩 있으나 거의 동시다발적으로 많은 일이 바로 그 '시월드' 속에서 펼쳐진다. 윤희의 큰 시누이 일숙은 이혼 사실을 숨긴 채 과거의 우상이었으나 현재는 초라하기 짝이 없는 가수 윤빈에게 다가서고, 작은 시누이 이숙은 친구에게 짝사랑하던 남자를 빼앗긴 채 새로운 일을 시작한다. 항상 윤희의 골칫거리인 막내 시누이 말숙 역시 이전까지의 자유분방한 남성 편력을 접고 한 남자에게 마음이 흔들리는 자신을 발견한다.

<넝쿨당>에서 펼쳐지는 이 수많은 일들은, 그러나 사실 서로 다른 인물들에게 펼쳐지는 같은 주제의 변주에 지나지 않는다. 사르트르는 일찍이 '타인은 곧 지옥'이라는 명제가 성립하는 이유들을 언급한 바 있는데, 이는 다름 아닌 경쟁과 각인이다. 요컨대 타자를 객체화하여 격하시키려는 경쟁 속에서 인물들의 주체성이 침해되고, 각인을 통해 '나'라는 주체의 자유를 제한함으로써 그러한 고통은 더욱 심화된다는 것이다.

시청자들은 귀남이 고아가 된 사정을 천천히 알아가게 되는데, 그 핵심은 다름 아닌 귀남의 어머니 청애에 대한 양실의 질투다. 자식이 없는 양실은

귀남이라는 아들을 가진 청애로 인해서 시어머니 막례에게 오랫동안 떳떳하지 못한 감정을 가져왔고, 그러한 감정이 시내버스 안에 귀남을 두고 내리는 것으로 표출되었다는 것이다. 한편 청애 역시 부유한 집안 출신인 데다가 능력 있는 남편을 가진 양실에 대해서 열등감을 느껴왔음을 수시로 고백하곤 한다. 이는 청애와 양실의 관계가 서로를 객체화하여 격하시키고자 하는 경쟁의 욕구 속에서 오랜 기간 서로의 주체성을 침해해왔으며, '아들 잃어버린 어머니'와 '자식 없는 며느리'라는 각인을 서로에게 선사함으로써 침해된 주체를 더욱 옴짝달싹하지 못하게 만들어왔음을 뜻한다. 물론 그것은 청애나 양실 역시 '시월드'라는 공동체의 피해자임을 우리에게 일깨워준다.

이는 윤희를 포함한 다른 등장인물들 역시 마찬가지이다. 윤희는 예상치 못했던 임신과 함께 직장과 '시월드'에서 끝없는 각인을 당하게 되고, 그로 인해 그녀의 자유는 제한된다. 각인을 통한 자유의 제한의 피해자는 윤희나 양실 같은 며느리들에 국한되지 않는다. 어디 한 군데 똑 부러지는 구석 없이 소심하다는 주변의 평가로 그러한 성격이 내재화되어버린 일숙이나, 귀남을 잃어버린 날 태어났다는 이유로 집안에서 소외되어 온 이숙과 같은 등장인물도 각인으로 인해 그녀들 자신의 자유에 막대한 제한을 받아왔고, 그것은 그녀들의 삶 자체를 자유롭지 못한 것으로 만들어버린 지 오래다.

즉, 윤희가 속한 '시월드'는 타인이라는 지옥이 어느새 일상이 되어버렸고, 그러한 일상으로 인해 모두가 고통받는 공간이다. 그 지옥 속에서 윤희는 내내 고군분투한다. 그런 그녀에게 위안이 되어주는 것은 남편 귀남뿐이다.

이해할 수 없지만 사랑할 수는 있다

영화 <흐르는 강물처럼>에서 아들을 잃은 맥클레인 목사는 "우리는 누구도 타인을 완전히 이해할 수는 없다. 그러나 완전히 사랑할 수는 있다"라며, 아들을 충분히 사랑하지 못했음을 고백한다. 적어도 <넝쿨당>의 귀남은 맥클레인 목사와 같은 후회를 하는 일은 없을 것이다. 왜냐하면 그는 별안간 나타난 가족들로 인해 이런저런 고통을 받으면서도 가족들에 대한 사랑을 잊지 않기 때문이다. 그가 놓인 상황은 대체로 '시월드'로 인해 고통받는 아내와 다른 가족들과의 크고 작은 갈등, 그리고 고아가 된 과정에서 겪은 작은어머니와의 미스터리 정도로 요약될 수 있는데, 양쪽 모두가 그의 평온한 자유를 침해하는 것임은 두말할 나위도 없다. 그러나 귀남은 그러한 상황을 경쟁이나 각인, 혹은 이해를 통해 극복하고자 하지 않는다. 그는 대신 뜨거운 눈물을 흘리며, 모두를 '용서'하고 '사랑'한다. 귀남의 이러한 태도는 윤희에 대한 것일 뿐만 아니라 그의 어머니 청애, 작은어머니 양실, 그리고 가족 모두에 대한 것이기도 하다.

그러한 귀남의 헌신은 서서히 윤희를, 그리고 가족들 모두를 변화시키는데, 그것은 가족의 구성원들이 '시월드'라는 닫힌 공간 안에서 가져왔던 경쟁과 각인이라는 굴레에서 스스로를 해방시킴을 의미하는 것이기도 하다. 또한 그들은 서로를 격하시키고 객체화하는 대신 서서히 '가족의 일은 곧 모두의 일'이라는 일종의 공동체적 사고방식을 체득해가기에 이른다. 그 과정은 단계적-복합적으로 진행된다. 즉, 서로가 원하는 것을 이루기 위한 과정에서 도움을 주고받는 일(귀남의 사촌 동생 장군이가 배우로 진로를 모색하는 데 윤희가 도움을 주는 일, 일숙이 윤빈의 매니저가 되기 위해 윤희로부터 도움을 받는 일)이나 외부의 적에 대해 힘을 합해 이를 격퇴하는 일(일숙의 전남편으로부터 일숙의 주체성을 회복하기 위한 과정에 모든 여자들이 함께 나서는 일)과 같은 비교적 뜻을 하나로 모으기 쉬운 일에서부터 점차 서로 간의 충돌을 봉합하고 그 상처를 지우는 일(청애와 양실 사이의 해묵은 갈등과 귀남 사건의 해결) 같은 어려운 단계로 진행되며 개연성을 획득한다.

결국 <넝쿨당>의 모든 등장인물은 여러 번의 위기와 갈등을 겪으며 타인이라는 지옥에서 벗어나기 위한 해법을 차츰 터득해나가는데, 그것은 다름 아닌 '가족이라는 천국'의 새삼스러운 발견이다. 드라마 막바지에 이르러 윤희와 시어머니 청애는 서로에게 하루 한 가지씩 칭찬을 한다는 약속을 정해두고 이를 실천하기 위해서 애쓰는데, 이는 다름 아닌 주체성과 자유의 획득을 위한 긍정적 각인 행위를 의미한다. 경쟁과 격하, 각인을 통한 자유의 제한 대신 가족이라는 공동체 내에서 그러한 '타자'로 인한 피해와 불편을 예방하기 위한 행동을 모색한다는 면에서 이는 큰 의미를 지닌다.

그럼에도 아직은 사소한 문제가 남아 있다. 드라마의 전형적인 해피엔딩을 위해서는 모든 갈등이 사라져야 하고, 즐거운 일들만이 남아야 하기 때문이다. 우리는 그 과정에서 새로운 알레고리의 출현을 감지하게 되는데, 이는 다름 아닌 이숙과 말숙의 사랑 이야기다.

가족의 탄생, 그리고 '국민 드라마'의 탄생

이숙은 시도 때도 없이 '들이대는' 재벌 2세 재용과 사랑을 확인했으면서도 결혼만은 걱정스럽기 짝이 없다. 말숙은 윤희의 동생이자 윤희의 어머니 만희의 '유일한 희망'이기까지 한 세광의 군 입대를 앞두고 결혼을 하기 위해 노력하지만 상황은 쉽지 않다.

드라마의 전반적인 톤이나 캐릭터를 감안하면 이숙의 사랑 이야기는 어쩐지 무거운 느낌마저 감도는 반면, 말숙의 그것은 대체로 가볍고 철없는 것처럼 느껴지기까지 한다. 조금만 생각해보면 그 이유는 자명하다. 부정적인 각인으로 인해 주체성을 잃었던 이숙은 재용의 일방적인 구애를 받으면서도 재용 집안의 재력이나 구성원들의 반대로 결혼을 주저하고 있다. 이미 한 차례 타인들의 부정적인 각인으로 인해 주체성에 대한 지독한 상실을 경험했던 이숙은 다시 그러한 일이 벌어질 수 있다는 위기에 직면해 수동적으로 반응하는 것이다. 반면 말숙은 그녀 자신에 대해 예비 시어머니와 동서가 가진 지극히 부정적인 인식에도 그러한 인식을 다른 방향으로 돌려놓기 위해 갖은 노력을 기울인다. 말숙은 이숙과 같은 상처를 가지고 있지 않기 때문에 부정적 각인의 효과에 대해 그리 심각할 것 없다는 기본적인 인식을 유지하고 있는 것이다. 두 자매의 이러한 반응의 차이는, 결국 그녀들 모두가 행복한 결말을 맞이하게 되었음에도 각인의 효과가 상대적으로 오래 그리고 심각하게 지속될 수 있는 것임을 암시한다.

이러한 암시는 <넝쿨당>의 해피엔딩을 지극히 자연스럽게 유도한다. 귀남의 막내 작은어머니인 옥은 어린 시절 자신을 버리고 간 어머니를 만나게 된다. 옥이 그녀의 어머니를 원망하지 않았고 행복하기만을 바랐을 뿐이며 그저 한번 보고 싶었다는 이야기에, 그녀의 어머니는 그녀를 '바보'라고 한다. 그러나 우리들은 그러한 옥의 반응이 실은 그녀 어머니의 주체성을 지켜주고 긍정적인 각인을 통해 어느 쪽에도 상처를 남기지 않는 '가족이라는 천국'에 도달하는 길임을 이미 <넝쿨당>을 통해서 알고 있었다. 또한 귀남과 윤희는 유산이라는 고통을 겪고 나서 고아인 지환을 입양하느냐 마느냐의 문제를 두고 갈등을 겪는데, 그러한 갈등을 서둘러 매듭지어 버리는 것은 지환을 도구처럼 다루고자 하는 어느 학생과 그의 어머니로 인한 해프닝이다. 무기력한 타자인 지환에 대한 그들의 객체화 욕구는 윤희로 하여금 새로운 각인을 걱정하게 하고, 윤희는 사건 이후 서둘러 입양을 결정한다. 아이의 주체성을 수호해주고자 하는 윤희의 욕구가 어느새 새로운 가족의 구성원을 만들어내는 것이다. 이 대목에서 <넝쿨당>이 던지는 메시지는 흥미로우면서도 묵직하다. 그것은 그러한 메시지가 곧 가족을 거부했던 윤희와 가족을 찾기를 바랐던 옥이, 그리고 그들이 속한 '시월드'의 모두가 진정한 가족으로 거듭 탄생하는 것을 의미하는 것이기 때문이다.

우리 시대 결혼의 현주소에서 출발해 가족을 이루어내는 도착지에 이르기까지, <넝쿨당>은 '국민 드라마'로 불릴 정도의 많은 사랑을 받아왔다. 그것은 어쩌면 우리들 모두가 드라마 속 가족과 같은 일상의 갈등과 사소한 행복들 사이에서 내내 줄다리기를 반복하고 있기 때문은 아닐까. 설사 그것이 뻔한 것처럼 느껴진다고 하더라도 이해할 수 있을 만한 해답과 함께 카타르시스를 안겨준 이 드라마 덕분에, 시청자들은 2012년 주말마다 행복하고 즐거웠다. 그리고 제법 많은 것을 느끼고 깨달았다. 이 정도면 '국민 드라마'라는 찬사가 꼭 과찬만은 아닐 것 같다.

입선

숨은 권리
KBS <열린채널>

하진환

시청자에게 닫혀 있던 채널

퍼블릭 액세스(Public access) 프로그램이란 시청자가 직접 방송에 참여하는 프로그램을 말한다. 이는 방송 프로그램의 수용자인 시청자가 직접 능동적으로 방송에 참여해 미디어를 통해 자신의 목소리를 낼 수 있는 대중이 가진 권리 중 하나이다. 우리나라에서 가장 대표적인 퍼블릭 액세스 프로그램으로 KBS의 <열린채널>이 있다. <열린채널>은 매월 시청자가 직접 만든 프로그램을 신청받고 있다. 방송을 원하는 방송 신청자가 자신의 프로그램을 신청하면 제작진이 그중 우수한 프로그램을 몇 개 선정하고, 소정의 절차를 거쳐 방송으로 내보낸다. <열린채널>과 같은 이러한 퍼블릭 액세스 프로그램은 미디어가 우리 생활 깊숙하게, 사회 전반에 자리 잡은 오늘날 대중에게 큰 영향을 미치는 중요한 위치에 있는 것은 분명하다.

다른 방송 프로그램은 시청자가 방송국이 제작한 프로그램 내용을 그대로 수용할 수밖에 없는 것에 반해, 퍼블릭 액세스 프로그램은 방송의 주인인 시청자가 직접 프로그램을 제작해 그들의 사상과 신념을 전달할 수 있다. 그리고 그들과 같은 시청자에게 자신의 메시지를 널리 알림으로써 단순히 주어진 메시지만 받아들이는 수동적 수용자에서 참여적이고 능동적인 수용자 입장으로 사회에 대해 목소리를 낼 수 있다는 것에 대단히 큰 의미가 있다. 이토록 우리에게 중요한 퍼블릭 액세스 프로그램이 정작 시청자로부터 멀어지고 있다. 현재 <열린채널>의 시청률은 명절과 같은 큰 변수를 제외하면 평균 3%대이다. 방송의 주인인 시청자의 권리가 이처럼 매우 저조한 성적을 보여주는 것은 무엇 때문인가.

쉽게 열리지 않는 채널

먼저 퍼블릭 액세스 프로그램인 <열린채널>의 문제점 중 하나는 방송 신청자가 직접 제작한 프로그램, 그 자체에 대한 것이다. <열린채널>에 방송을 신청하는 사람들은 방송 관련 지식을 습득한 전문 방송인이 아닌 탓에 방송에 부적절한 장면이나 대화가 프로그램 중간에 나오기도 하기 마련이다. 또한 매스미디어를 통해 대중에게 전달되는 방송 프로그램의 특성상 불가피하게 검열이 필요하다. 하지만 보호를 위한 장치는 자칫 표현의 자유를 억누르는 족쇄가 되기 십상이다. <열린채널>은 프로그램 길이를 장편(26분), 중편(15분), 단편(7분)으로 규정해놓았다. 여기서 문제가 되는 것은 방송 신청자가 자신이 만든 15분 내외의 프로그램을 신청했을 때 중편이 아닌 단편으로 분류될 수도 있다는 점이다. <열린채널>은 신청받은 프로그램을 몇 가지 등급(SA급, A급, B급, C급)으로 나누어 분류하고, 방송 편성에 활용한다. 이에 따라 신청받은 프로그램에 각각 등급을 매기고 편성에 맞춰 방송 신청자에게 재편집 요청을 한다. 따라서 방송 신청자가 신청 당시에 중편에 해당하는 길이의 프로그램을 신청했어도 일종의 검열에 의해 본래 의도한 프로그램의 길이가 다소 달라질 수 있는 것이다. 방송 신청자가 제작 당시 15분 내외로 제작했는데, 방송 프로그램 등급에 의해 7분 내외로 편집을 다시 하란 요청을 받으면 적잖이 당황할 것이다. 자신의 사상과 신념을 표현할 수 있는 시간이 절반으로 줄어든다면 그 메시지의 정도가 옅어지고 묽어지는 것은 두말할 것 없다.

방송의 특성상 편성시간대와 그 프로그램(<열린채널>)의 길이에 맞춰 편집되어야 하는 것은 당연하다. 그렇지만 방송 신청자가 자신의 메시지를 표현할 시간을 빼앗기는 일은 결코 없어야 한다. 그것은 표현의 자유를 억압하는 행위이며, 시청자의 메시지를 시청자에게 정확하고 분명하게 알릴 수 있는 권리를 박탈하는 것이다.

가장 이상적인 해결방법으로써 최근 등장한 소셜 미디어와의 유동적인 연계를 들 수 있다. <열린채널>의 인터넷 홈페이지는 대단히 낙후되어 있다. 시청자 게시판이 있지만, 그마저도 시청자들의 요구나 방송을 보고 난 뒤의 느낌보다 방송 신청자들의 질문이 거의 전부이다. 다시 말해서 <열린채널>과 시청자 그리고 방송을 신청하는 시청자 간의 피드백(feedback)이 대단히 부족하다. 방송에 큰 비중을 차지하는 텔레비전과 라디오는 이미 올드 미디어(old media)가 된 지 오래다. 시대의 흐름에 부응해야 한다. 새롭게 등장한 미디어와 연계를 못 할 이유는 무엇인가. 미디어란 것은 본래 새로운 미디어가 등장하게 되면, 전에 있던 미디어가 소멸하는 것이 아니라, 같이 변화하고 진화하는 존재이다. 그렇지 않다면 텔레비전이 있는 지금 영화란 것이 어떻게 존재하겠는가. 이제는 새롭게 등장한 혁신의 아이콘과 함께 퍼블릭 액세스가 실현되어야 한다. 신청된 프로그램이 <열린채널>의 편성 시간과 길이 등 여러 가지 사정으로 프로그램 길이가 줄어들어 방송되는 경우는 어쩔 수 없더라도, 영화도 배포판(Distribution Cut)과 감독판(Director's Cut)이 따로 있듯이 소셜 미디어를 활용한다면, 방송 신청자가 제작한 그대로 원본 프로그램을 시청자에게 보여줄 수 있다. 소셜 미디어의 성격상 <열린채널>과 시청자 간의 활발한 피드백과 긴밀한 커뮤니케이션은 말할 수 없이 자유로워질 것이다. 퍼블릭 액세스 프로그램은 시청자가 자신의 메시지를 표현할 수 있는 수단이다. 동시에 시청자가 시청자의 프로그램을 수용하는 구조이다. 이러한 구조를 하나의 틀에 맞춰야 할 필요는 없다. 시청자의 자기 의사 표출은, 대중에게 유해한 것이 아닌 한, 표현의 자유가 보장되어야 하고 또한 공론화되어야 한다. 그것이 민주적인 것이고, 진정 시청자에게 방송에 대한 권리가 있다고 말할 수 있는 것이다.

누군가에게만 <열린채널>

시청자 참여 프로그램에서 표현의 자유만큼 중요한 것은 다양성이다. <열린채널>은 신청된 프로그램의 방송 여부 이전에 방송되는 프로그램의 다양성을 보장해야 한다. 현재 <열린채널>의 방송 신청자는 대부분 젊은 시청자층이다. 특히 영상 제작과 관련된 학과의 대학생이 제작한 프로그램이 상당한 비율을 차지하는데, 이들은 전문 방송인은 아니지만 일반 시민보다는 제작 기술이나 지식, 제작 여건에 대한 접근성이 다소 유리하다. 따라서 관련 학과 대학생이 제작한 프로그램이 <열린채널>을 통해 많이 방송된다고 생각한다. 하지만 이러한 프로그램 선정 행태는 자칫 대학생의

'스펙 쌓기'에 그칠 수 있다. 또한 경연과 같은 이러한 프로그램 선정 행태는 민주적인 퍼블릭 액세스 프로그램의 취지에 어긋나는 것이다. 과연 미디어를 통해 자신의 메시지를 표출하고자 하는 시청자가 단지 젊은 시청자층뿐인가. 일반 시민들이 그들의 프로그램에 사회에 대한 자신의 불만을 이야기하고, 변화를 촉구하며, 개혁을 요구하고, 심지어 사회적으로 공론화될 만한 중요한 사안을 담았음에도 영상학적인 면에서 대학생보다 다소 부족한 제작 기술과 능력 때문에 빛을 보지 못할 수도 있는 것이다. 미국과 독일의 퍼블릭 액세스 프로그램의 경우, 검열과 제한이란 것이 아예 존재하지 않아 선착순으로 신청된 프로그램을 내보낸다. 우리나라의 반쪽짜리 퍼블릭 액세스 프로그램과는 확연히 다른 면모이다. 일반 시민이 제작한 프로그램이 소외된 채, 잘 만들어진 대학생의 프로그램만을 방송한다면 이것 또한 시청자의 권리에 반하는 행위이며, 대학생의 이력서 한 페이지를 장식할 도구에 불과한 것이며, 퍼블릭 액세스 프로그램이라는 의의를 잃는 것이다.

프로그램 제작 기술과 능력이 조금 부족하지만 좋은 내용의 메시지를 가진 이들의 프로그램 또한 <열린채널>에서 수용되어야 한다. 여기에 대한 해답을 가장 비유하기 좋은 것은 바로 '오디션'이다. 적어도 <열린채널>은 방송 프로그램 선정에서 이러한 오디션의 형태를 빌리는 것이 대단히 참신한 아이디어라고 생각한다. 쉽게 말해 신청 부문을 다양하게 나누는 것이다. 오디션에 참가하는 사람은 저마다 자신이 참가하는 부문이 있다. 그 어떤 심사위원도 발라드 가수에게 랩이나 춤을 시키진 않는다. 마찬가지다. 단편 영화, 다큐멘터리와 같이 장르의 부문을 나누거나 중·고등부, 대학부, 일반부처럼 신청 부문을 나누고, 각 부문마다 일정 수의 신청 프로그램을 선정하고 방송한다면, 대학생 말고도 다양한 시청자층의 사상과 신념을 담은 프로그램을 방송으로 내보낼 수 있다. 일반 시민들을 위해 우리나라 각 도시에는 퍼블릭 액세스를 실현할 목적으로 만들어진 시설이 있다. 영상 미디어 센터나 시청자 미디어 센터가 그것이다. 이름은 제각기 달라도 그 목적은 다르지 않다. <열린채널>이 이들과 긴밀하게 소통하는 것이 절실하다. 이러한 시설의 도움을 받아 자신의 프로그램을 만드는 많은 일반 시민들이 있다. 이들의 프로그램을 더 많이 방송한다면 더욱 큰 퍼블릭 액세스 실현 효과를 가져올 것이며, 적어도 시청자가 봐야 할 것을 놓치고 시청자가 잘 보는 것만을 선택하는 우는 범하지 않을 것이다.

눈과 귀가 닫힌 채널

<열린채널>과 일반 시민의 관계는 어떠한가. 이 둘의 커뮤니케이션 부재는 퍼블릭 액세스 실현의 가장 큰 걸림돌이다. 일반 시민들이 퍼블릭 액세스 프로그램에 참여하는 가장 큰 경로 중 하나는 바로 앞서 말했듯 미디어 센터와 같은 각 도시의 퍼블릭 액세스 시설이다. 그런데 역설적이게도 왜 퍼블릭 액세스 시설을 이용해 제작한 일반 시민의 프로그램이 퍼블릭 액세스 프로그램에 많이 방송되지 않는가. 이는 바로 커뮤니케이션의 부재와도 관련이 깊다. 퍼블릭 액세스 프로그램과 퍼블릭 액세스 시설과의 교류가 적기 때문이다. 퍼블릭 액세스 커뮤니티는 더욱 체계화되고 조직화되어 거대해질 필요가 있는 것이다. 상호 유기적인 시청자 참여 프로그램의 생산과 소비가 시청자의 권리를 지키고 보호해줄 수 있는 것이다. 생산자와 소비자가 일치하기 때문에, 미국의 미래학자 앨빈 토플러(Alvin Toffler)가 그의 저서 『제3의 물결』에서 언급한 생비자(Prosumer)의 개념에 가장 적합한 예가 될 수 있다. 현재 '시청자 위원회'와 같은 조직이 있지만 퍼블릭 액세스

의 실현을 목적으로 하기엔 다소 애로사항이 있다. 우선 시청자와 같은 일반 시민 전부가 직접 발언권을 획득하는 모두의 공공 커뮤니티가 아니며, 또한 방송국 내에서 존재하는 다소 제한적인 커뮤니티이기 때문이다. 진정한 의미의 퍼블릭 액세스 커뮤니티의 실현은 <열린채널>과 같은 퍼블릭 액세스 프로그램이 직접 담당해야 한다. 그들이 직접 만든 커뮤니티가 시청자의 권리와 의식을 보장해야 한다. 퍼블릭 액세스 시설에서는 일반 시민을 대상으로 강좌도 개최하고 있고, 해가 지날 때마다 강좌를 수강한 사람은 늘어나고 있다. 따라서 기술적인 측면은 충분히 교육을 통해 뒷받침될 수 있다고 볼 수 있다. 반면에 시청자의 권리와 의식을 교육할 커뮤니티가 너무나도 적은 것이 현실이다. 심지어 <열린채널>이 무엇인지도 모르는 사람이 꽤 있다. 또한 나의 사상과 신념을 왜 방송을 통해 대중에게 알려야 하는지, 퍼블릭 액세스 프로그램이 무엇인지, 왜 필요한지도 모르는 사람이 많다. <열린채널>은 이러한 일반 시민과 커뮤니케이션할 수 있는 최대한 많은 경로를 숙지해야 할 것이다.

일반 시민을 대상으로 시청자의 권리와 의식에 대해 교육하는 것은 미디어 리터러시(Media Literacy) 운동과 퍼블릭 액세스 실현을 동시에 이루는 것이다. 이는 미디어라는 무기로써 시청자의 권리를 지켜내는 퍼블릭 액세스 예비군과도 같다. 신청한 프로그램이 방송되는 것으로 끝이 아니라 다른 시청자 참여 프로그램과 다양한 미디어 시설과의 연계, 퍼블릭 액세스 프로그램 관련 인재 육성 등, 중요한 메시지를 시청자 모두가 알 수 있도록 공론화시킬 수 있는 새로운 커뮤니티와 조직을 만들어야 한다. 인터넷 카페와 같이 회원제 형태로 실시해 누구나 사회적 발언권을 가져야 한다. 방송되지 않은 신청 프로그램은 상영회와 같은 형태로 얼마든지 대중에게 시청자의 메시지를 보여줄 수 있는 것이다. 서로의 의견을 나눌 커뮤니티를 형성하고 그 안에서 시청자의 권리를 시청자 스스로 보호하도록 하는 것이 퍼블릭 액세스의 바람직한 구조이다. 이러한 구조의 퍼블릭 액세스가 완성되었을 때, 비로소 시청자가 자신의 권리를 단순히 수용하는 것(audience)에서 그치지 않고 사용하는 것(user)으로 바뀔 것이다.

곧 열릴 채널

오늘날 그나마 다행인 것은 우리나라에 퍼블릭 액세스라는 개념이 생겨났다는 것이다. 2001년 <열린채널>이 처음 방송된 이후 시청자가 직접 만든 수많은 프로그램이 방송되었다. 시청자의 권리 향상을 위해 힘쓰고 있는 퍼블릭 액세스 프로그램의 역사가 점점 길어진다는 것은 오늘날의 시점으로 볼 때 매우 좋은 결과다. 다만 지금과 같은 모습에서 그친다는 것이 조금 아쉽다는 것이다. 앞서 말한 문제점의 해결책 말고도 다양한 방법을 강구할 수 있다. 퍼블릭 액세스 프로그램의 방송 시간대를 옮기거나, 편성의 전략을 달리하는 것이다. 시청률을 고수하기 위해 퍼블릭 액세스 프로그램은 방송의 프라임타임에 편성되는 일이 거의 없다. 하지만 일 년에 단 하루라도 특별 편성을 실시해 시청자의 권리와 의식에 대해 논할 수 있을 것이다.

최근 많이 쓰이는 언어로써 '갑'이 있다. 대개 최고라는 뜻을 지니거나 어느 한 상황에서 우위에 있는 이를 뜻하는 말이다. 반대로 '을'도 있다. <열린채널>은 갑의 위치에 있다. 방송을 원하는 사람이 <열린채널>에 자신의 프로그램을 신청하면 그가 자연스레 을이 된다. <열린채널>과 방송 신청자는 갑과 갑의 만남이어야 한다. <열린채널>의 제작진은 신청된 방송 프로그램의 편성에서 시청자의 권리를 향상시킬 수 있는 프로그램을 방송하는 것이 그들의 의무이고 사명이라는 공무 수행의 태도를 지녀야 할 것이다. 방송이라는 것에 일반 시민보다 많은 것을 알고 우수한 지식을 가진 이들의 신청만을 받을 것이 아니라, 그들 스스로도 변화의 바람을 일으키고 몸소 움직여야 한다는 것이다. <열린채널>이 변한다면 우리나라의 시청자 권리는 크게 향상되고 증진될 것이다. 더욱 희망적인 것은 이러한 변화를 가져오기 위해 언급되었던 해결방법을 수행하는 데 큰 사회적 비용이 들지 않는다는 것이다. 천천히 시작하더라도 비교적 빠르고 손쉽게 대한민국에서 퍼블릭 액세스를 실현할 수 있다는 의미이다. 대한민국 모든 시청자의 권리와 의식 향상을 위해 노력하는 <열린채널>의 행보를 기대해본다.

대중은 언제나 옳은가

2012 좋은 방송을 위한 시민의 비평상 수상집

엮은이 | 방송문화진흥회
펴낸이 | 김종수
펴낸곳 | 도서출판 한울

편집책임 | 이교혜
편집 | 조수임

초판 1쇄 인쇄 | 2013년 2월 15일
초판 1쇄 발행 | 2013년 2월 20일

주소 | 413-120 경기도 파주시 파주출판도시 광인사길 153(문발동 507-14)
한울 시소빌딩 3층
전화 | 031-955-0655
팩스 | 031-955-0656
홈페이지 | www.hanulbooks.co.kr
등록번호 | 제406-2003-000051호

Printed in Korea.
ISBN 978-89-460-4680-1 03070

* 책값은 겉표지에 표시되어 있습니다.